高等继续教育财经专业精品教材系列

财智睿读

企业文化

Corporate Culture

黄少英　主　编
邵海清　蔡亚南　副主编

U0791572

中国财经出版传媒集团
经济科学出版社
Economic Science Press

图书在版编目（CIP）数据

企业文化/黄少英主编 . —北京：经济科学出版社，2020. 8（2023. 7 重印）
高等继续教育财经专业精品教材系列
ISBN 978 - 7 - 5218 - 1746 - 1

Ⅰ. ①企…　Ⅱ. ①黄…　Ⅲ. ①企业文化 - 成人高等教育 - 教材　Ⅳ. ①F272 - 05

中国版本图书馆 CIP 数据核字（2020）第 136458 号

责任编辑：于海汛　冯　蓉
责任校对：刘　昕
责任印制：李　鹏　范　艳

企 业 文 化
黄少英　主　编
经济科学出版社出版、发行　新华书店经销
社址：北京市海淀区阜成路甲 28 号　邮编：100142
总编部电话：010 - 88191217　发行部电话：010 - 88191522
网址：www. esp. com. cn
电子邮件：esp@ esp. com. cn
天猫网店：经济科学出版社旗舰店
网址：http：//jjkxcbs. tmall. com
北京密兴印刷有限公司印装
787 × 1092　16 开　16. 25 印张　285000 字
2020 年 8 月第 1 版　2023 年 7 月第 3 次印刷
印数：6501—11500 册
ISBN 978 - 7 - 5218 - 1746 - 1　定价：38. 00 元
（图书出现印装问题，本社负责调换。电话：010 - 88191510）

前　言

党的十八大以来，以习近平同志为核心的党中央坚定不移地实施科教兴国战略和人才强国战略，党的十九大明确提出要“办好继续教育”，为落实这一要求，推动高等继续教育提质增效，内涵式发展，同时也为了适应互联网技术快速发展带来的教育领域教学模式和学习方式的新变化，山东财经大学在原有成人高等教育财经专业精品教材系列的基础上，重新组织编写制作了新的高等继续教育财经专业精品教材系列。

该系列教材的编写制作，在内容上紧扣财经类专业课程设置和教学大纲，科学、系统地涵盖了专业教学的基本内容，适用于经济、管理学科，尤其是经济学、会计学、金融学和工商管理等专业高等继续教育的教学，对指导和帮助学生获取专业基础知识和基本技能具有较强的针对性；在形式上，注重突破传统纸媒局限，将课程内容中的重点、难点等用微课的形式加以呈现，实现教师授课“一扫即现”，知识点讲解深入浅出，满足学生在学习传统网络课程的基础上利用互联网进行移动学习、远程学习、在线学习等信息化学习需求，为学生提供更直观、更便捷的学习方式。

另外，这套教材的作者都是多年从事一线教学的教师，经验丰富，了解学生的学习特点和需求，在篇章安排及体例设计方面融合了国内外相应领域优秀教材的编写方法，每章开头揭示了本章要点、重点和难点，并根据章节重点内容设计相应的练习题，对知识点加以巩固，符合学生学习的认知规律。该系列教材在使用范围和地域上，具有广泛的适应性。

《企业文化》是高等继续教育财经专业精品系列教材之一。教材主要内容包括企业文化产生与发展、企业文化的要素与结构、企业文化的功能与战略地位、企业文化的内核、企业文化体系的构建与实施保障、企业文化的冲突与整合、企业文化变革、企业责任文化、企业跨文化管理以及中国传统商业文明与现代企业文化发展等。

教材主要特色包括三个方面：首先是强调企业文化的基础知识；其次对中国本土企业文化比较重视；最后突出了企业责任文化这一时代要求。

教材由黄少英教授负责设计整体架构以及各章节具体内容的框定。黄少英教授负责撰写了第1章和第8章，邵海清副教授负责撰写了第2章、第5章、第6章和第7章，蔡亚南博士负责撰写了第3章、第4章、第9章和第10章。

目　录

第 1 章

企业文化的产生与发展

教学目的与要求：

掌握文化与企业文化的定义，企业文化产生的背景以及发展过程，早期企业文化理论的诞生

教学重点：文化与企业文化的定义，企业文化产生的背景与发展过程

教学难点：早期企业文化理论

1.1 文化与企业文化

1.1.1 文化

文化分为广义和狭义两种。

一般认为，广义文化是人类在社会历史发展过程中所创造的物质财富和精神财富的总和。一般地把它分为四个层次：物态文化、制度文化、行为文化、心态文化。物态文化是人类的物质生产活动方式和产品的总和，是可触知的具体实在的事物，如衣、食、住、行。制度文化是人类在社会实践中建立的规范自身行为和调节相互关系的准则。行为文化是人际交往中约定俗成的礼俗、民俗、习惯和风俗，它是一种社会的、集体的行为。心态文化是人们的社会心理和社会的意识形态，包括人们的价值观念、审美情趣、思维方式以及由此而产生的文学艺术作品。这是文化的核心，也是文化的精华部分。

文化

狭义文化的概念最早由泰勒提出。1871 年，英国文化学家泰勒

在《原始文化》一书中提出了狭义文化的早期经典学说，即文化是包括知识、信仰、艺术、道德、法律、习俗和任何人作为一名社会成员而获得的能力和习惯在内的复杂整体。

1.1.2 中国“文化”一词的起源

“文化”是中国语言系统中古已有之的词汇。

“文”的本义指各色交错的纹理。《易·系辞下》：“物相杂，故曰文。”《礼记·乐记》：“五色成文而不乱。”《说文解字》：“文，错画也，象交文。”均指此义。在此基础上，“文”又有若干引申义。其一，为包括语言文字内的各种象征符号，进而具体化为文物典籍、礼乐制度。《尚书·序》所载伏羲画八卦，造书契，“由是文籍生焉。”《论语·子罕》所载孔子说“文王既没，文不在兹乎？”是其实例。其二，由伦理之说导出彩画、装饰、人为修养之义，与“质”“实”对称，所以《尚书·舜典》疏曰“经纬天地曰文。”《论语·雍也》称“质胜文则野，文胜质则史，文质彬彬，然后君子。”其三，在前两层意义之上，更导出美、善、德行之义，这便是《礼记·乐记》所谓“礼减而进，以进为文。”郑玄注“文犹美也，善也。”《尚书·大禹谟》所谓“文命敷于四海，祗承于帝。”

“化”的本义指改易、生成、造化，如《庄子·逍遥游》：“北冥有鱼，其名为鲲，鲲之大，不知其几千里也。化而为鸟，其名为鹏，鹏之背，不知其几千里也。”《易·系辞下》：“男女构精，万物化生”。《黄帝内经·素问》：“化不可代，时不可违”。《礼记·中庸》：“可以赞天地之化育。”等等。归纳起来就是，“化”指事物形态或性质的改变，同时“化”又引申为教行迁善之义。

“文”与“化”并联使用，较早见之于《周易》：“观乎天文，以察时变；观乎人文，以化成天下。”即通过观察天象，来了解时序的变化；通过观察人类社会的各种现象，用教育感化的手段来治理天下。这段话里的“文”，即从纹理之义演化而来。日月往来交错文饰于天，即“天文”，亦即天道自然规律。同样，“人文”，指人伦社会规律，即社会生活中人与人之间纵横交织的关系，如君臣、父子、夫妇、兄弟、朋友，构成复杂网络，具有纹理表象。意思就是治国者须观察天文，以明了时序之变化，又须观察人文，使天下之人均能遵从文明礼仪，行为止其所当止。显然，“人文”与“化成天下”紧密联系，“以文教化”的思想已十分明确。

将“文”与“化”二字联为一词的是西汉刘向。《说苑·指武》

载："圣人之治天下也，先文德而后武力。凡武之兴，为不服也。文化不改，然后加诛。"梁朝萧统《文选·补之诗》也有"文化内辑，武功外悠"的记载。这里的"文化"，或与天造地设的自然对举，或与无教化的"质朴""野蛮"对举。

在汉语系统中，"文化"的本义就是"以文教化"，它表示对人的性情的陶冶，品德的教养。随着时间的流变和空间的差异，"文化"逐渐成为一个内涵丰富、外延宽广的多维概念，成为众多学科探究、阐发、争鸣的对象。

1.1.3　企业文化

有企业就有企业文化。沙因（Schein，1992）认为，文化是一个特定组织在处理外部适应和内部融和问题中所学习到的，由组织自身所发明和创造并且发展起来的一些基本的假定类型，这些基本假定类型能够发挥很好的作用，并被认为是有效的，由此被新的成员所接受。真正的文化是隐含在组织成员中的潜意识，而且文化和领导者是同一硬币的两面，当一个领导者创造了一个组织或群体的同时就创造了文化。

企业文化是形成于企业内部的一种群体文化，是社会文化的一个有机组成部分，相对于整个社会而言，它是一种亚文化，是企业组织文化的一种特殊形式。自企业文化研究的热潮在世界兴起到目前，人们对企业文化的理论总结还显得很薄弱，对企业文化没有形成统一的明确的概念，因而企业文化概念有不同的表述。

西方学者关于企业文化的定义，企业文化是美国人在日本经济的强大冲击之后，才开始着手研究的。早提出企业文化概念的是美国学者威廉·大内，他在1981年4月出版的《Z理论——美国企业界怎样迎接日本的挑战》一书写到："一个公司的文化由其传统和风气所构成。此外，文化还包含一个公司的价值观，如进取性、守势、灵活性——即确定活动、意见和行动模式的价值观。"美国学者沃特曼和彼得斯在《成功之路》一书中把企业文化概括为："汲取传统文化精华，结合当代先进的思想与策略，为企业员工构建一套明确的价值观念和行为规范，创设一个优良的环境气氛，以帮助整体地静悄悄地进行经营管理活动。"美国学者迪尔和肯尼迪在《企业文化》一书中，对企业文化阐述得更为详细："每一个企业——事实上是每一个组织，都有一种文化，而这种文化有力地影响着整个组织直至它所做的每一件事。"

中国学者关于企业文化的定义出现在20世纪80年代以后，“企业文化”作为一种先进的管理理论传入我国，并逐渐成为经济管理学界的热门话题。1988年，我国成立了“中国企业文化研究会”，随后各省市也相继成立了省级企业文化研究团体，许多国有大中型企业都有自己的企业文化研究部门。在西方企业文化研究的基础上致力于研究适合于中国的企业文化理论，并提出了一些很有价值的见解和看法。罗长海在《企业文化学》一书中指出：“企业文化是企业在各种活动及其结果中，所努力贯彻并实际体现出来的以文明取胜的群体竞争意识。”刘光明在《企业文化》一书中指出：“企业文化是一种从事经济活动的组织之中形成的组织文化。它所包含的价值观念、行为准则等意识形态和物质形态均为该组织成员所共同认可。”

国内外对企业文化概念的界定之所以说法不同，主要有这样几个原因：一是对于文化概念的表述历来意见不一致，使企业文化概念的表述也难以相同；二是文化背景不同，论述的角度不同，强调的重点不同，使企业文化概念的表述出现多种说法；三是企业文化理论形成之初，西方学者比较注重研究经营成功公司的实际管理经验，只是对企业文化的内涵、特征和基本内容做过一定的分析，提出一些看法，而没有对企业文化概念提出一个完整、准确、科学的表述。企业本身首先是一个经济组织，它所从事的生产、经营活动也是经济活动，但人是企业中最活跃、最重要的因素，人之所以区别于机器就是因为人有思想有文化，而且企业的生产要素、生产工艺、生产过程，甚至生产产品无一不有文化的参与，无一不体现文化的色彩，而企业的文化也必须体现在企业的人、财、物、产、供、销六大环节，体现在企业的生产经营等经济活动中。可见，企业的经济和企业的文化是辩证统一的关系，是互相渗透，相辅相成，融为一体的。

本书对企业文化的定义为：企业文化是企业在实践中创建和发展的用以解决企业外部适应和内部整合问题的一套共同价值观，与价值观一致的行为方式，以及由这些行为所产生的结果与表现形态。

1.2 企业文化兴起的背景

人们往往将企业文化兴起的原因归结为20世纪70年代末、80年代初的那场美日企业比较管理研究。事实上，那场比较管理研究准确地说只是一根“导火索”，而企业文化兴起则有其更为深刻的历史背景。

1.2.1　社会的大变革

企业文化兴起的背景

第二次世界大战后到20世纪80年代，西方现代化的进程明显加速，引起了技术、经济与社会的大变革。工业革命对自然环境的严重破坏和导致的宗教伦理破坏与冲突，使人们逐渐丧失对未来的信心，人类社会面临空前的挑战和困难。

人类历史表明，自从有人类的历史以来，人类为了自己的生存不断在经济利益、政治利益、自尊、人格和信仰之间进行妥协和博弈。在这个博弈过程中，常常是人类的“软性要素”不断做出让步，并逼近自己的极限。等到极限到来的时候就会发生一场革命性的运动。

20世纪五六十年代，经济领域中的现代公司和现代管理模式已经相当进步，甚至已经达到“可以创造属于它们自己的有力世界”。于是就像工业革命伴随文艺复兴一样，人类对工业革命的后果的反思，在哲学和文化艺术领域中掀起了一场浩大的后现代运动。人们在思考：①我们为机器服务，还是机器为我们服务？②我们必须为了物质的富裕而接受精神的贫穷吗？③除了确保经济稳定和舒适感之外，我们在生命中追求的意义是什么呢？

正是上述这些社会大变革中的各种主要矛盾，构成了企业文化兴起的基本社会背景和生产动力。

1.2.2　管理实践的变化

第二次世界大战后，以电子技术为中心的技术革命，大幅度地提高了劳动生产率，使得西方国家的物质财富在相当长的时期内稳定增加，这给管理实践带来了实质性的影响。管理实践变化主要表现在如下三个方面：

1. 科学管理的普遍采用

战后在西方世界以外的经济发展中，很多国家吸纳了美国管理的精髓——科学管理，特别是日本对全面质量管理（TQM）的引入和推广，将西方管理技术与东方文化的融合收到非常好的效果，形成了有东方特点的管理实践。

2. 跨文化管理

战后的人类社会不仅进入了现代化，而且还伴随着全球化。特别是1967年，美国和45个国家签署了关贸总协定（GATT），更标志全球化进入了一个新的阶段。很多国家都实行了开放政策，对于外国的投资、办厂给予优惠条件。日本企业由于竞争力的增强，逐步打入美国市场，让传统管理的践行代表——美国企业感受到空前的竞争压力。开放的世界还带来了开放的视野，不同文化的思维进行着交流、碰撞、学习和融合。在此背景下，跨国公司也得到了空前的发展，跨文化管理问题逐渐凸显出来。

3. 巨大的竞争压力对劳动主体的影响

越来越多的迹象表明，许多人工作不仅仅是为了追求金钱和经济稳定。他们在寻找一个有意义的工作，寻找能允许他们个人发展和自我实现的工作。这个信念就是企业文化的一个基本部分。

1.2.3 管理理论的危机与发展

现代管理理论发端于科学管理理论的提出，至第二次世界大战后，科学管理思想仍旧占据着管理理论的主流地位。科学管理的革命是在社会化程度日渐提高、工业文明日渐成熟、理性主义的思想方法日渐高扬的背景下诞生的。科学管理在管理实践中曾经一度大大提升了生产率，推动了生产力的发展和工业革命的进程。但鉴于管理科学和艺术的双重性，科学管理及其理性主义假设也存在片面性。当对生产过程进行纯粹的理性分析而忽视员工本身的效率时，就会引起工人们的不满和工人效率的下降。20 世纪 20 年代行为科学的兴起，正是对科学管理模式的一种发展，其提出的“社会人”假设与之前的“经济人”假设在管理学领域具有进步性，这种进步性主要体现在开始注重人在组织中的重要作用，关注人的情感对行为和绩效的影响，关注非正式组织的作用。

但是发展到 20 世纪 70 年代末期，这种管理模式遭遇到严峻的挑战。克雷尔（Krell，1988）认为，在企业文化兴起之前，组织理论正面临危机：传统的那些仅仅关注组织结构、职业类型、任务设计、动机方案的理论过于简化、僵化，因此需要寻找一个更加复杂的，能充分考虑到意识、符号处理、人类（体系）复杂属性的模型，使组织中的人更加关注共享价值、使命、义务，而不是结构、任务和动机。

其实，在第二次世界大战后到 20 世纪 70 年代末的几十年间，西方的管理研究也出现了一些新迹象。沙因（E. H. Schein，2014）在对 50 年代后期形成的雇员—雇主关系进行研究时发现：管理人员获得可观的收入和高度的安全感，公司获得忠诚而工作努力的管理人员，这是双赢的局面。针对上述协定，提出了心理契约（psychological contract）的概念。1968年和1972年，霍夫斯泰德（Hofstede，1968）在IBM这家公司做了两次大规模的调查研究，找出能够解释导致大范围内文化行为差异的四方面因素，即权力距离、对不确定因素的避免、个人主义与集体主义以及男性化与女性化，后来又补充了针对亚太地区儒家文化圈中存在的长期导向与短期导向因素，开创了对工作场所文化的科学研究。

20世纪70年代末期，学者们的注意力也逐渐从相关研究最终聚焦到对组织文化现象的关注。一些心理学和组织行为学领域的研究者，就是从早先对组织氛围（organizational climate）的研究中转移兴趣过来。S. M. 戴维斯（1970）在《比较管理——组织文化展望》中，率先提出组织文化概念。后来，佩蒂格鲁（Pettigrew，1979）在《管理科学季刊》上发表了《学习组织文化》，与庞迪和米特罗夫（Pondy and Mitroff，1979）在《组织行为研究》杂志上发表的“组织的开放系统模式”，之后文化模式“cultural model”的研究概念在组织管理研究中被更多地采用。可以说，这个时期研究者对组织中文化因素的存在已初步达成共识。

1.3 企业文化实践的产生与发展趋势

企业文化是一种客观存在着的现象。从客观上来说，自有企业以来一直到20世纪上半期，企业文化在企业发展中的作用并不显著。到了20世纪下半期，企业文化的作用才逐渐变得重要起来，并涌现了一大批依靠优秀的企业文化而取胜的企业。从主观上来说，只是到了20世纪70年代，迫于企业文化对企业发展的巨大功能，理论界才对它进行认真研究，并于80年代形成理论探索的高潮，到了90年代，随着企业文化的普及，企业组织越来越意识到规范的组织文化对企业组织发展的重要意义。因此，企业文化的兴起有两个基本标志：一是实践方面的标志，二是理论方面的标志。

1.3.1 企业文化的实践热潮

20世纪80年代，西方企业出现了大量警报信息，警报越来越响。工商业人士困惑地考虑他们企业经营状况不佳和劳动力生产效率

企业文化实践的产生与发展趋势 1

低下的原因。面对美国企业的衰落，美国的企业家们束手无策，引起社会的广泛关注和担忧。而战后日本的企业却取得了飞速的发展，此时，纽约大学学者爱德华·戴明提出了“如果日本能，我们为什么不能?”的问题，这直接导致了美国学者对日本企业崛起原因的学习和研究。早在 1964 年，《财富》杂志就提到美国制造商已经一再被日本索尼公司灵活的竞争力弄得狼狈不堪。其实，在 1963 年起，索尼的创始人盛田昭夫已经把总部建在纽约，而不是东京。终于，美国人开始将视线投向东方，很多学者开始研究日本成功背后的秘密，并出版了大量研究成果。1981 年，威廉·大内的《Z 理论——美国企业界怎样迎接日本的挑战》率先对日本的雇佣制度和管理实践大力推崇。紧随其后，帕斯卡尔和阿索斯确认的日本管理的关键组成部分之一是愿景（vision），他们发现这是西方特别缺乏的东西。在《日本企业管理艺术》一书中，他们说这本书“不是攻击目前的管理工具，而是攻击限制了我们发挥有效性的西方管理远见”。

日本咨询顾问大前研一为了向期待中的西方听众揭示日本战略制定背后的真相，做了很多工作。他证明，归根到底日本是以人为主——当时，西方的管理者们开始感到好奇。大前研一探究并戳破了关于日本管理过分简单的西方神话。日本管理不只是公司歌曲和终身雇佣制度。最引人注目的是日本的战略思考艺术。大前研一说，这是“根本上有创造力的，依靠直觉判断并且是理性的”。美国《华尔街日报》报道：20 世纪 80 年代时日本本田公司成功的秘诀是“缩小工人与管理人员在地位上的差别，把工人当成群体的一分子”。20 世纪 80 年代日本企业的成功实践，使得美国乃至全世界的企业管理人员开始了对企业文化的关注，并由此掀起了企业文化的实践热潮。在这一热潮中，一批优秀的企业在其优秀的企业文化的作用下获得了持久发展的动力并在当今企业界中成为一颗颗耀眼的明星。比尔·盖茨缔造了微软公司注重管理创造性人才和创新精神的文化，他认为知识经济时代的核心工作就是创新。沃尔玛的成功，除了沃尔顿身上闪烁着企业家精神外，还要归功于该公司注重创新、善于合作、提倡创业者勤俭及全心全意为顾客服务的企业文化。

企业文化热潮在中国也产生了很大的影响。20 世纪五六十年代，我国有一批国有企业在发展过程中逐渐形成优良的企业传统、企业风气和企业精神。它们在经营管理模式和思想政治工作方面形成了自身的特色。比如，大庆油田的“铁人精神”、鞍钢的“鞍钢宪法”、江南造船厂的“江南精神”等。企业文化的理念和思想传入中国后，一些企业的领导者意识到其重要性，将其与自身经验相结合，以探讨企业精神、企业文化为契机，反思原有的经营管理模式和思想政治工作。比如时任二汽厂长的陈清泰就以此为契机，提出了二汽的企业文化，应是我们待人处世所遵循的原则。20世纪八九十年代，随着商品经济观念的确立企业文化实践初尝成功。伴随着改革开放的进程，商品经济观念逐步树立，乡镇企业成为中国经济发展不可忽视的一支新生力量。就是在这个时候，一家乡镇企业的实践标志着中国的企业文化实践进入一个新的阶段。1988年，广东一家生产“万事达”保健口服液的乡镇企业为了打开销路，决定进行总体的CI策划，品牌改为“太阳神”，公司启用新的企业标志，并实施统一的CI活动。“在太阳升起的地方，我们的生活充满希望”的广告歌词和鲜明的企业视觉图案吸引了全国消费者，使它的产值在几年间由4000多万元跃升到13亿元。1994年，海尔的张瑞敏首次提出了“日清日高”这个管理名词：“日清”指完成当日目标，但日清之后还有更高的目标，这就是“日高”。它的内涵是要求每一个工人和管理者学会管理自己的时间和目标。这一名词经过发展，成为日后《海尔企业文化手册》中的“OEC”管理法（overall every control and clear），意为全方位地对每天、每人、每事进行清理控制。在人才管理方面，张瑞敏提出“人人是人才，赛马不相马”。正是在这种不懈努力下，海尔成为当时国内管理水平最高的制造工厂之一。

1.3.2 企业文化实践的发展与趋势

企业文化在当今企业经营实践中发挥着越来越重要的作用，企业文化实践发展主要呈现六种发展趋势。

企业文化实践的产生与发展趋势2

1. 企业文化需要适应“结盟、融合、共赢”新战略发展的要求

“协作竞争、结盟取胜、双赢模式”是美国著名的麦肯锡咨询公司提出的21世纪企业发展的新战略。企业重组后企业文化怎样融合的问题。

2. 注意学习氛围的培养

20世纪末最成功的组织是学习型组织，它不仅被视为业绩最佳、竞争力最强、生命力最具活力的组织，更重要的是它能使人们在学习过程中，逐渐在心灵上获得潜移默化的升华。

3. 与生态文化的有机结合

生态文化是一种新型的管理理论，它包括生态环境、生态伦理和生态道德，是人对解决人与自然关系问题的思想观点和心理的总和。生态文化属于生态科学，主要研究人与自然的关系，体现的是生态精神。而企业文化则属于管理科学，主要研究人与人的关系，体现的是人文精神。

4. 将更注重树立良好的企业形象

企业的知名度与美誉度的有机结合构成了企业在公众中的形象。正如德鲁克先生的告诫，在处理公共关系时，企业应当注意从推销商品到推销商品生产者延伸。

5. 更注重企业精神与企业价值观的人格化

价值观是企业文化的核心。企业要努力培育“生死与共”的价值观，使企业的全体员工增强主人翁意识，能与企业同呼吸、同成长、同发展、共生死，做到企业精神与企业价值观的人格化。

6. 企业文化更重视人本管理

企业文化理论的本质特征是倡导以人为中心的人本管理哲学，反对“见物不见人”的理性管理思想，主张将培育进步的企业文化和发挥人的主体作用作为企业管理的主导环节。

1.4 企业文化理论的产生与发展

1.4.1 企业文化理论的产生

企业文化理论的产生与发展

20 世纪 70 年代，越南战争失利、石油危机的出现以及经济上得颓势，使得美国社会的自信受到重创。而战后日本的迅速崛起，让现代管理学的发源地——美国受到很大的触动，这成为企业文化理论创建的重要背景。当时的美国管理学家和实践家，尝试从不同角度进行积极的探索，试图解开日本企业成功背后的秘密。从而找到能够让美国企业重振雄风的方法。其中，一部分研究者选择了对比两国的企业管理模式乃至其背后的民族文化的差异。

1981～1982 年美国的企业管理理论界出版了四本畅销书：美国斯坦福大学帕斯卡尔和美国哈佛大学阿索斯合著的《日本管理艺术》(1981 年)、美国著名美日比较管理学者威廉·大内的《Z 理论——美国企业界怎样迎接日本的挑战》(1981 年)、美国著名的麦肯锡管理咨询公司顾问阿伦·肯尼迪和特伦斯·迪尔合著的《企业文化——企业生活中的礼仪》(1982 年)、美国企业管理咨询顾问汤姆·彼特斯和罗伯特·沃特曼合著的《追求卓越》(1982 年) 为代表的企业文化学说。由此，20 世纪 80 年代风靡全球的“企业文化”浪潮掀起，这四部著作则被理论界称之为企业文化浪潮的“四重奏”，标志着企业文化理论的产生。

1.4.2　企业文化理论的发展

继企业文化“四重奏”拉开了企业文化理论创建的序幕之后，随后几年，沙因、奎因、霍夫斯泰德等人的研究成果产生了更大的学术影响力。沙因在 1984 年发表了《重新认识组织文化》的文章，从学习和群体动力学理论出发构造了组织文化的正式定义。1985 年，他出版了《组织文化与领导》一书，系统阐释了组织文化的概念和内涵。1992 年，沙因推出了《组织文化与领导（第 2 版）》，他结合过去研究和咨询的经验，进一步强化对文化内容和结构的解读，并告诫领导者如何认识并发展组织文化。沙因指出，企业文化是在企业成员相互作用的过程中形成的，为大多数成员所认同，并用来教育新成员的一套价值体系。1993 年，哈奇（M. J. Hatch）在沙因的三层次文化模式的基础上，提出了组织文化的动态模式，以动态的视角丰富人们对企业文化结构的认识。1999 年，沙因出版了《企业文化生存指南》，他特别指出，实践中的管理者应严肃地而不是肤浅地考察组织中的文化，“许多学者和咨询师鼓吹的文化概念和理论基于一些能够生产数字和轮廓的问卷……起作用的企业文化力量不可能仅凭简单的测量就能挖掘出来，它们也不是简单地纳入某种类型，因为它们是反映了组织特定历史的独一无二的形式”。

1983 年，奎因在坎贝尔等人关于组织有效性研究的基础上，进行聚类分析，提出了分析组织有效性的框架——对立价值框架。同年，奎因和卡梅隆将奎因提出的用于分析组织内部冲突与竞争紧张性的对立价值模型，扩展到对组织文化的测查，以探查组织文化的深层结构以及组织的价值、领导、决策、组织发展策略有关的基本假设。对立价值理论模型为后来组织文化的测量、评估和诊断提供了重要的理论基础。丹尼森（Daniel R. Denison）的组织文化测量模型，也是基于对立价值框架开发出来的代表性成果，在此基础上，他进一步开发出了组织文化量表（OCQ）。

1990 年，霍夫斯泰德等在前期研究的基础上，提出了组织文化测量模型，并指出不同组织间的文化差异主要通过实践层面的六个维度反映，即过程导向—结果导向、人际导向—工作导向、本地化—职业化、开放系统—封闭系统、松散控制—严密控制和重规范—重实效。1991 年，奥莱利和查特曼等（O'Reilly and Chatman et al.）从个人和组织契合度模型出发，使用方法来研究组织个人与契合度，构建了测量组织价值观的 OCP 量表。在他们看来，组织文化测量应该兼顾组织文化的特性与组织成员对组织文化的偏好程度。在企业文化类型研究和测量研究充分发展的同时，一系列成果也被应用到企业文化评估诊断领域，促进了该领域的发展。这一时期，科特和赫斯克特的《企业文化与经营业绩》、哈里森（Roger Harrison）和斯托克斯（Herb Stokes）的《诊断企业文化——量表和训练者手册》、迪尔和肯尼迪的《新企业文化》、卡梅隆和奎因《组织文化诊断与变革》等著作中，都有相关内容为评估和诊断企业文化提供了研究成果。

1.4.3 企业文化理论在中国的发展

20 世纪 80 年代到 90 年代初，企业文化理论的主要特征是企业文化理论的引进。随着企业文化引入中国，一些学者开始注意到企业文化的话题。1986 年前后，与企业文化相关的研究文章开始出现在主流的管理类期刊中。在这个时期，理论上的发展基本上是以翻译企业文化著作为主，特别是被誉为企业文化“四重奏”的四本书籍，对企业文化理论研究在中国的起步影响尤为深远。

20 世纪 90 年代到 21 世纪初，企业文化理论的主要特征是探讨中国特色的企业文化建设。20 世纪 90 年代，伴随着对企业文化认识的深入，我国企业文化类的教材开始出现，探讨有中国特色的企业文化建设的著作开始问世。

这一时期，相关的论著不但对企业文化的渊源、特征、功能及构成等基本理论知识加以总结，对中国企业文化的民族特色、制度特色、建设模式和建设机制等也加以探讨，还有对企业文化与思想政治工作这样有本国特色的要素之间的关系加以探讨。总的来说，这时期企业文化著作还是以普及企业文化知识，总结中国企业文化建设经验为主。

21 世纪初至今，企业文化理论的主要特征为国内研究与国外发展进程接轨。进入 21 世纪，企业文化理论研究的发展可以用“突飞猛进”来形容，尤其是 2003 年之后，更呈现了加速发展的态势。首先，一批国际主要流派的代表性研究著作被引入国内，有一些还翻译成中文版本，既夯实了基础理论，又提供了更为开阔的研究视角。其次，企业文化论著和研究文章的数量出现爆炸式的几何级数增长，质量方面也明显提升，出现了一批高水平的研究成果。再次，企业文化理论研究在视角选择的多样化、涉猎主题的丰富性、研究方法的规范程度等方面，都有了质的飞跃。最后，真正将中国传统智慧与管理结合起来的中国特色的企业文化建设正在迅速崛起。

本章练习题

一、简答题

1. 文化的广义和狭义两种定义。
2. 企业文化的定义。
3. 企业文化实践的发展趋势。
4. 企业文化理论发展浪潮的“四重奏”是什么？

二、论述题

论述企业文化兴起的历史背景。

三、案例分析题

谈一谈你对在麦当劳或肯德基用餐的感受。

第 2 章

企业文化的要素与结构

教学目的与要求：
掌握企业文化的特征、要素、结构与分类
教学重点：企业文化的特征、要素与分类
教学难点：企业文化结构

2.1 企业文化的特征

企业文化的特征

企业管理历经经验管理阶段、科学管理阶段，现在已经进入文化管理阶段。优秀的企业家们已经充分认识到企业文化对企业可持续发展的重要性，并将企业文化建设提升到了企业战略高度。由于第 1 章已经对企业文化的定义做出了阐述，这里我们先对企业文化的特征进行阐述。

2.1.1 客观性

只要一个企业在相对长的一段时间内存在，企业员工就会逐渐形成趋于一致的价值观念和行为方式，不管人们有没有意识到企业文化，它都是客观存在的。企业文化与企业相伴相生、如影随形，虽然有时它看不见、摸不着，但却会潜移默化地影响企业员工的思想和言谈举止，是不以人的主观意志为转移的客观现象。

企业文化的客观性特征要求人们要认识、掌握和遵循企业文化发展的内在规律，而不能仅凭主观想象或一时兴起来进行企业文化的建

设和改造。

2.1.2 独特性

企业文化源于企业实践，总会或多或少地反映本企业的基本特征和个性。由于企业经营的特殊性，不同的企业，其所处的行业、基本职责与使命、发展历史、组织规模等都不尽相同，任何两个企业都不可能存在完全相同的企业文化。哪怕两个企业在产品技术、组织规模、管理制度等方面可能十分相似或相近，在企业文化方面也可能存在较大的差异。这是由于企业文化不仅受企业经营活动的影响，还和组成企业的人员有关，只要企业领导者不同、员工各异，就会产生不同的思想和行为方式，从而形成不同的企业文化风格。

企业文化的个性特征要求人们建设企业文化时，要从企业自身的实践出发，体现出自身的基本特征，突出个性特色，绝不能照抄照搬其他企业的文化。

2.1.3 群体性

企业文化是由企业的全体员工或至少是绝大多数员工所创造和形成的，它应该是一个群体所共有的文化。任何个人包括企业家本人的价值观念、精神特质，只有为企业员工或绝大多数员工所接受、认同、内化，并转化为企业整体的价值观念和行为方式，才能称之为企业文化。

企业文化的群体性特征要求在企业文化建设时，应当注意培育企业整体价值观，形成企业全体员工或绝大多数员工共同一致的思想观念和行为模式，而不应只重视企业英雄人物和企业家个人的特质。

2.1.4 相对稳定性

企业文化是企业在长期的生产经营实践中逐渐形成的，其形成是一个长期渐进的过程，不是一朝一夕的事情。企业文化一旦形成就会相对稳定地存在，不会轻易地随着企业环境的变化、产品的更新换代、技术的推陈出新而变化。尤其是那些根深蒂固的思想观念和长期养成的行为习惯，更是难以改变。

企业文化的稳定性特征，要求企业领导者在进行企业文化建设和变革时，不能急功近利、急于求成，要有持之以恒的精神，耐心培育和稳定推进。

但企业文化也不是一成不变的，其稳定性是相对的。随着时代的发展、时代精神的变化，企业必须以新的思想观念来丰富企业文化的内容，只有跟上时代的步伐、符合时代的特点，企业文化才能焕发出勃勃生机。

2.1.5　社会性

企业不仅是一个经济组织，更是社会的一个基本细胞。企业不是在封闭的系统中从事经济活动的，而是处在大的社会环境中，企业员工来自社会各个层面，时刻会受到社会大文化的熏陶和感染。企业文化不是无源之水，无本之木，它的形成总是会受到社会文化大背景的影响。一个企业文化的特征会深深打上其社会文化、民族文化和地域文化的烙印。像日本企业文化中的集团主义、美国企业文化中的个人主义，都是深受其社会文化和民族文化影响而形成的。

企业文化的社会性特征告诉人们，建设企业文化时，要符合本社会、本民族、本地域的文化特点，不可照搬照抄他国的经验。只有这样才能符合本社会企业员工的文化心理，为企业员工所真正接纳和认可，企业文化才会有持久的生命力。

2.2　企业文化的要素与分类

2.2.1　企业文化的要素

企业文化的要素

由于对企业文化的含义认识不同，对于企业文化的要素也有不同的理解和研究成果，具有代表性的是美国哈佛大学的教授特雷斯·迪尔和麦肯锡咨询公司顾问阿伦·肯尼迪提出的五要素说。

20 世纪 80 年代初，特雷斯·迪尔和阿伦·肯尼迪用了 6 个月的时间，对美国 80 家企业进行了详尽调查，于 1981 年出版了《企业文化——企业生存的习俗和礼仪》一书。该书是论述企业文化的经典之作，书中提出的企业文化五要素说为后来的企业文化研究奠定了理论基础，也因此有人说，该书的出版标志着企业文化作为一种理论的真正诞生。

该书用丰富的例证指出，那些持续成功的美国企业背后都有着强有力的企业文化，企业文化影响着企业大到企业决策，小到员工的言谈举止、衣着爱好等的每一件事情，企业领导只有致力于企业文化管理才能取得成功。

既然文化管理对企业有如此重要的作用，那么“强有力的文化”应该包括哪些要素呢？作者指出，企业环境、价值观、英雄人物、习俗和礼仪以及文化网络共同构成了企业文化的五要素。今天人们对企业文化的要素有了更多的理解，但大多源于此。

1. 企业环境

迪尔和肯尼迪所说的“企业环境”是指“企业经营所处的极为广阔的社会和业务环境”，由产品、竞争者、顾客、工艺技术、政府影响等因素组成。企业环境是影响企业文化形成的最大的因素，处于不同环境的企业会形成不同的企业文化。他们认为那些销售单一产品的企业会发展出“工作、娱乐并重型”的文化，以促进它的销售力量；那些需要投入大量研发费用的企业会发展出“赌注型”文化，以确保在采取行动之前决策的可靠性。

严格地说，迪尔和肯尼迪并没有真的把企业环境作为企业文化的组成要素来看待，而是把它当成企业文化的影响因素，是形成不同企业文化的基础。

从今天的观点来看，作为企业文化组成要素的企业环境与迪尔和肯尼迪所说的企业环境的内涵是有差别的。它是指企业主体在社会大环境影响下，通过自己的行为创造和发展出的企业内部环境条件，是企业文化现象中的一种存在形态。这里的企业环境又分为软环境和硬环境。软环境主要指企业的氛围、规范、制度等，硬环境主要是指包括企业资源条件在内的企业的物质环境。

2. 企业价值观

企业价值观是企业文化的核心，是一个企业的基本观念和信念。明确的企业价值观会清楚地告诉员工哪些是重要的、值得企业追求的；哪些是不重要的、是企业应该摒弃的。企业价值观为企业员工的行为指明了共同的方向，它“以具体的词语给员工规定出成功之路”“并在组织中制定出成功的标准”。这些成功的标准决定了企业文化中的英雄人物、习俗仪式等其他要素的类型，影响到大至企业战略决策、小至员工日常的言谈举止等所有方面。正因为此，优秀的企业都是极为重视企业价值观的，如《追求卓越》一书中彼得斯和沃特曼指出的，“我们研究的所有优秀公司都很清楚他们主张什么，并认真建立形成了公司的价值准则，事实上，如果一家公司缺乏明确的价值准则或价值观念不正确，我们很怀疑它是否有可能获得经营上的成功”。

企业价值观不只限于一两个方面，也不限于用一两句具体的语言来表示。企业价值观是围绕核心价值观而建立起来的丰富的价值观体系，它可以用许多彼此协调的语句来表示。一个企业文化越强，价值观体系就越丰富、越复杂，这些价值观真正产生的效应也越多、越显著。

迪尔和肯尼迪指出要塑造一个优秀的企业价值观体系，需要注意以下两点：

第一，企业的价值观体系是建立在企业实践经验基础上的，是企业员工在长期的生产经营实践中，对哪些行为可行与不可行的概括总结，绝不是不切实际的凭空想象。

第二，企业价值观体系的形成，是与企业管理人员的工作和灌输分不开的，管理人员对企业价值观的形成有着重要的影响。正如迪尔和肯尼迪所说：“我们考察过的具有强有力文化的公司，全都有着一个为职工共同信奉的、丰富而复杂的企业价值观体系，这些公司的经理人员公开而毫不困窘地谈论这些信念，他们不能容忍对公司准则的背离。”

3. 英雄人物

如果说价值观是文化的灵魂，那么英雄人物就是价值观的人格化，它集中体现出企业文化的基本特征。英雄人物为企业中的其他员工提供了可效仿的榜样，对企业文化的形成和发展起着重要的作用。正像迪尔和肯尼迪认为的“英雄们是一种象征。他们的行为超乎寻常，但离我们并不遥远。他们常常戏剧性地向人们显示，成功是在人们力所能及的范围内的”。

企业英雄有两种基本类型。第一类是指那些创办企业的英雄，比如，微软的比尔·盖茨、苹果的乔布斯、阿里巴巴的马云、华为的任正非等。这些企业创始人带领各自的企业成就了辉煌的业绩，在创建和发展企业的过程中，他们的理念、追求与信仰完美地和企业融合在一起，他们是企业的象征，代表了企业价值观的方向。美国学者迪尔和肯尼迪称这类企业英雄为共生英雄。作为企业英雄的最高层次，共生英雄是天生的，是无法在企业内部造就出来的。第二类是企业的情势英雄。企业情势英雄也称“造就的英雄”，是指那些在企业特定时期、特定环境下产生的，企业精心塑造出来的英雄人物。由于现实中，共生英雄几乎是凤毛麟角，企业需要造就出更多的情势英雄，以在各个领域发挥企业英雄的示范引导作用。真正的企业情势英雄至少应该具备两个最基本的条件：①是企业价值观的化身。英雄们的思想、品德以及行为都应符合特定的企业价值观，是企业价值观的人格化。这是企业情势英雄所应具备的软件因素。②卓越的功绩。英雄们通常表现卓越，在企业管理、生产、销售、研发等各个领域做出了不凡的业绩，同时这些业绩对企业的发展和变革有着重要的贡献。这是企业情势英雄所应具备的硬件因素。

企业英雄以其崇高的理想追求、优异的品质、卓越的功绩，传播着企业文化的基本理念，发挥着独特的榜样作用，感染、引导、激励企业全体员工为着共同的目标而同心同德、不懈努力。然而企业英雄尤其是情势英雄绝不是凭空出现的，企业要善于为英雄的产生创造适宜的环境和土壤中，促其生根发芽，乃至茁壮成长。

4. 习俗与仪式

习俗与仪式是企业文化的外在表现形式，是不可或缺的重要组成部分。它们是在企业各种日常活动中经常反复出现、人人知晓而又没有明文规定的东西，是把企业内在的凝聚力，通过程式化的形式，外在表现出来的一种文化要素。

习俗就是指企业日常活动中的各种风俗习惯，比如游戏、聚会、各种文体活动等。它把企业中日常经常发生的各种活动戏剧化和形象化，让人们在轻松、自然、欢乐、随和的氛围中，深刻领会企业文化的内涵，起到“寓教于乐”的作用。

仪式是指企业按照一定的标准、一定的程序组织的系统化活动。仪式的日常表现形式称之为礼仪，它是向员工显示日常活动中期望他们怎样行为的一种规范。仪式的隆重表现形式称之为典礼，是企业所举办的特殊庆祝与大型的纪念活动仪式，它通过非同寻常的隆重形式向员工表明企业的基本要求。根据迪尔和肯尼迪的研究，美国企业中常见的仪式有：问候仪式、赏识仪式、管理仪式、防患于未然的仪式、庆典、研讨会或年会等。仪式通过一定程序化的活动，重复着企业的价值观，潜移默化地影响着企业员工的行为方式，营造出一个完整的企业文化氛围。

把习俗和仪式当作企业文化的一个要素，意味着企业要重视日常活动中的每一件事，即所谓“在强文化公司里，没有什么事是不重要的”。企业领导者应自觉地把日常活动的各种事情规范化以形成习俗和仪式，从而把企业价值观、英雄人物形象灌输到每个员工的心目当中，引导和规范员工的行为方式。习俗和仪式是企业价值观的体现，在企业文化的塑造中，绝不能把习俗和仪式完全当成自生自灭的东西，而是要经过企业领导者的提倡，企业员工的反复执行、历代相传，逐渐形成约定俗成的自发力量。

5. 文化网络

迪尔和肯尼迪所说的文化网络是指一个企业内部的非正规的沟通渠道。那些轶事传播者、消息探听者、说教者、小集团和说悄悄话的人共同构成了企业内部隐蔽的联络体系，组成了企业文化网络。这个网络功能强大，它不仅相互传递信息，而且是企业价值观和英雄轶事的载体，是企业文化传播和价值共享所不可缺少的基本要素。

非正式的文化网络具有以下几个基本特征：

第一，文化网络往往是自发形成的。网络中消息的传递不是依靠正规的文件，而是依靠人与人之间的口口相传；网络中的人员也不是由谁任命的，而是隐蔽的松散的组合。

第二，对传播的消息往往会进行艺术性的加工。那些生动形象、情趣盎然的逸闻趣事，把有关企业价值观和企业英雄的故事，传播到企业的每一个角落。

第三，对消息含义的解释，能从更深层次上来说明问题。这种非正式的文化网络，往往可以对正式渠道传播的信息进行补充说明和进一步地解释，从更深的本质层次上来剖析其产生的原因。

企业的管理者如果要想使事情做成功或者了解事情的真实进展情况，就应该充分认识文化网络的重要性，使其能够有效运行。企业文化的各种信息通过文化网络的沟通流传，会形成一种特殊的文化氛围，这对于培育企业的价值观念，提升企业英雄的象征性价值，增强企业内部的凝聚力等方面都起着重要的促进作用。

2.2.2 企业文化的分类

企业文化的内涵丰富，因此，企业文化的分类标准也是复杂多样，理论界有许多种划分企业文化类型的方法。

1. 迪尔和肯尼迪的分类

迪尔和肯尼迪的企业文化分类

美国企业文化管理学家迪尔和肯尼迪在其合著的《企业文化——企业生存的习俗和礼仪》一书中提出，企业文化的类型“取决于市场的两种因素：其一是企业经营活动的风险程度；其二是企业及其雇员工作绩效的反馈速度”。据此，他们把企业文化分成了4种类型。

（1）强人文化。这是一种高风险、快反馈的企业文化类型。强人文化要求人树立“寻找山峰并征服它”的牢固信念，保持坚强、乐观、强烈的进取心，崇尚个人明星式的人物。在这种类型的企业文化中，员工们乐于承担风险、勇于竞争，并且可以迅速获得自己行动正确与否的反馈，能够适应高风险快反馈的市场环境。建筑公司、化妆品公司、管理咨询公司、风险投资公司、广告公司、出版公司、电视、电影等娱乐公司，容易形成这种强人文化类型。

（2）工作娱乐并重型文化。又称“拼命干、尽情玩”文化，是一种低风险、快反馈的企业文化类型。“拼命干、尽情玩”的文化对人的要求是：树立“发现需要并满足它”的牢固信念，干的时候拼命干，玩的时候尽情玩。在这种类型的企业文化中，工作风险小、工作绩效反馈快，员工通常表现出对人友好、善于交际、注重工作数量、着迷于刺激性的活动等特点。这种类型的文化形成于风险极小、反馈极快的企业，如房地产经纪公司、计算机公司、汽车经销商、大众消费品的销售公司、办公设备制造公司、一切零售商店等。

（3）攻坚文化。又称赌注型文化，是一种高风险、慢反馈的企业文化类型。在这种企业文化类型的企业中，企业决策面临的风险极大，但是结果可能需要很长一段时间才能得到反馈。因此，攻坚文化重视理想、崇尚创造美好的未来。决策时需要仔细权衡，深思熟虑，一旦下了决心就不要轻易改变初衷，即使在得不到任何信息反馈的情况下也要有远大志向，要有决心和韧性。攻坚文化适应于高风险、慢反馈的市场环境，可能带来高质量的发明和重大的科学突破，但效率极低，发展缓慢。航空航天公司、石油公司、采矿冶金公司等往往形成这种攻坚文化。

（4）过程文化。又称按部就班型文化，是一种低风险、慢反馈的企业文化类型。在这种企业文化类型的企业中，员工的工作很难衡量或者得不到任何反馈。因此，员工的工作重点放在“如何做”，而不是“做什么”上面，崇尚过程与细节。过程文化对人的要求是：按部就班、遵纪守时、谨慎周到。员工往往会形成“稳定、可靠、不求有功，但求无过”的心态。这种文化有利于稳定，但有时过于保守，缺乏创造性。过程文化一般产生于风险低、反馈慢的政府机构、金融保险公司、事业单位等。

2. 科特和赫斯克特的分类

科特和赫斯克特在《企业文化与经营业绩》一书中，根据40家世界著名企业成败的案例，划分了3种类型的企业文化，即强力型企业文化、策略合理型企业文化和灵活适应型企业文化。

（1）强力型企业文化。强力型企业文化是建立在控制和权力基础上的，企业的组织层级结构和职权的划分明确清晰。这种文化的价值观念往往会通过规划或职责规范公之于众，并督促企业的所有人员遵从这些规范。组织的核心价值观得到员工的强烈认可和广泛的认同，新进的组织成员也会很快接受和认同这种价值观念。即使是新的总经理到任，强力型的企业文化也不会随之改变，因为它已经扎根于组织内部，在组织内部形成了一种很强的行为控制氛围。在强力型企业文化中，员工对企业的立场有着高度一致的看法，对企业的目标和核心价值观念强烈认同，形成了很强的凝聚力、忠诚感，员工的离职率比较低。

（2）策略合理型企业文化。即适应企业环境、企业经营策略的文化，它强调企业文化的适应性。科特认为，企业文化与企业环境和企业经营策略越是一致，企业经营业绩就越好。因此，在面临企业环境变化、企业经营策略改变的前提下，要增强企业文化的适应性。在这种类型的企业文化下，企业工作环境开放、和谐，具有较大的灵活性，在保证经营方式比较稳健的前提下，允许员工在紧急情况下采取紧急措施。

（3）灵活适应型企业文化。灵活适应型企业文化能够使企业适应市场经营环境的变化，并在这一适应过程中领先于其他企业，从而能够在较长时期内促进企业经营业绩的增长。在这种企业文化中，企业工作环境相当开放，组织中有高度的支持和信任，允许员工冒险及尝试错误，提倡不畏风险的精神。员工往往具有高度的工作热情以及能够排除一切困难、迎接各种挑战和机遇的能力，愿意为组织做出牺牲，追求企业较不熟悉的风险和接受重大的变革。

3. 奎因和卡梅隆的分类

奎因和卡梅隆的企业文化分类

美国组织行为专家奎因和卡梅隆1988年构建了竞争性文化价值模型。该模型从20世纪90年代开始在世界范围内被广泛应用，逐渐成为一种国际上比较权威的企业文化分析工具。该模型提出从“组织灵活性—稳定性”“外部导向—内部导向”两个维度，将组织文化分为目标、规则、支持、创新四种导向，来测量企业文化，由此派生出4个象限，从第一到第四象限分别为活力型文化、家庭型文化、官僚型文化、市场型文化，如图2-1所示。

（1）活力型企业文化。也称创新型或灵活变革型企业文化。它是适应高度不确定性、快速发展的外部环境而产生的。活力型文化的基本观点认为，创新与尝试是引领成功的关键。管理的主要内容就是推动创新，为了取得未来的竞争优势企业需要不断地创造出新思维、新方法和新产品。在这种类型的企业文化中，企业是一个动态的、充满冒险和创业激情的工作场所，没有一个集中的权力和权威的关系，项目团队是主要的工作方式，组织结构时刻随着项目的变化而改变。企业的领导被看成是革新者和冒险家，成功被定义为创造出新的产品和服务，对实验和革新的使命感使得整个企业凝聚在一起。在这种企业里，管理的长期目标是创造和获得新的资源，企业的工作重点是站在行业的前端，期望成为产品和服务的先行者，同时也鼓励员工个人的自由创造能力。活力型文化主要存在于软件开发、咨询、影视等行业中。

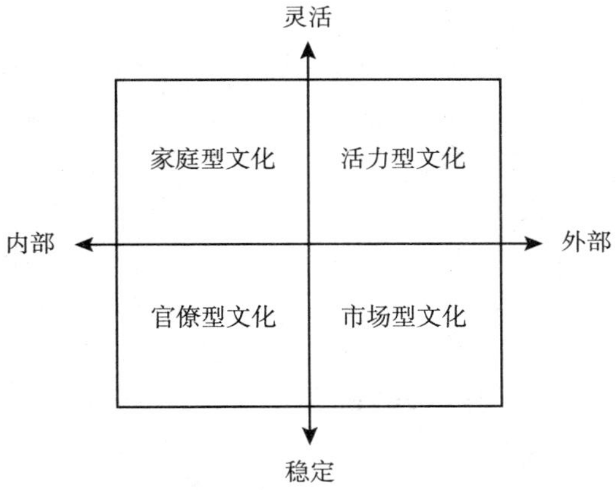

图2-1　奎因和卡梅隆的竞争性企业文化价值模型

资料来源：Cameron K. S. & Quinn R. E., 1998. Diagnosing and Changing Organizational Culture: Based on The Competing Values Framework. Addision-Wesley.

（2）家庭型企业文化。也称团队支持型企业文化。在这种类型的企业文化中，员工有着共同的目标和共享的价值观，讲究团结、互助、和谐的文化氛围，企业更像是一个大家庭。家庭型文化的基本观点认为，员工适合用团队合作和自我提升来管理，顾客则是最好的工作伙伴，企业应提供一个人性化的工作环境，给员工更大的自主权，为员工提供民主参与的机会，以激发员工的工作热情和对企业的忠诚。在这类企业里，员工在一个非常友善的场所工作且共同分享成果，成员之间通过忠诚和传统来维系，自觉自愿地承担义务。企业的领导通常被看做导师甚至家长，成功被定义为对客户的敏感和对员工的关心程度。具有家庭型文化的企业管理强调长期目标和人员的发展，同时认为凝聚力和士气也非常重要。企业会专门为团队协作、参与和协调设置各种奖励机制。一般而言，这类企业员工的忠诚度较高。

（3）官僚型企业文化。也称等级型或层级规范型企业文化。官僚型企业文化具有高度规范的、制度化的组织结构以及程序式的工作方式，人们在非常正规和等级森严的工作场所里按程序工作，企业靠严格的制度和政策结合在一起。企业领导在其中扮演协调者、控制者的角色，维持企业处于顺畅运作的状态至关重要。为尽量避免未来的不确定性，员工习惯于遵守企业中的各种制度和规范。企业管理的长远目标是稳定和高效的生产运作，管理员工的重点是确保雇佣关系的稳定和可预见性。大型组织和政府部门通常会形成这种等级严格的官僚型文化。

（4）市场型企业文化。所谓市场型，是指企业运作方式就像市场一样。具有市场型文化的企业，其核心价值观在于强调竞争力和生产率，其更关注外部环境的变化。在市场型文化环境下，人们时刻以警惕的眼光看待外部环境，认为市场中充满敌意，企业要想生存下去，只有依靠不断提升自己的竞争优势。这种类型文化的企业，工作以结果为导向，强调员工之间的竞争，往往有一个明确的发展目标和主动进攻的战略。企业的领导是强有力的推动者、生产者和竞争者，成功的定义是市场占有率和市场渗透能力。企业管理的长期目标是赢得竞争，具有竞争力的价格和市场领导地位是企业考虑的重点，企业的风格也带有强势的竞争者风格。

奎因和卡梅隆划分的企业文化 4 种类型，不是简单地指哪一家企业完全具备其中的一种文化特征，而没有其他类型文化的特征。事实上，几乎所有企业都可能同时具备 4 种文化特征，只不过其程度大小存在差异，可能某一类型的文化特征表现比较突出而已。有研究者认为，目前从国际上成熟且优秀的企业文化导向结构图形来看，它们大多呈现一种倒梯形，即支持导向和创新导向较强，而规则导向和目标导向较弱。这种倒梯形的文化导向结构，已经成为许多优秀企业努力追求的文化模型。

2.3 企业文化的结构

企业文化的结构

要认识企业文化，我们不仅要了解企业文化的要素，而且还要理解企业文化的结构。结构和要素是一对具有辩证关系的范畴，它们统一于一个系统之中。要素是形成系统结构内容的构成成分，而结构是系统内诸要素构成、结合和相互关联的形式。在了解了企业文化的要素之后，我们来研究企业文化的结构，就是要把企业文化作为一个系统，找出各个要素之间结合和相互关联的形式。

由于对企业文化内涵的认识不同，对企业文化结构的理解也存在着诸多差异。有学者认为企业文化有隐性文化和显性文化两部分构成：隐性文化是包括了企业哲学、企业价值观、企业精神等这些看不见、摸不着的无形的观念形态内容；显性文化则是包括了企业产品、企业设施、企业形象等人们能够直接感觉到的内容。还有的学者认为企业文化有三个层次构成，其中最具代表性的就是美国学者爱德加·沙因的三层次说。沙因把组织文化划分成三个层次：第一个层次为人造文化，这是文化最可见的层次，它包括人们能看见、听见和感受到的一切人造产品和创造物，比如物理环境的建造、技术与产品、书面语和演讲语言、成员的外部行为、可观察到的仪式和典礼等；第二个层次为外显价值观，表现为组织用具体清晰的语言，所表达的使命、愿景、价值观、哲学和方针等，往往是组织公开强调和宣扬的观点，这是可被感知的意识层面，可能和组织员工在处理具体事务时所遵循的内在信念和意识并不一致；第三个层次为基本假设，这是沙因所强调的文化的本质，是文化的最深层次，它隐含在组织成员的潜意识中，被认为是“理所当然”的假定，它就像一只看不见的手，实际上操纵着员工的一切，告诉员工该如何去思考、去行为。沙因有关组织文化三个层次的划分，对于我们研究组织文化的结构有着重要的理论借鉴意义。

目前国内学者对企业文化结构的研究，最有代表性的是四层次结构，即把企业文化划分为精神文化、制度文化、行为文化和物质文化四个层次，如图2－2所示。本书将重点介绍这种划分方法。

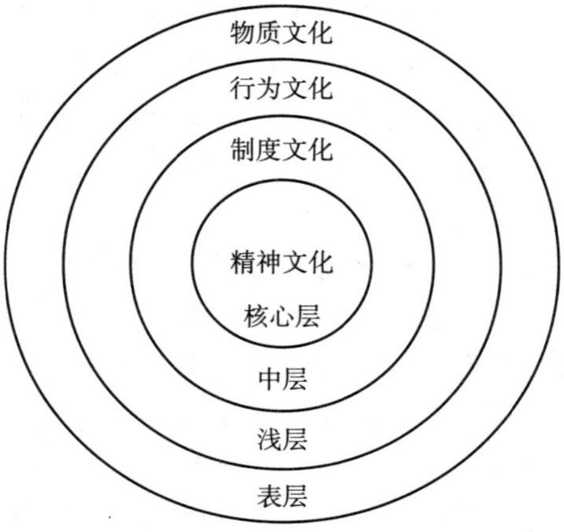

图2－2　企业文化结构

2.3.1 企业文化的四个层次

1. 精神文化

企业精神文化，是企业在长期的生产经营过程中所形成的具有企业特色的精神成果和文化观念，它包括企业经营哲学、企业价值观念、企业精神、企业道德等内容，是一种以意识为形态的深层企业文化。

在企业文化的 4 个层次中，精神文化是最主要的层次，它最能体现一个企业的文化精华，是整个企业文化大系统中的核心文化，主导和制约着企业文化的其他部分。

企业精神文化是受社会大文化背景的影响，由企业全体员工通过长期的生产经营活动逐步建立起来的，是企业文化心理长期积淀的一种群体意识。它是由企业哲学、观念、精神、道德等企业的精神力量构成，是企业意识形态的总和。作为一种意识形态，它具有以下 3 个基本特点：

（1）无形性。精神文化是企业的灵魂，它潜移默化地影响着员工的思想和行为，静悄悄地推动企业的发展。精神文化具有看不见、摸不着的特点，就像一只无形的手影响着企业的方方面面。

（2）共享性。企业价值观、企业精神等各种精神力量可供企业员工共享，它不像物质的东西具有排他性的特点，容易为个人所占有。企业精神文化是一种超越个体的群体意识，能够为企业群体所共同拥有，具有更广泛、更深刻的社会意义。

（3）永久性。物质的东西经过一次或数次的消费，其形态就会毁损或者消亡了，而精神层面的东西则可以永久存在下去，甚至永世流传。像中国传统文化中的精髓，虽历经五千年的发展，至今仍然为人们所信奉。一些优秀公司的核心精神文化，往往会在其内部代代相传，推动着企业良性发展。

2. 制度文化

企业制度是为了维护秩序而人为制定的程序化、标准化的行为模式和运行方式，是现代企业正常运转所必不可少的因素之一。企业制度文化是企业为了实现自身的目标，而对企业及其员工的行为给予一定限制的文化，是从企业各种规章制度、道德规范、行为准则中体现出来的企业文化特色。

企业制度文化具有强烈的规范性特点，它通过营造强制性的企业制度氛围，制定并实行各项规章制度，规范企业活动和员工行为，把员工引导到企业统一的价值观念之下，使其行为符合企业的整体利益，从而保证企业目标的实现。

企业制度文化是一定精神文化的产物，是企业核心价值观念、经营思想与哲学的体现与外化，它的建设必须适应精神文化的要求。在企业中，人们总是在一定的价值观念指导下，去建设和完善企业的各项制度的。如果企业的各项制度不能与企业的追求、信仰相适应，那么企业目标也就无法最终实现。同时制度文化又会对企业精神文化起反作用。一定的企业制度的贯彻实施，又会影响人们产生新的价值观念，塑造新的精神文化。事实上，企业文化总是沿着精神文化—制度文化—新的精神文化的发展轨迹来不断完善、提升的。

企业制度文化位于企业文化的中间层次，居于中介地位。企业制度文化既是企业意识观念形态的反映，又是由一定物的形式所构成；它既是塑造企业精神文化的主要机制和载体，又是适应物质文化的固定形式。企业制度文化这种中介的固定、传递功能，决定了它对企业文化建设起着重要的作用。

3. 行为文化

企业行为文化居于整个企业文化系统的第二层，属于企业文化的浅层部分。企业行为文化是指企业员工在生产经营、学习娱乐等活动中所反映出的文化内涵和特征。它以动态的形式存在，是企业价值观念、企业精神的折射，也是企业经营作风、员工精神面貌、人际关系的动态体现。

《企业文化：企业生活的礼仪与仪式》一书的作者迪尔和肯尼迪曾指出："一个企业的文化在企业当中起着至关重要的作用，它影响着企业当中的每一件事情，大至企业的人事任命、干部选拔，小至员工的行为举止、衣着爱好。"一个企业中，从企业的生产经营等集体活动到员工的个人行为，从最高层领导到基层员工的言行举止，都会受到其所在企业文化环境的影响，同时又会明确反映出所在企业的文化内涵。

企业文化是企业员工共同创造的财富，一个企业要想建设优秀的企业文化，必须依靠企业全体员工的共同努力，在日常的生产经营活动中用自己的一言一行来加以塑造。企业的管理水平、产品质量、服务态度等的优劣，在很大程度上需要依靠企业员工的日常行为。企业的行为文化，对内，直接反映一个企业的管理水平、员工素质的高低；对外，可以反映出一个企业的形象是否良好。

企业领导者可以通过建立员工的行为规范来逐步形成企业的行为文化。这里所说的行为规范，是指一个企业通过企业文化氛围的长期影响和熏陶，而形成的一种非硬性规定的行为准则。它不是指通过一定的制度来约束人的行为，而是主要通过观念的灌输、培养企业的风俗习惯、倡导英雄人物的行为等方式，来引导人们自觉地意识到哪些行为是对的，哪些是错的；哪些是企业所提倡的，哪些是企业所要摒弃的。从而自觉地对自己的行为加以约束和调整，使自己的行为能够符合企业文化的要求，形成良好的企业行为文化。

4. 物质文化

企业文化的最外层是物质文化。所谓企业物质文化是指从企业的产品及各种物质设施中所蕴含的文化特征，是一种以物质为形态的表层企业文化。

企业物质文化一方面要受到企业的精神文化、行为文化、制度文化的制约，具有从属性、被动性的特点；另一方面它又是企业精神文化、行为文化、制度文化的外在表现形式，具有生动性、形象性的特点。

企业物质文化以直观具体的形象把企业内在的文化理念表达出来，是企业文化中能够看得见、摸得着，并为人们能够感知到的部分。它主要包括企业环境、企业产品、企业标识三个方面的内容。

（1）企业环境。企业总是在一定的环境中进行生产经营等各种活动的，企业环境是体现企业文化个性化特点的外在象征，一般包括工作环境和生活环境两部分。

企业工作环境的优劣直接影响到员工的情绪、心理和工作的积极性，从而影响到劳动效率。优化企业工作环境，为员工提供良好的劳动氛围，是企业重视员工的需求、激励员工积极性的体现。

企业的生活环境，包括企业为员工在居住、休息、娱乐等方面提供的客观条件和服务设施。它们对企业员工的身心健康、人格的自我评价和归属感等都有着直接的影响。

（2）企业产品。企业产品文化是企业物质文化中的核心文化。企业产品是企业存续的基础，企业产品文化的建设理所当然成为企业物质文化系统中的中心部分。

传统的产品概念常常局限在产品特定的物质形态和具体用途上，而现代意义上的产品是指人们向市场提供的、能满足消费者或用户某种需求的任何有形物品和无形服务。现代的产品是体现企业理念的产品，不仅具有使用价值，而且还具有文化价值。企业应该按照一定的文化理念，来设计、创造自己的产品，使产品的使用价值蕴含一定的文化价值，从而塑造自己的产品文化。

（3）企业标识。企业标识包括企业名称、企业象征物等方面的内容。企业名称和企业象征物作为企业物质文化的组成部分，它们是企业的一种文化符号，是企业可视性象征之一，是企业文化风格和企业个性的外在体现。

2.3.2　企业文化层次之间的关系

企业文化的 4 个层次不是孤立的，它们之间相互影响、相互作用，存在着有机的联系。

1. 精神文化决定了行为文化、制度文化和物质文化

在企业文化的 4 个层次中，精神文化是最核心的层次，它在企业文化整个系统中起着一种决定性的作用，它主导并制约着其他文化的变化和发展方向。企业精神文化是一股无形的力量，它潜移默化地影响企业员工的行为、企业制度的制定和物质文化的形成。有什么样的精神文化，就会有什么样的行为文化、制度文化和物质文化。

2. 制度文化是精神文化和行为文化得以贯彻的保证

制度文化是塑造精神文化的主要机制和载体，作为抽象的、以意识与观念形态存在的精神文化，若想以具体的行为文化和物质文化体现出来，就必须通过制度文化的保证。同时，企业的行为文化建设得如何，企业的各项经营活动、员工的行为举止是不是符合企业精神文化的需要，无不与企业制度文化的保障作用有关。

3. 物质文化和行为文化是精神文化的外在体现

精神文化具有内隐性的特征，它如果要付诸实践，就必须通过一定的外在表现形式来体现。企业的物质文化和行为文化就是精神文化的这种外在表现形式。企业的工作环境、文化设施、企业产品、员工行为等直接反映了企业哲学、价值观念、道德规范等精神文化的特征，从而也使精神文化从看不见、摸不着的抽象形态转化为清晰可见的具体形态。

企业的精神文化、制度文化、行为文化和物质文化这 4 个层次是密不可分、有机联系的，它们共同构成了企业文化的完整体系。

本章练习题

一、简答题

1. 企业文化有哪些基本特征？
2. 企业文化是由哪五要素构成的？
3. 什么是企业的情势英雄？情势英雄需要具备哪两个基本条件？
4. 迪尔和肯尼迪说的文化网络是什么？有哪些基本特征？

5. 迪尔和肯尼迪在《企业文化》一书把企业文化分为哪几种类型？

6. 简述科特和赫斯克特在《企业文化与经营业绩》一书中划分的企业文化三种类型。

7. 根据企业文化四层次说，企业文化是由哪四个层次构成的？

8. 什么是企业精神文化？它有哪些基本特点？

9. 什么是企业制度文化？它在企业文化中具有什么样的地位和功能？

10. 什么是企业行为文化？它在企业文化中具有什么样的地位和功能？

11. 什么是企业物质文化？它主要包括哪些方面的内容？

二、论述题

1. 迪尔和肯尼迪把企业环境作为企业文化的五大要素之一，如何理解？

2. 奎因和卡梅隆的竞争性文化价值模型对企业文化是怎样分类的？如何理解？

3. 为什么说企业精神文化是整个企业文化大系统中的核心文化？

4. 试论述企业文化结构中各组成部分之间的关系。

三、案例分析题

华为公司的企业文化①

1987 年，华为技术有限公司创立于深圳，创立之初华为只有6 名员工、20000 元注册资金。30 多年后的今天，华为已发展成为拥有 19 万多名员工，业务遍及 170 多个国家和地区，销售收入超千亿美元的大型跨国公司。华为的高速发展是和其独特的企业文化分不开的。

从企业精神文化、企业制度文化、企业行为文化、企业物质文化四个层次来看，华为公司的企业文化是一个完整而丰富的体系。

1. 华为的企业精神文化

华为的企业精神文化由愿景、使命、核心价值观以及价值主张构成。华为的愿景与使命：华为致力于把数字世界带入每个人、每个家庭、每个组织，构建万物互联的智能世界：让无处不在的连接，成为人人平等的权利；让无所不及的智能，驱动新商业文明；所有的行业

① 陈广、赵海涛：《华为的企业文化》，海天出版社 2012 年版，结合相关资料，由邵海清汇总、编制而成。

和组织，因强大的数字平台而变得敏捷、高效、生机勃勃；个性化的定制体验不再是少数人的专属特权，每一个人与生俱来的个性得到尊重，潜能得到充分的发挥和释放。华为公司的核心价值观：成就客户、艰苦奋斗、自我批判、开放进取、至诚守信、团队合作。价值主张：为适应信息行业正在发生的革命性变化，华为围绕客户需求和技术领先持续创新，与业界伙伴开放合作，聚焦构筑面向未来的“智能的信息管道”，持续为客户和全社会创造价值。基于这些价值主张，华为致力于丰富人们的沟通和生活，提升工作效率。

2. 华为的企业制度文化

企业制度文化一般包括企业领导体制、企业组织制度、企业经营制度、企业管理制度和一些其他特殊制度。华为公司坚持以客户为中心、以奋斗者为本的核心价值观，持续改善公司治理架构、组织、流程和考核，使公司获得长期有效增长。《华为公司基本法》以书面的形式表现，以制度的方式约束，将核心竞争力具体体现出来。《华为公司基本法》的意义在于将高层的思维真正转化为大家能够看得见、摸得着的东西，使彼此之间能到达成共识，这是一个权力智慧化的过程。由于技术的多变性，市场的波动性，自 2011 年 10 月 1 日起，华为开始采用 CEO 轮值制度，公司董事会及董事会常务委员会由轮值董事长主持，轮值董事长由 3 名副董事长轮流担任，在当值期间是公司最高领袖，轮值期为 6 个月，依次循环。

3. 华为的行为文化

华为公司初创时期的“床垫文化”“狼性文化”“口号文化”“群众运动”等行为文化是华为促进生产力的基石；而军人出身的任正非，其浓厚的军事色彩并且强调斗争性的个人色彩深深地影响着华为。作为负责任的全球化公司，华为积极确保在业务运营中符合适用的国际公约的要求。同时，华为将所遵循的协定要求也纳入 CSR（企业社会责任）战略以及相关活动的开展之中。2017 年，华为根据 ISO26000 社会责任指南，进一步完善 CSR 战略。华为在运营过程中将 CSR 战略融入公司战略之中，并进一步确定发展方向，从而实现系统化管理。

4. 华为的物质文化

华为的企业文化还表现在企业标识、建筑风格、办公环境、产品的特色、企业的文化设施、企业的文化传播网络等物质领域方面。比如华为 logo 的设计：八瓣花瓣由聚拢到散开，寓意着华为发展事业上的兴盛。花瓣下面配上黑色的“HUAWEI”字母，在花瓣红色的映衬下，标志显得独立且吸引人。红色给人一种冲动感，让华为显得更为出众。华为新的企业 logo 维持了原本标识的蓬勃向上、积极进取的基础上，另外融入了公司文化中的聚焦、创新、稳健、和谐四个理念，新的标识充分体现了华为将继续保持积极进取的精神，通过持续的创新，支持客户实现网络转型并不断推出有竞争力的业务。同时，华为新商标也寓意华为将更加国际化、职业化、更加聚焦客户，创造和谐商业环境以实现自身的稳固成长。华为公司共有 5 个官方报刊：《营赢》《华为技术》《华为服务》《华为人》《ICT 新视界》，它是企业沟通和文化建设的稳健桥梁。

华为致力于帮助客户构建一个更加高效整合的信息物流系统，实现人与人、人与物、物与物的全面互联，促进人们自由地沟通分享与思想交流。通过将人、思想、事物紧密连接，不断为梦想注入动力，激发创新的火花，推动科技、产业及人类互动方式持续演进，创造更美好的世界。

思考题：

1. 华为的企业文化有哪几个层次构成？
2. 结合案例说明企业文化各层次之间有何关系？

第3章 企业文化的功能与战略地位

教学目的与要求：
掌握企业文化的基本功能和战略地位
教学重点： 企业文化的基本功能
教学难点： 企业文化的战略地位

“天下之至柔，驰骋天下之至坚。无有入无间，吾是以知无为之有益。”世间最柔弱的东西可以影响世间最坚硬的事物。企业文化就像水一样，以无形去影响有形，通过对人的心灵的渗透去指导人的行为与意识。

伴随着管理理论的持续完善与管理实践的日益发展，企业文化在管理中的重要意义也得到普遍的认识与关注。管理从最初的强调制度与方法，开始向对人与环境的重视发生着显著的变化。越来越多的管理实践证明，企业文化已经成为引导、制约、完善企业管理的核心力量，它不仅仅通过硬性的约束力量去制约员工的行为，保持其统一性，它更为重要的是，利用软性的导向力量来实现员工在价值、理念、道德观等意识上的趋同，进而从内向外达到愿景、宗旨、目标的一致性。

越来越多的管理实践证明，企业文化作为文化的一种形态表现，在融合民族、区域、宗教、行业等众多外部因素的同时，也和领导者、员工的个性、意识形态、道德标准、行为选择等诸多内部因素有效结合。企业文化在经营管理中所发挥的作用、功效日益明显，并对企业未来的决策、战略选择产生了显著的作用，成为制约、影响、决定企业未来的重要因素，其战略地位也受到更多的认同与关注。

3.1 企业文化的功能

企业文化
功能－导向、
凝聚、激励

企业文化作为一种理性的和自觉的文化，具有其特定的功能。认识、把握、实现企业文化的特定功能，是研究企业文化的根本目的。实践证明，企业文化与企业经营的成败有着必然关联，优秀企业的成功，取决于其本身的独具特征的优秀文化。因此，认识、了解企业文化的功能对于企业文化的研究与发展有着深刻的意义。

企业文化的功能就是企业文化的性能与作用，就其表现而言，可以分为外在功能与内在功能。所谓外在功能，就是指企业文化对外部环境所起到的适应与影响；而内在功能，就是指企业文化在同一文化共同体内的作用和功效。在管理实践中，企业文化对人类文化的适应，对社会制度、道德意识、价值观念的顺应以及对其他共同体的示范和影响属于外在功能；而在同一共同体中，对于人的意识、观念、行为的引导、约束、感召的作用则是外在功能的体现。显然，企业文化的内在功能是企业中重要和主要功能，而外在功能则是衍生和辅助功能。

综合企业文化的内在与外在功能，我们大致将企业文化的功能分为以下 6 种。

3.1.1 导向功能

企业文化的导向功能，主要是通过企业文化的塑造来引导企业成员的行为心理，使人们在潜移默化中接受共同的价值观念，自觉自愿地把企业目标作为自身的追求目标来实现。

企业文化的导向功能在实践中具体体现在 3 个方面：

其一，规定了企业行为的价值取向。企业文化是文化的一种表现形式，受到区域、民族、宗教等多方面影响，其价值取向也不尽相同。例如：面对一间破旧不堪的老房子，“勤俭节约”的中国人和“勇于进取”的美国人会表现出截然不同的行为选择。美国人会将旧房子拆除，在此基础上重新建造一个又大又漂亮的大房子；而中国人，则基于“勤俭”和“保守”的文化理念，对旧房子进行修修补补，并力求保持其原貌。因为在中国文化中，我们往往会用“金窝银窝不如自己的狗窝”对“破旧”进行自我解嘲，用“室雅无须大，花香不在多”来进行自我安慰。

其二，明确了企业的行动目标。行为体现了价值取向，而价值取向也为其行为指明了行动目标。我们依然从民族文化中去探究其行动目标的选择。例如：不同的民族孕育了不同的文化，而这种文化直接影响着民族的价值取向和行为选择：中华民族长期受到儒家思想中“孝文化”的影响，在其价值取向中，亲情通常会置于首要地位，尊崇“百善孝为先”的行为；而法兰西民族以浪漫风情而闻名于世，在其价值体系中，追求浪漫的爱情明显处于较高位置；崇尚智慧和财富犹太民族，由于受到“重商经商”文化的影响，在其价值体系中，财富获取和积累是其重要的价值取向。因此，在价值取向决定行为的同时，行为的选择也直接体现了其行为目标，二者必然关联。

其三，建立了企业的规章制度。统一的价值理念可以帮助企业明确目标，而目标的实现则需要规章制度的约束。企业文化是一种传承与发展，在传承习惯、风俗、历史的同时，也需要与时代发展有效结合，这样的企业文化才会具有生命力。企业文化是一种软实力的表现，它强调的是认同、服从，但在其过程中，制度层面的约束也是必不可少的要素。而规章制度在其形成过程中也受到了诸多因素的影响，例如民族意识、传统文化、领导者个性、员工素质等。在某种层面上，企业文化就是上述诸多因素的一种体现。关于海尔的“砸冰箱”的故事就是企业文化建立规章制度的实例之一：海尔在创业初期，由于受当时计划经济的影响，员工对于产品质量意识淡薄，残次产品屡见不鲜。针对这一现象，时任厂长的张瑞敏对库存产品进行抽查，当场发现了存在质量问题的76台电冰箱。面对76台有质量问题的冰箱，张瑞敏力排众议，当着全体员工用一把铁锤砸烂了第一台冰箱，并让这些冰箱的生产员工将其余的75台冰箱逐一砸烂。而当时，一台冰箱的价格大约在800多元人民币，而一个员工的月工资只有80元人民币。在所有员工流泪的同时，张瑞敏说道：“如果不将这76台问题冰箱砸毁，而是将它们处理掉，那么，明天有问题的冰箱就会是760台、7600台……所以，必须用这次惨痛的教训来强化质量第一的规章制度。”依照规定，张瑞敏和相关领导扣除了工资和奖金，并规定，今后谁的产品出现问题将依照规章进行严厉处罚。从此之后，质量第一的理念以及相关制度在海尔内部生根发芽，而那一把大锤也被存放在海尔的展厅，被所有海尔员工牢牢铭记。

因此，企业文化的导向功能是在价值观念的统一背景下，用日益形成的规章制度去约束所有员工的行动，最终形成目标的趋同。正如迪尔和肯尼迪在《企业文化：企业生活的礼仪与仪式》一书中所强调的："我们认为人是企业中最主要的资源，管理的方法不是直接用电脑报表，而是经文化暗示，强有力的文化是引导行为的有力工具，它可以帮助员工做到最好。"

3.1.2 凝聚功能

美国学者凯兹·卡恩认为，在社会系统中，将个体凝聚起来的主要是一种心理力量，而非生物的力量。社会系统的基础，是人类的态度、知觉、信念、动机、习惯及期望等。

企业文化通过沟通企业员工的思想，使之形成对企业目标、准则、观念的认同感，产生对本职工作的自豪感和对企业的归属感，从而使员工个体的集体意识加强，使自己的思想情感和行为同企业的整体联系起来。这种作用我们认为是企业文化的凝聚功能。良好的企业文化会把企业与员工紧密连接，形成一种相互依存的关系，从而产生对企业的特定群体意识。这种群体意识将员工个人行为、思想、情感与企业整体趋同，产生一种合力，使企业内部组织一体化，目标一致化，并为之而努力。

企业文化的凝聚功能，就是要在企业内部形成共识性，其主要的表现可以分为：环境的共识、语言行动的共识、价值观念的共识。

其一，环境的共识。从文化的角度分析，相似的成长环境对个体的思想、行为、审美、价值观的形成有一定的趋同作用。例如，中华民族在两河流域繁衍，从民族形成之初，就受到地域所带来的恩惠，所以中华民族是"敬天"的民族，其保守性格较为突出；而西方诸国，在民族形成初期，由于成长区域较为狭小，地理环境较为恶劣，所以多数民族往往抱有"人定胜天"的思想，其创新性格较为明显。从企业层面，相似的工作环境、相同的工作服装、统一的企业标识、共同就餐的餐厅环境会减少员工之间的陌生感，并带来在空间、时间上的亲切感，形成对相同事务的认同性，进而形成向心力。

其二，语言行动的共识。在西方文化中，有"世界上最近的距离和最远的距离都在舌头上"的谚语；而在中国文化中，我们也有"酒逢知己千杯少，话不投机半句多"的语句。二者的共同性就是说明了语言的共识的功效。相同的语言可以拉近情感，也利于交流沟通，便于形成共识。但是，语言的共识不仅仅是指相同的语言，还更多泛指相同的语境、相似的话题。相同的语境、相似的话题更容易拉近情感的距离，使之产生亲近感和依存性，从而达到情感的初步共识。

语言共识拉近员工的距离，而行动共识则进一步提升了情感的共识。任何一支军队都有自身严格的军容军纪，无论是坐立行走，都必须符合军队的规范，任何一名军人都会要求自己的一切行为举止符合军队要求，从而形成共同的组织性，达到战无不胜的境界。就企业而言，具有良好企业文化的组织，在内部会议、外部营销、企业形象建立、危机处理等各项活动中，也都会表现出员工在行动的一致与统一。这种统一可以从更深的层面展现情感的依附和共识。

其三，价值观念的共识。所谓价值观念，就是价值主体在长期的工作、生活中形成的对于价值客体的根本看法，是一个长期形成的观念体系，具有鲜明的评判特征。价值观念的共识不仅取决于外部文化传承，还受到组织内部宗旨及精神层面的认知。不同的文化传承形成了同一区域、同一民族、同一文化主体意识上的一致，并将其保有并发展、延续。例如，提及中华民族，我们会想到中国人的勤劳、勇敢、朴实；提到日本人，我们会联想到团队精神和学习能力；提到美国人，我们会想到冒险精神和挑战意识；提到法国人，我们会想到他们的浪漫和幽默；提到德国人，我们会想到严谨与理智；等等。不同的民族与文化传承造就了不同的民族特征，也形成了不同的价值观念，而这些价值观念也直接决定了他们不同行为特征。企业内部的价值观是企业和员工需求所构成的价值体系，它根植于外部文化，同时也会对外部文化产生影响。主要表现在企业对于自身存在价值、物质财富、员工的认同等方面，是企业宗旨的具体表现。威廉·大内在其著作《Z 理论——美国企业如何迎接日本的挑战》一书中指出："日本企业的基本管理方法是包含在管理宗旨里的。宗旨是含蓄的企业理论，描述企业的目标以及实现它们的步骤。这些目标代表业主、雇员、顾客和政府管理者的价值观。"同时他还指出："一种一贯的组织宗旨的制定必须依赖于一套基本的价值观和信念，使它们在内部相互一致，进而在外部经济市场和社会环境的现实中相一致。"威廉·大内的 Z 理论明确地指出价值观念共识的重要意义和作用，成为研究企业文化的核心内容。

在环境共识的背景下，价值观念的共识支配了语言行动的共识，在思想、行为上把组织成员团结起来，形成了巨大的向心力和凝聚力，产生强烈的"归属意识"，这就是企业文化的凝聚功能。

3.1.3 激励功能

从心理学的角度讲，激励是激发人的行为的心理过程，是一个不断循环的动态过程，其目的是调动人的积极性，使之保持一种高昂的状态。在企业文化层面，激励的功能，就是通过企业文化的营造，使企业成员从内心产生一种情绪高昂、奋发进取的效应。并通过这种功能帮助员工寻求工作的意义，可以帮助员工形成共同的价值观，以实现自我和社会价值。共同的价值观念使每个职工都感受到自己存在和行为的价值，自我价值的实现是人的最高精神需求的一种满足，这种满足必将形成强大的激励。

美国著名心理学家亚伯拉罕·马斯洛在需求层次理论中指出：人类需求从低到高可以分为生理需求、安全需求、社交需求（归属需求）、尊重需求、自我价值实现需求5种。其中生理需求和安全需求是较低层次的需求，主要起到自我安抚作用；而社交需求、尊重需求以及自我价值实现需求则是建立在相对开放的体系中，通过与他人的相处、比较来达到需求的满足。而企业文化是依附企业为环境而存在的，在长期的工作与生活中，同事之间的关系、他人与自我的比较都会成为激发员工情绪的有效因素。其表现主要有以下两个方面：

其一，关心激励。这是员工在相处的过程中所展现的一种社交需求表现。企业的高层不仅仅要关注绩效的提升，还更要关注员工的实际情况，帮助他们解决在工作问题和生活中遇到的困难，使员工产生对企业的依赖感，充分感受到企业所带来的温暖与关怀，从而为企业尽心尽责，为之努力和奋斗。日本丰田公司的“出气筒”文化就是一个典型的例子：第二次世界大战结束后，日本经济迅速崛起，丰田公司作为日本战后的明星企业也进入了快速增长时期。企业高速的发展给员工带来了巨大压力，丰田高层深刻地感受到员工在心理上所承受着巨大压力，而这种压力不仅仅影响到了企业经营，更为严重的是，对正处于上升时期的公司文化也产生了消极影响。针对这一现象，丰田高层提出了“出气筒”策略。丰田公司为此建造了特殊的情绪发泄区域，他们在第一个房间中摆放了平镜，让走进房间的员工可以观察到自己当时的情绪；在第二个房间中，公司摆放了可以变形的哈哈镜，让员工在扭曲的镜像中体会一定的快乐；第三个房间是发泄室，在这里员工可以尽情宣泄自己的情绪，借助配备的工具发泄自己对同事和领导的不满；走出发泄室，员工的心情会趋于平静，于是进入倾听室，在这里你可以和心理专家诉说心中的苦闷，也可以和企业高管坦白心声；最后，当员工走出房间后，心中的苦闷得到宣泄，同时也能感到企业对自身的关怀，进而产生了对组织的依赖，树立了强烈的主人翁责任感。丰田的“出气筒”文化，减轻了经济高速增长时期员工的心理压力，感受到来自组织对自己的认同与关怀，成为丰田企业文化的特色之一。而这种企业文化，也是丰田公司得以发展的重要原因。

其二，信任激励。这是员工在企业中所感受到的一种来自高层和同事的认同与尊重。优秀的企业文化是应该建立在相互尊重、信任的基础上，最大限度地激发员工的积极性和创造性，使得员工以主人翁的姿态关心企业发展，贡献自己的聪明才智。信任与尊重是以相同的价值观为前提的，在价值观趋同的背景下，企业与员工的愿景、目标也逐步一致，企业的发展可以让自身的价值得到体现，而自身的努力在得到企业的认同与尊重时，能更进一步激发荣誉感和归属感。近一段时期以来，中国企业“海底捞”餐饮有限公司的企业文化被广为热议。“海底捞”是一家源自四川的火锅餐饮企业，它的高速成长与公司特有的企业文化存在必然的关系。每一个“海底捞”的员工都时时刻刻感受到家一般的温暖，感受到来自高层和同事的充分信任与尊敬。所以，有人戏言：“不要轻易加入‘海底捞’，因为，你一旦加入，你就无法再离开。”这种家一般的感觉，最主要的原因是尊重与信任。在“海底捞”工作的员工，无论你是什么职位、什么级别，哪怕只是一个实习生，都有权力对你服务的顾客提供一份免单服务。而这种免单不需要任何的申请与报批，只要员工觉得有必要就可以。这种做法，是对员工的一种极大的尊重，因为企业相信员工的选择是符合企业发展的理念。而员工也将自己与企业结成了统一体，员工的行为不是一种私利，而是为了为企业创造出更多的价值。“海底捞”从四川当地一家默默无闻的普通火锅店发展到当今中国餐饮业的明星企业，其中相信人、尊重人的企业文化起到了至关重要的作用。

优良的企业文化所营造出的氛围足以胜过任何的行政指令，每个成员在工作上的努力与贡献都会及时得到领导和同伴的赞赏与鼓励，同时当自身处在困惑与无助时，领导和伙伴也会伸出援助与关爱之手。这一切，都会让员工获得极大的心理和精神的满足，树立起主人翁责任感。这种责任感就是企业和员工共同的价值理念，它可以让员工为企业的发展而勇于献身、奋勇拼搏；这种价值理念可以迸发出无穷的创造力，为企业发展披荆斩棘、开拓创新。

企业文化激励功能就是通过满足员工的高层次需求，使之产生归属感、自尊感和成就感，从而调动员工的精神力量。企业文化的激励功能迎合了人的需求、人的本质，成为企业得以发展的源动力。

3.1.4 约束功能

约束功能、辐射功能、阻抑功能

企业文化是一种通过价值观、经营理念、思想体系趋同而去影响他人的行为选择的管理方法。企业文化不是通过武力强迫他人，而是利用价值观去感染员工，使之认同、服从。因此，企业文化从多数层面而言，是一种“软性”模式。

从企业文化的结构中，我们可以看到，精神文化是内核文化，物质文化是外在表现文化，而其间的制度文化属于中介层，起到传导作用。而制度文化是企业文化中最具有“硬性”特点的层次，可以用“硬性”规章去体现“软性”的理念，进而约束员工的行为，达到外在文化表现的一致性。因此，企业文化中约束功能就是通过企业文化对企业员工思想和行为起到约束和规范的作用。

传统的管理理论和实践证明，企业的效率的提升取决于方法的运用，而方法的规范是通过严格的规章制度制定来制约员工的行为。这是一种简单而单纯的行为约束，是一种成文的硬制度约束。这种约束强调的是执行力，而不注重思考与创新。诚然，硬制度约束会在某一时间段和某一空间起到明显的作用，可以统一员工的行为标准。因此，成功的企业中，规章制度的完善对于企业的经营活动的成功也存在直接的关系。例如，每一所高校都会对考试作弊行为制定严格的规章制度，对于每一名学生而言，他需要做的是了解和遵守，而不是质疑。制度是面向所有受众，就是约束其行为，使之符合其价值与理念。我们将这种约束力称为“硬约束”。

相对于企业制定的规章制度对员工所产生的“硬约束”，在企业中还存在一种通过企业文化形成的“软约束”机制。这种“软约束”是借助于共同价值观和理念以及相对应的行为规范和准则，引导和束缚员工的行为。“软约束”在企业经营实践中往往可以产生“硬约束”无法起到的作用。“硬约束”的规章制度是对员工遵守的具体要求，但是在实践中，不同的员工个体所表现的实际行动并不一定完全符合规章制度，其理解与行为规范的程度也千差万别。“软约束”的基本机制是通过相同的价值理念与愿景的构建为核心，通过对员工个体心理、情绪的引导与梳理，在员工内心达成一种定式的共识，构建出迎合与认同的机制。

心理的认同机制一旦形成，在外部发出诱导信息时，员工会产生一种普遍的共识，进而采取相似的行为，并达成符合组织意愿的目标。就企业本身而言，这种共识机制程度越高，其行为的一致性就会越高。因此，在优良的企业文化中，共识机制达到一定高度，就会产生一种无形的约束力，它可以让员工懂得是与非、美与丑、善与恶，这就是企业文化中所蕴含的“软约束”作用。例如，中国受到儒家思想的影响，“尊老爱幼”的思想已经成为共识，在乘坐公交车时，给老人和孩子让座的行为被国人所认同，是我们日常的道德评判标准。但是，道德标准不是法律的准则，所以，公交车对老弱病残人士让座的行为不是“硬约束”，而是以一种被我们普遍认同的“软约束”。

在企业中，“硬约束”可以强制员工规范行为而达到企业的要求，而“软约束”则是通过认同去提高员工的自觉性、积极性和主动性，使员工在工作实践中了解和明确工作的意义与方法，进而提升责任感和使命感。因此，在企业中，“硬约束”和“软约束”都是必要的，而企业文化中则更加强调“软约束”的作用与意义。对于成功的企业而言，规章制度所体现的“硬约束”和企业文化所倡导的“软约束”会产生共同的作用，对规范员工行为和引导意识是十分重要的。

3.1.5　辐射功能

从文化的角度分析，文化的传播不是通过强制力而是依靠文化本身所具有的感染力、亲和力以及自身所具有的特殊魅力去影响他人。企业文化与其他文化形态一样，具有向组织外界渗透的功能。企业文化的辐射功能是指文化形态不只是在企业内部发挥作用，它可以通过各种渠道对社会产生影响。比如，通过企业的广告、公关手段、传播媒介向社会展示组织的价值观、精神和宗旨等，以便得到社会公众的认同和接受，并受到该文化的影响。

企业文化一旦形成较为固定的模式，不仅会在内部产生作用，影响组织成员的思想体系和价值观念，而且还会通过各种渠道将优良的企业文化传播到社会，并通过正能量的传播，促进社会的进步与发展。还可以在公众中建立良好的企业形象，推动组织本身的发展。实现企业文化对外辐射功能的途径主要有以下 4 种方式。

其一，以企业产品和服务为载体向外界辐射，通过优良产品和优质服务体现企业文化内涵。产品因具有企业特色而成为企业文化的器物文化，而服务则是通过员工的行为表现具有行为文化的特征。这些独具企业自身特征和经营理念的实物与行为，是外界了解和感受企业文化的最直接的手段和途径。星巴克从咖啡的口感、产品的包装、店面的装饰、人员的服务等外在表现，让顾客感受到公司所倡导的营造工作和生活之外的“第三生活空间”文化。在这里，无论是产品本身、店铺环境还是员工服务，无不体现出企业的核心精神，成为企业文化外在表现的重要载体。

其二，以企业的价值观和经营理念为载体向社会传播，以期待得到社会的认同。企业价值观和经营理念是企业的精神文化，也是企业文化的核心。企业在与外部交流过程中，将其精神文化向社会扩散，以期待被公众和社会所接受，并为其他企业或组织所借鉴、学习和接纳。例如，中国著名的百年老店“同仁堂”，将产品“药”与儒家文化的“德”相结合，通过“以药树德”的思想体现“同心同德，仁术仁风”的经营理念。他们把企业经营与做人融为一体，在弘扬中华民族医学的同时，充分表现了中华民族传统文化中的道德价值、国格意义。

其三，通过形式多样的公众活动来塑造企业形象，进而传播企业文化。企业除了自身的经营活动之外，还经常会举办各式各样的社会活动，借助宣传媒介和社会工具建立良好的公共关系，体现企业的社会责任，构建企业形象，并将企业文化向外扩散传播。同样以“同仁堂”为例，企业自创建之初就非常注重通过社会媒介进行自我宣称，构建良好的企业形象。在封建社会时期，“同仁堂”便懂得利用朝廷会考的机会赠送“平安汤”，也会在冬季办“粥场”，夏季施放“暑药”，在民间树立了良好形象。在当前新时代背景下，“同仁堂”更加注重利用各种传播媒介，结合企业自己新闻媒介，积极参加社会公益活动树立新时代的企业形象。

其四，通过企业成员的言行举止体现企业精神和价值观，向社会传播企业文化。行动文化是员工在生产经营、待人接物、学习娱乐中所展现的一致性行为，也是经营作风、精神面貌、人际关系的动态体现。企业在生产经营中，通常会结合企业风俗、经营特色、公众活动以及仪式和典礼去强化对组织理念和价值观的认知与理解，具有比较鲜明的情境性的感情色彩，并产生较为强大的感染力去影响员工。

世界零售巨头沃尔玛长久傲立销售业之巅的秘诀之一，就是其独具特色的企业文化。作为零售业，其员工必须每天和顾客进行接触，因此在企业文化中对员工的行为举止都有一定的规范和要求，力求通过统一的行为和言语让顾客感受企业的文化。在沃尔玛的不同层次例会以及每天店铺开张之前，全体员工都会聚集在一起高声呐喊企业的名称：“给我一个W，给我一个A，给我一个L……我们是wal-mart。”通过这种仪式让每一名员工都切身体会企业的团队精神，增强其集体意识和责任感。不仅如此，在经营实践中，从员工的仪容仪表、待人接物，甚至是每一个微笑都进行严格的规范，达到行为举止的一致。为了体现出服务理念，沃尔玛要求每一名必须遵守“三米微笑”原则，同时要求员工在微笑时必须露出 8 颗牙齿。因为，企业通过多年的实践研究发现，当人露出 8 颗牙齿微笑时，是最亲切、最动人的笑容。沃尔玛的成功不是一种偶然，是在长期经营中对客户、员工深刻研究的必然结果。

行动语言与一致性可以让员工强化集体荣誉感与责任心，更可以让顾客感受到企业所想要表达的文化。

3.1.6　阻抑功能

世间任何事物都会存在两面性，企业文化作为一种形态也具有两面性。一般而言，企业文化在管理实践中所表现出来的以积极因素为主，但是并不能否认企业文化也会存在着消极一面。企业文化是在长期的工作实践中逐步形成的一种价值体系、思维模式、经营理念，在组织运行中对员工的思想、行为、言语带来潜移默化的影响，并逐渐形成一种固定模式。诚然，固定模式形成是对传统、风俗、习惯的一种延续，但是，在时代背景转换的关键时期，这种固定模式也会沉淀形成一种惯性、惰性和抗性，对企业的适应变化、员工发展以及愿景规划产生负面影响。

企业文化一旦形成传统，就有可能形成阻抑功能。即便是优秀的企业文化传统，可能因为其文化先进的相对性，在特定的时期，也具有僵化和保守性，进而产生一定的阻抑作用。从当代企业经营实践分析，企业文化的阻抑功能主要从以下 3 个方面体现。

其一，对创新理念和模式的阻抑。企业文化的核心是企业精神和价值观，往往是历经多年的沉淀和建设而缓慢形成的，并具有长期的稳定性。但是管理实践证明，企业、产品、市场具有生命周期特性，任何企业或产品不可能永远处在巅峰。当市场出现衰退、新技术的发展突飞猛进、竞争对手成倍增加、产品生命周期大大缩短的时候，企业文化中传统惯性就有可能对创新带来可怕的影响，进而造成保守、回避思想。在当今经济全球化背景下，只有坚持持续创新，并可以将创新成果转化为新技术和新产品的企业才具有长久生命力，而保守、闭固的企业必将会面临被市场淘汰的命运。曾被誉为“美国第一品牌”的柯达公司，在其长达百年的经营中，依靠对传统胶卷及相片洗印业务的垄断而长期处于行业领先地位，这种优势在企业文化中也呈现出盲目自大、心高气傲的思想苗头。随着科技的发展，数码影像设备的兴起对传统胶卷及相关领域造成致命冲击，而这时掌握着数码影像技术的柯达公司没有通过创新理念迎合市场需求，而是延续大企业的惯性思维，用保守的思想去对抗时代的变革。实践证明，在全球化背景下，新技术的出现不可能被垄断。此后以日韩企业为代表的尼康、佳能、索尼、三星等企业迅速占领了数码影像市场，而曾经的明星企业柯达公司就此逐渐消沉，最终以倒闭而告终。

其二，对员工多样化的阻抑。文化影响人的价值观和生活模式，这种文化的力量越强，对个人产生的影响力就会愈加明显。受中国传统文化影响，中国人具有谦逊、内敛、稳重的性格特征，同时受到长期的封建社会制度的制约，所以中国人在决策行为中往往表现出保守的姿态。在决策前重视情报的收集与分析，力求做到“知己知彼”，在决策过程中多采用集体决策，尽量避免意见对立和冲突，通过协商、研讨、开会达到目标一致，这样势必会造成决策过程漫长的局面。而欧美各国则受到固有文化影响，多采用个体决策，强调权威性来排除异议，其决策节奏快速。

企业文化是文化的一种具体表现，也会表现出文化中传统惯性的沉淀，并力求保持固有的风格与习俗。这种特点一方面可以继承、发展优良的惯性思维和习惯，但也会对新鲜的外来因素造成一定的惯性规避。当企业文化力量强劲时，对员工施加的压力就会增强，领导层会希望甚至强迫员工去接受和适应企业的价值观。特别是针对新员工培训方面，传统的管理强调新员工对于工作技能的把握，而现代企业更加注重在价值观念上对于员工的灌输。这种改变，会对于新员工形成固有模式，有利于思想和行动的一致，但另一方面也限制了员工的独立思考、多元化发展的途径。特别是在企业面临环境更加灵活机动的变革时代背景下，企业所期望新鲜血液改变固有状态时，企业文化中对员工多样化的阻抑功能就更加明显。

企业文化一旦形成，具有长期性，但绝不代表企业文化具有永久性。因为企业文化必须与时代的发展、科技的进步、管理理念的更新存在必然关联。所以从某种角度而言，没有永久的企业文化，只有适应的企业文化。特别是在时代变迁的背景下，企业文化在对固有价值观、风俗、行为保有的同时，也会对员工的创新思维和多样性带来一定的阻抑，这就形成了一定负面功能。

其三，对企业在兼并、收购中的阻抑。传统的管理实践强调企业间的竞争，而现代管理实践更注重合作。企业间的竞争也逐渐从“单赢模式”向合作下的“双赢局面”发生着转变。因此，企业间更需要强强联合，以利于资源的优化配置。基于这种理念的转变，企业间的并购重组和兼并收购也成为众多企业的迫切要求。

企业在兼并、收购的过程中，首先考虑的是技术互补、产品协调、市场共享以及效率提升，而往往会忽略文化的融合与冲突。特别是在跨国兼并和收购过程中，不同区域、民族、宗教、风俗的文化所表现出的文化冲突所产生的影响会更加突出。每一个企业历经长期发展都形成了各具特色的企业文化，在企业融合的过程中，这些文化有些可以互补，而有些则是相互排斥。所以企业间在相互兼并或收购的时候，虽然必须考虑融资优势和产品协同性，但同时双方文化的兼容性也成为成功与否的主要因素之一。管理大师彼得·德鲁克曾经说过，兼并必须“意气相投”。

“意气相投”企业文化可以带来意想不到的化学反应，而“背道而驰”企业文化则可能造成毁灭性打击。文化的形成是一个长期过程，而文化的融合也是需要时间的沉淀。兼并和收购的目标方企业所形成的固有价值观、行为准则、思维惯性在具有差异性企业文化融入过程中，势必会形成惯性的排斥与抵触。例如，美国企业在对中国企业并购的众多实案中，美国文化提倡的个体主义与中国文化中固有的集体主义所表现的文化冲突就成为决定成功与否的关键因素之一。这种冲突与排斥在兼并与收购中的具体表现，其实就是企业文化中阻抑功能所导致的。

因此，我们在肯定企业文化的导向功能的同时，也应该认识到企业文化在兼并和收购中所呈现出负面的阻抑功能。

世间只有相似的企业，没有相同的企业。企业文化也是一样，即便是同一类型的企业文化，在具体的企业中也会呈现出不同，这种现象和企业文化的功能的发挥存在必然关联。因此，在企业文化功能研究的过程中要与具体企业相互结合，既不能以偏概全，也不能过度盲从。只有准确了解和认知企业文化所具有的各项功能，并在运行的过程中结合区域文化、民族风俗、价值理念、行业特色、员工特征等诸多因素，从企业自身出发，将企业文化与经营理念相互融合，才能使企业沿着正确的方向持续前进。

3.2　企业文化的战略地位

3.2.1　企业文化是管理理论发展的实践需求

1769 年世界上第一家现代意义上的企业在英国诞生。至此，企

企业文化战略地位 1

业的管理方式在实践中不断探索，并形成了各自阶段不同的主张。纵观世界管理格局的改变，从最初的经验管理，到泰罗时期的科学管理，到行为学派理论，再至现今的文化管理，其发展的趋势是管理日益“软化”。而这种日益“软化”趋势的根本，就是文化在管理中起到了越来越重要的作用。认识到这一点，对于跟踪世界管理的先进水平，进而促进我国企业早日实现管理现代化是至关重要的。

18 世纪早期的企业家，普遍依靠个人的经验和直觉进行管理，缺乏科学的规范和制度的约束。这种管理随意性较大，管理效率取决于企业管理者素质的高与低。1911 年，美国管理学家泰罗出版了《科学管理原理》一书，标志着经验管理阶段的结束，管理迈进了科学管理的新阶段。科学管理理论以提高生产效率为核心，科学地制定了工作的定额，对工作能力和工作方法也做出相关联的培训，通过标准化、差别计件工作制度、管理的职能专业化等措施，使生产效率得到了明显提高。

科学管理标志着管理学科正式形成，是管理学理论发展历程中的一个重大创举，但是由于它本身存在着时代性和阶级性，其局限性也日益突出。发端于 20 世纪 30 年代，在 60 ~ 70 年代流行的行为科学，力图纠正和补充管理科学的不足和缺陷。针对科学管理阶段的经济人假设，行为阶段提出了社会人假设。并指出，人工作不仅仅是经济的需求，还是人际关系、社会关系、精神层面的需求。马斯洛更是将人的需求分为生理、安全、社交、尊重和自我价值实现五大类别，指出经济和物质需求逐渐被情感、尊重和自我价值需求所替代，这种精神层面的需求成为激励员工、赢得竞争优势的关键。企业管理也开始从“硬”式管理向“软”式管理发生着转变。

而 20 世纪 80 年代兴起的企业文化理论研究，就是这种趋势发展的最新成果，企业文化理论完整提出了与科学管理理论不同的方法，即用文化来治理企业，日益成为管理理论发展的一种趋势。文化管理以“人”为本，强调尊重人、关心人、理解人、满足人、发展人，提倡在满足必要的物质需求的基础之上，尽量满足人的精神需求，以人为中心进行管理，完全适应员工需求层次的不断提高。

企业文化更加强调人的因素，期望通过人所建立的企业文化将企业黏合，形成一种氛围来影响人、感染人。企业文化的形成，让管理者认识到管理不仅是一门学科，而且是一种文化。通过对美国和日本的管理相比较可以看出，日本管理的成功是将培养人的价值观和道德意识放在首位，利用培养集体的价值观和企业精神去推动企业管理，调动人的积极性。在这种形态中，文化融于企业管理之中，用文化的作用、功能和力量去推动企业，并视企业精神为企业管理之魂。因此，很多学者认为：经济竞争，实质上是文化的竞争。没有文化支持和支撑的经济，是没有未来的经济。

企业文化管理的形成，不仅迎合了时代变迁的需求，也是管理理论发现的现实需求。管理不再单纯是一种工具，而是一种文化的表现，它不再强调约束人和制约人，而是期望影响人和感染人，这种变化正是管理日趋“软化”的表现，也是管理理论发展的现实需求。

3.2.2　企业文化是管理市场化的客观需求

纵观管理理论的发展历程，我们可以看到，管理发展到今天，已经从“被动化”管理走向“主动化”管理。企业的管理如何主动适应市场化的需求，是决定了企业管理成败的关键因素。企业文化作为新的管理科学已经得到了广泛运用，并在走向市场化的过程当中发挥了极其重要的作用。

企业文化战略地位2

1. 有助于树立企业形象

在企业文化的建设中，一项最重要的内容就是设计、塑造、展示企业的形象，进而提升企业在国际、国内市场上和社会公众心目中的知名度。无数管理实践证明，良好的企业形象不仅可以给企业带来巨大的经济效益，也可以给企业带来不可估量的社会效益。因此，企业形象被视为是一种宝贵的财富，它决定了企业生命、员工素质、产品质量、服务态度以及规章制度等，这些因素的提升和完善都有助于企业得到社会公众的信赖，使企业在市场当中保持竞争优势。

2. 有助于提高企业的整体素质

市场经济的核心是竞争，这种竞争是企业整体素质的竞争，它包含了市场竞争、商品竞争、科技竞争、人才竞争与信息竞争等多项因素，因此提高企业的整体素质就是促进企业生产力、形成竞争优势的重要因素。一个企业在逐步建设企业文化过程当中，必然会促进整体素质的不断提升。一方面，会促进企业不断进行技术改造；另一方面，会不断挖掘成员的内在潜力，调动员工的积极性，挖掘企业所存的创造精神，并按照企业的整体需求，推动企业的进步。

对一个企业而言，要构成一套系统的、优秀的思想文化、技术文化、管理文化、品质文化和娱乐文化，就要对员工的思想、语言、性格、行为以及价值取向进行管理，用优良的企业文化塑造企业成员健康的心理和人格，从而提高企业整体素质，提高企业的凝聚力和竞争力。

3. 有利于培养企业中的集体意识

企业在激烈的市场竞争中要长久保持优势，仅仅靠产品的优势是不行的，还要依靠企业的精神优势，依靠员工对于企业的忠诚和热爱来促进企业的长久发展。第二次世界大战结束之后，日本经济高速的成长与发展，其核心就是，在日本的企业形成了集团精神，也就是集体意识。在这种集体意识驱动之下，为了高效完成企业的任务，员工不惜付出自身代价来满足组织的需求。因为他们已经认识到竞争的主体是企业，而不是单纯的个人。劳动力、劳动工具、劳动对象、技术这些现代生产力的要素，只有集合在企业之中才能够实现其生产力的价值所在。

无数实践证明，企业文化能够使企业成员改变自身的价值观，形成一种共同的核心价值观，将企业命运和自身命运结合在一起，能够在企业中协同他人去完成工作，遵守企业的规章制度，并在生产、生活当中形成一种强烈的集体意识。这种集体意识，所形成的一种黏合剂，把每个员工的力量聚集在一起，形成了一种巨大的合力，将个人行为与企业行为密切结合，并产生最大的功效。

4. 有助于营造良好的企业环境

企业作为国民经济体系中的一个组成部分，它的生存和发展与它所处的外部环境和内部环境有着本质的关联。企业对环境的追求，已成为当代企业文化建设中的重要目标。良好的企业文化，会使企业员工拥有共同的价值观、理想信念、利益和目标，使企业员工之间相互理解依赖，和谐共事，形成一种宽松的精神环境，达到行动一致、气势高昂的一种氛围和情景。这样的氛围，能够最大限度调动员工的积极性、主动性和创造性，实现企业科学决策和民主管理的有效结合，使企业充满了生机。

3.2.3 文化是企业适应国际市场竞争的现实需求

当今社会，经济全球化已经成为市场经济的主导模式。在我国，伴随着社会主义市场经济体制的逐渐建立和日趋完善，企业所面临的不仅仅是国内的广阔市场，而且还需要与国际市场紧密地结合在一起。有人说，当今世界范围内的高层竞争，其实就是商品力、销售力和形象力三合一的综合力的竞争。而在其中，文化力则被称为三种合力的龙头，因此，只有搞好企业文化才能够适应国际市场的激烈竞争，进一步坚持改革开放，同国际经贸有效地结合。

1. 文化力已经成为国际市场竞争中的核心力量

从传统观念分析，衡量一个国家的综合实力，主要是参考这个国家的军事、政治、经济等各种硬性指标，通常称之为“硬实力”。随着经济全球化和文化全球化的到来，在新的时代，以文化为核心的“软实力”成为衡量国家竞争实力的重要因素。这种“软实力”也被称为文化力。文化力包括科技和教育在内，作为经济和社会发展中的智力因素，在经济发展和现代化进程当中，它的作用越来越受到普遍的关注。邓小平同志曾经在国际市场竞争的大背景下论述了发展教育和科学技术的重要性，1985 年 5 月，邓小平在第一次全国教育工作会议中明确指出：“我们国家国力的强弱，经济发展后劲的大小，越来越取决于劳动者的素质，取决于知识分子的数量和质量。一个 10 亿人口的大国，教育搞上去，人才资源的巨大优势是任何国家比不了的，有了人才优势，再加上先进的社会主义制度，我们的目标就有把握达到。”因此从当今社会发展的角度来看，国家之间的竞争，企业之间的竞争，其竞争的关键是在于文化力的竞争。因此，文化力的强与弱成为企业适应国际市场的核心力量。

在现代商品生产中，文化因素在经济发展中的一个显著作用就是增加现代商品中的文化含量和文化附加值，降低资源、能源、财力的有形投入，即“硬投入”，提高文化艺术的无形投入，即“软投入”。努力借助于文化和艺术创造企业形象，树立企业商品品牌，建设企业文化，已成为现代企业适应国际竞争、提升自身实力和整个社会经济增长所追求的共同目标。

在国内外市场经济高速发展的今天，文化不再仅仅是一种外在的符号，而是成为商品的一种内涵，并在企业自身发展、市场日益扩大中发挥着越来越关键的作用。经济全球化拉近了国家之间的距离，而文化全球化则促进全球审美意识的趋同性。在当代的市场经济中，越来越多的企业开始注重产品本身所承载的文化底蕴。众多优秀的企业为此组建了设计团队，在注重产品自身民族文化表现的同时，也更加强调不同文化的兼容，在色彩、造型、标识等诸多环节创新、融合，力求实现文化因素的全球性共识，进而达到商品在世界范围内的畅销不衰。

2. 发扬民族优秀文化迎接国际市场竞争

“民族的就是世界的”，这句话已经成为一种共识。

国家有强弱之分，民族文化却无大小之别。任何一种文化都会具有自身的优势与不足。在人类历史的长河中，在某个时期内，特定民族的经济繁荣，总是以其产生的独具个性和特色的文化为标志的，能够流传至今的民族文化一定也会具有自身光辉灿烂的一面。

区域、语言、信仰等因素在较长的时间内阻碍了不同民族文化的融合，也成为商品在国际贸易中的障碍。随着全球化和信息化时代的来临，这种阻碍日益消减，文化以其“软性”的特征在国际市场上发挥着越来越重要的作用。

历史悠久的中华民族文化是我国建设社会主义企业文化的深厚根基和宝贵资源。挖掘民族深厚的文化积淀、发展民族文化、提高经济中的文化品位，是促进中华民族文化迅速发展的关键因素。中国的传统文化具有极为丰富的内涵，如自强不息的奋斗精神、勇于追求敢于奉献的探索意识、同甘共苦和尊老爱幼的伦理道德、知行统一的观念等传统文化正是中华民族不断昌盛的根本。在日益激烈的国际市场竞争中，我们不仅要继承和发扬这些优秀的民族文化，还要不断地吸收伴随着时代变革所产生的优秀的现代文化。只有这样，我们的企业才能不断壮大，在世界市场竞争中立于不败之地。

3.2.4　企业文化是企业打造核心竞争力的必然需求

企业的核心竞争力，主要不是来源于企业外部，而是取决于企业组织与文化。核心竞争力不仅应表现在现有的领域，而且应该具有很高的可持续性。

不同的企业会在不同的社会文化和历史经历中形成不同的价值观、管理风格以及与此密切相关的组织结构。根植于组织和文化力的竞争力，是很难被模仿或者被学习的，正如当年英国企业学习日本企业的经历一样，最后的结果还是证明了创造文化比简单模仿更重要。

由于竞争的复杂多变和竞争互动性的加快，将会使竞争的优势呈现出越来越明显的动态趋势。动态竞争将改变企业的战略思维，导致企业必须形成新的思维方式和方法，也就是企业文化。这种现象的出现，主要是基于以下三个因素。

其一，由于竞争环境的变化速度越来越快，因此企业将不断主动创造一系列比其他企业更加优越的、高于平均利润的产品，而那些依赖于传统优势的企业，将可能落后于其他竞争对手。在这种快速多变的环境下，如果不能参与制定行业规则或者不能把握环境的变化，企业将会被淘汰。为了应对环境的多变，企业也要改变传统的固有、僵化的思维模式，建立更具有软性的企业文化与之相互匹配。

其二，在当代的国际竞争当中，竞争的互动性越来越具有重大的意义。在制定竞争战略的过程中，如何去选择竞争对手、分析竞争对手的优势、特征和不足，对于企业来说已成为更加艰巨而重要的工作。这种现象的出现，要求企业不仅要分析竞争商品外部所承载的商品固有因素，还要着重去分析企业商品中蕴含的内在的文化因素。

其三，企业的竞争优势主要来源于企业创新所形成的先动优势。当代国际上的企业竞争其实就是企业在国际市场上寻求机会的一种博弈。寻求好的机会固然重要，但是是否具有把握机会的能力，才是企业成功的关键。如果一个企业没有充足的资源、企业文化和核心竞争力，其发展的机会几乎为零。那些曾经自我成长，但目前动力不足的企业，也曾在行业发展茂盛时期取得了成就，但是成功后他们没有注意到企业的机会越来越少，也没有对机会争夺的激烈性给予充分的认识，因此既没有形成有活力的企业文化，也没有形成企业的核心竞争力。

在这种背景下，企业应该如何去面对？这也成为当代企业不得不面对的一个问题。

一个优秀的企业在经历经济高速增长发展之后，已经不再局限于自身所处的外部发展机会，而会更多选择与原来行业有关的行业，甚至是跨行业来寻找发展的机会。为了让企业拥有持续的成长性，企业的发展思维应该从以发展机会为主，转向以核心能力提升为主；应该把对企业资源、企业文化和核心能力的分析放在首位，而不是对行业吸引力的分析作为战略思维的起点；应该重视强调企业核心能力的积累，而不是幻想更好的机会作为战略选择的依据；应该把构建企业文化、确保核心能力作为战略发展的前提。

中国企业的高速成长，得益于过去 30 年中国经济的高速发展。但是面对互联网技术的出现、面对复杂的环境、面对外部经济衰退以及增长速度的降低，优秀的企业应该充分认识到自己在竞争结构中的优势可以优化自身，通过主动的自我调整来应对外部变化，才是企业发展的本源。企业应该从被动地适应行业特点或者规则，转变为主动改造行业的特征和规则。对于任何企业这都是一个巨大的挑战，正如阿里巴巴确定了新的商业模式，运用互联网技术、创新的交易平台，成就了一个全球市值最高的中国企业；腾讯公司的“微信”改变了我们所有人的交流沟通方式，成为提升生活品质、便捷沟通的重要工具，更开创了新的商业模式。

中国企业在过去 30 年中所建立的核心竞争力，主要是通过获得资金、人才、设备、原材料等生产要素的优势而获取的，这些优势会随着市场和环境的变化而产生变化，无法具有很高的可持续性。因此，以此为内容的竞争优势也就能够较容易地被对手所获取，如果想保持竞争优势就应该像很多优秀的企业一样构建自身的企业文化，与时俱进，并让市场得以认同。只有这样的企业才会具有持续的竞争优势，而这种竞争优势的根本，就是企业文化。

本章练习题

一、简答题

1. 企业文化的功能主要包含哪些内容？
2. 企业文化在市场化管理中的作用有哪些？
3. 企业文化辐射功能的途径有哪些？
4. 为什么说企业文化是打造企业核心竞争力的必要因素？

二、论述题

1. 理论联系实际，谈谈企业文化与企业战略的关系。
2. 结合实际情况，谈谈如何正确认识并利用企业文化的阻抑功能。

三、案例分析题

沃尔玛企业文化的激励功能①

沃尔玛百货有限公司由美国零售业的传奇人物山姆·沃尔顿先生于1962年在阿肯色州成立。沃尔玛公司是世界上雇员最多的企业，连续5年在美国《财富》杂志世界500强企业中居首位。沃尔玛公司在全球开设超过有10000家门店，分布于全球27个国家，已经成为美国最大的私人雇主和世界上最大的连锁零售企业。

沃尔玛一直非常重视企业文化的作用，充分发挥企业文化对形成企业良好机制的促进和保障作用，增强企业的凝聚力和战斗力。这也是沃尔玛能够长期位于世界财富榜前列的重要因素。

在沃尔玛的企业文化中将“顾客就是上帝”“尊重每一位员工”“追求卓越”作为企业的核心价值观。这种核心价值观不仅仅是企业长期成功的保证，也是企业“以人为本”理念的体现，并在经营实践中激励员工，是企业成功的有力保障手段。

尊重个人，这是沃尔玛最有特色的企业文化。在沃尔玛，“我们的员工与众不同”不仅是一句口号，更是沃尔玛成功的原因。它真

① 本案例依据山姆·沃尔顿、约翰·休伊：《富甲美国——沃尔玛创始人山姆沃尔顿自传》，江苏文艺出版社2015年版，结合相关资料，由蔡亚南自主汇总、编制。

正的含义是每位员工都很重要，无论他在什么岗位都能表现出众。“我们的员工与众不同”这句话就印在沃尔玛每位员工的工牌上，每时都在提升员工的自豪感，激励员工做好自己的工作。

沃尔玛在处理员工关系方面运用最多的方法是激励而不是批评或处罚，如果员工把事情做好了，他们就会对其良好的表现进行褒扬：“你做得很好！”如果员工做错了，他们会对员工说：“换种方法你会做得更好！”

沃尔玛公司规定对下属一律称“合伙人”而不称“雇员”。沃尔玛制定了与员工分享经营成果、分担经营责任的政策，使员工产生责任感和参与感，如利润分享、员工购股、低耗奖励等计划来调动员工的积极性。

山姆·沃尔顿持续不断地巡视商店，与人握手，看着别人的眼睛，设法记住众人的名字——甚至当商店太多，他不可能一一前去时，也是如此。他还撰写一些友好的个人书信，登在公司的时事通讯《沃尔玛世界》上，让员工们能看到他与员工个人的友好往来以及他对员工们的尊重。后来，他开始通过卫星系统出现在荧屏上对着员工们谈话。

星期六的周会成为沃尔玛的特有文化。每到这个时候，大家会在山姆的带领下，有时做做健美操，有时唱唱歌，有时干脆喊喊口号，反正怎么样高兴就怎么样做，只要能活跃气氛，就可以随心所欲地尝试。

山姆认为，如果没有那些娱乐和出人意料的事，他们不可能让本顿威尔总部的大部分经理、员工每个星期六早晨，笑容满面地去参加会议。会议上如果只有单调冗长的比较数据，接着一个关于业务问题的严肃讲话，会上只会有人打瞌睡，气氛也不可能活跃。

因此，有时候沃尔玛会邀请一些有特色的客人，来一起参加会议助助兴。西德尼·蒙克里夫、弗兰·塔肯顿都曾经参加过沃尔玛的聚会。俄克拉荷马的乡村歌手加思·布鲁克斯也到沃尔玛的星期六周会上给各位与会者带去过动听的歌声。管理人员有时候干脆自己上阵，像山姆就和休格·雷·伦纳德在会场里展开过模拟拳击赛。这样，许多严肃、重要的商业话题，就在随心所欲、活跃的气氛下，被轻松地研讨、协商，每一个人都兴致勃勃、精神振作。

对沃尔玛的员工来说，在这里感到被尊重、被重视，发现自己与老板并不是上下属的关系，还是朋友，甚至是亲人。这对于加强沃尔玛公司的凝聚力具有至关重要的意义。

思考题：

1. 沃尔玛企业的成功与自身企业文化存在什么样的必然联系？

2. 沃尔玛企业文化中的激励功能导向对员工起到了什么样的作用？

3. 结合管理学中的激励理论谈谈沃尔玛的企业文化在管理中的现实意义与作用。

第 4 章
企业文化的内核

教学目的与要求：

掌握企业文化的价值观、企业精神和企业家精神

教学重点： 企业价值观

教学难点： 企业精神和企业家精神

企业文化自诞生之初，就受到学术界和企业界的广泛关注。从理论的发展角度分析，企业文化出现，改变了以往只重视方法与制度的管理理念，开始关注人与环境在企业发展实践中的核心价值，为企业管理理论注入了“软性”因素；从企业角度来看，传统的企业把更多的精力放到降低成本、提升效率的实践中，强调物的因素，企业文化出现后，则开始关注人的因素，把员工的价值观、经营理念等精神因素作为企业成功的关键所在。

企业文化在管理实践和经营实践中形成了企业的产品和服务、企业的制度、经营理念、价值观念、企业精神、经营行为等诸多层面的内外在表现形态。这些形态与要素构成了一个完整的系统，它们之间相互作用，同时又互为影响，形成了一个内容丰富、层次分明的体系，即企业文化结构。

关于企业文化结构的划分，在国内外研究中尽管存在着“层次说”“要素说”“同心说”等不同的观点，但在这些观点中，无一例外地将精神层面作为企业文化的核心展开研究。精神文化是企业文化在长期的形成过程中在思想、观念、意识等方面的精髓，也是企业文化的内在“支撑力”。精神文化的形成需要较长的时间，但一旦形成，就会具有相对的稳定性，因此，精神文化也是企业文化中变化最小、最稳定的层次。作为企业文化的核心层，精神文化是其他层面的

思想基础，决定并制约着制度、行为的构建与规范；而物质文化、行为文化、制度文化则是精神文化的外在表现。

相对企业文化中其他层面，企业精神文化处于核心地位。企业文化是企业在长期的生产经营中融合了社会文化背景、民族意识形态及道德价值观等诸多因素而逐步形成的一种精神成果或文化观念，具有长期性和稳定性特征。它主要包含了企业的价值观、企业精神、伦理道德、企业家精神、企业哲学等。

因此，正确认知企业文化的精神层面，特别是认识其核心内容：价值观、企业精神、企业家精神，对于认识和了解企业文化是极其重要的。

4.1 企业价值观

企业价值观概念及内容

所谓价值，从哲学角度上来讲就是能够满足主体需要的客观属性。这种认知是价值主体在长期的生活和工作中逐渐形成的，是对于价值客体总的根本性的看法，是一个长期形成的价值观体系，并具有鲜明的评判特征。这种评判特征一旦建立，就将形成一种比较持久而且固定的总体性意识，也就是价值观念。

克莱德·克拉克洪曾经对价值观提出了经典性的定义：“价值观是一种外显的或者内隐的，有关什么是‘值得的’看法。它是个人和群体的特征，影响人们对行为方式、手段和目的的选择。在一个个有关‘值得的’看法的背后，是一整套具有普遍性的、有组织的观念系统，这套观念系统是有关对大自然的看法、对人在大自然中的位置的看法、人与人的关系的看法，以及处理人与人、人与环境时，对值得做和不值得做的看法。”也就是说，当一个行为主体一旦形成价值观之后，才能选择他的生存状态、行为方式、交往准则以及自我实现的一种价值和方向，才能知晓如何面对生活，进行判别是非、好坏和善恶。

当然，不同的文化所造就的价值观也各不相同。例如提到美国人，就会联想到他们极富挑战精神和冒险精神的价值观；说起日本人，则会谈及他们的团队精神、合作意识；想到法国人，则会想到法兰西民族特有的浪漫和幽默；而谈到中国人，脑海中则会浮现中华民族的勤劳、勇敢、朴质；等等。这些不尽相同的价值观都是在对一个民族精神气质和特点进行描述和概括。同时，也根据这些特征可以了解各个民族的价值观特性，正是他们对价值观认识不同，决定了他们不同的行为特征。

4.1.1 企业价值观概念

价值观不仅贯穿于人类的整个活动过程，同时也贯穿于整个管理的活动过程。在特定的组织当中，员工的价值观一致或相融是管理活动中人们相互理解的基础，也是一个组织管理成功的必要条件。也就是说，企业的价值观是企业的全体或多数员工一直赞同的，与企业紧密关联的，并对主体而言具有一定价值的认知。其中最为主要的是企业全体和员工的一致赞同的关于企业存在价值、现实意义的终极判断。

基于这种特征，我们把企业价值观定义为，企业全体或者多数员工一致赞同的，关于企业如何选择某种行为去实现物质产品和精神产品的满足，如何判断行为的好与坏、对与错、价值与否以及价值大小的总的看法和根本的观点。企业的价值观构成了人们对客观事物的现实态度、评价和取舍事物的标准、选择对象的依据以及行动实践的准则。

在学术界，对于价值观也有人称之为共同价值观、企业最高目标、企业理想、企业宗旨，但是实质上它们都是一样的，它们都是一个组织的最基本的信念和信仰。因此从某种角度上来讲，企业文化的价值观，其实是和企业哲学相通的，因此，在日本的学术界对于价值观一词用得并不是特别的普遍，他们通常用企业哲学一词来替代企业价值观。

关于企业价值观，虽然称谓、习惯、理念上有所不同，但是都具有很强的相似性，总结归纳为：

第一，它是判断善恶的标准；

第二，核心价值观是这个群体对事业和目标的认同，尤其是认同企业的追求和愿景；

第三，在这种认同的基础上形成对目标的追求；

第四，形成一种共同的境界。

由于企业价值观是企业经营者、企业员工共同所拥有的群体价值观念，因此也就决定并影响着企业存在的意义和目的，成为企业在各项规章制度的价值和作用的评判标准，为企业的生存和发展提供了基本的方向和行动的指南。同时，企业的价值观对员工的行为标准也起到了导向和约束的作用，并且激励员工发挥自身的潜能，增强企业的凝聚力，决定了企业全体员工的行为走向。

4.1.2 企业价值观的特征

对于企业而言，通常将最能体现企业自身价值的理念视为企业的最高理想、终极目标或企业宗旨。虽然在不同的文化中，企业价值观被称为“企业哲学”“企业宗旨”“企业理念”等，但其存在的本质是相同的，都是企业或组织本身最根本的理念和信仰。因为，无论是“企业价值观”“企业宗旨”还是“企业理念”，它们都具有相同的特征。

对于企业价值观的特征，我们归结为以下4种：

特征1：情感色彩的趋同性。情感是态度这一整体中的一部分，它与态度中的内向感受、意向具有协调一致性，是态度在生理上一种较复杂而又稳定的生理评价和体验。情感包括道德感和价值感两个方面，具体表现为爱情、幸福、仇恨、厌恶、美感等。在现实生活中，情感是人与人在共同生活、工作中所建立并维持的人际关系纽带。从企业角度而言，企业价值观是员工判别是非、区分对错的标准。员工对所认同事物在情感上所体现出支持与赞美，或对所否认事物在情感上所表现的否定与厌恶，都是基于相同的价值观而产生。相反，相同的认知与判断也拉近了情感距离，容易形成相对融洽的企业氛围。

特征2：审美意识的相似性。在人类活动中，人基于自身的主观意识、文化水准等因素对审美对象的能动反映。包括审美的感知、感受、趣味、理想、标准等各个方面，是审美心理活动进入思维阶段后的意识活动。审美意识的形成是一个历史过程，是与人类的生活、生产活动密不可分。在人类改造自然、创造物质财富的过程中，会结合自身因素对自然进行主观判别，形成美与丑、善与恶的评判准则，进而做出相应的决策。在企业的生产活动中，共同的价值观促使员工的判别标准趋于相同，形成对色彩、风格、外观、内涵的认可，并在潜移默化中促进情感动力，加深意识形态的形成，并渗入工作中，成为价值判断的依据。

特征3：行为举止的类同性。在相似的生活习惯、文化背景下，人们在生活和工作中会逐步形成对站、立、行、走、坐等行为的礼仪约束。这种行为礼仪是在相同的背景下所形成的，并具有明显的稳定性。当然，不同的文化在行为礼仪表现上也不尽相同：内敛的东方文化用握手来相互问候，而奔放的西方文化则是用拥抱来表达情感；阿拉伯人在与人沟通时，习惯近距离交谈，而日本人在沟通时，则习惯与聊天者保持一定的距离；美国文化中，注视他人是一种尊重，而中国文化中，过多注视他人，则认为是一种失礼……这些行为举止的差异受外在的环境影响，但其根本还是内在的价值观的作用而造成。因此，在同一种价值观主导下，员工的言行举止类同，会促进情感、同步审美意识，进而形成规范和约束员工行为统一，达到价值观一致的局面。

特征 4：客观思维的一致性。就是主体从实际出发，不掺杂个人主观意识去观察事物的最基本自然形态，从不同角度揭示事情的本质。在同一组织内部，基于相同的情感，表现出相似的审美意识，通过类同的行为举止，组织成员在对于事物发展规律的认知环节往往会呈现一致性。这种一致性在管理实践、人际交往中历经客观实践，并不断修正、完善，最终形成对于价值主体的认同，成为规范和约束员工思想意识、言行举止的意识形态，并且根深蒂固地植入企业理念和每一个员工内心深处。

4.1.3　企业价值观的演变与内容

企业价值观必然要求对人的价值和物的价值、个人价值和共同价值、社会价值和利润价值、用户价值和生产价值等一系列价值序列进行选择和排序。产品会更新，市场会变化，新技术会不断涌现，管理实践也在瞬息万变，但是在优秀的公司中，企业价值观不会变，它代表着企业存在的理由。

1. 企业价值观的演变

从西方企业的发展历程中，我们可以看到，企业价值观经历了多种形态的演变。其中具有代表性的企业价值观有最大利润价值观、经营管理价值观和企业社会互利价值观。

（1）最大利润价值观。企业全部的管理决策和行动，都会围绕着如何获得利润最大化这一标准来进行评判企业的好与坏。这种观念盛行于 18 世纪 ~20 世纪初期，其范围在西方发达的工业国家当中。

（2）经营管理价值观。它是指企业在规模扩大、组织复杂、投资大幅度增加而投资者分散的情况下，管理者受投资者的委托，从事经营管理而形成的一种价值观。这不仅包括尽可能为投资者获利，还包括非常注重企业人员的自身价值的实现。这种观念始于 20 世纪 20 年代。

（3）企业社会互利价值观。兴起于 20 世纪 70 年代的一种西方社会的价值体系观念。它要求在确定企业利润水平的同时，把员工、企业、社会的利润统筹起来进行考虑，尽可能做到不失偏颇。这种价值观是在 20 世纪 70 年代以后逐渐兴起，并日益成为主流形态。

美国兰德公司的专家们，通过 20 多年的实际观察，跟踪了 500 多家世界大型企业，最终发现其中长久不衰的企业具有共同的特点。这些企业不再以追求利润作为唯一的标准，而是有超越利润的社会目标。

具体而言，当代的价值观体系主要体现在以下 13 个方面。

（1）人的价值高于物的价值。

（2）人的知识不如人的智力，人的智力不如人的素质，人的素质不如人的觉悟。

（3）员工的共同价值高于个人价值。

（4）为社会服务的价值高于利润的价值，用户的价值高于生产价值。

（5）共同协作的价值高于独立单干的价值。

（6）集体的价值高于自我的价值。

（7）普通岗位的价值高于权利的价值。

（8）更加注重企业知名度的价值。

（9）维持职工队伍稳定的价值高于赚钱的价值。

（10）顾客第一、职工第二、本地社区第三、股东价值最后的价值理念。

（11）质量保证的价值高于推出新品的价值。

（12）集体路线的价值高于正确决策的价值。

（13）顾客第一、家庭第二、工作第三的价值观念。

通过上述的调查分析，企业不再仅仅是获取财富积累的工具，而是成为培养人、关心人、爱护人的社会资源。

2. 企业价值观的内容

20 世纪 80 年代，随着企业文化被越来越多的认同，企业价值观向更高的层次和方向逐步发展，把社会问题当成企业发展的一个机会，企业政治价值取向也越来越明确。尤其是在当今的时代，经济问题、社会问题、伦理道德问题与政治问题，从来就没有一条不可逾越的鸿沟，在一定的社会历史条件下，许多问题只要作为焦点问题或敏感问题而存在，稍稍计划，往往就会转化为政治问题，酿成政治危机。

企业价值观历经长期演变，已经从最初的只关注利润开始向更加重视社会、伦理、政治，特别是人的自我价值发生着明显的变化。因此，当代企业价值观大致呈现出以下 5 种取向。

（1）经济价值取向。经济价值取向主要是表明企业对义利关系的基本看法。企业作为一个经济实体和经营共同体，在其价值观形成过程当中，必然会具有“创造利润，获取利润”这一经济价值取向和行为准则。但这不意味着企业是一种单纯的谋利组织，也绝不意味着企业的全部经营管理都在于谋求利润最大化。相反，一个优秀的企业在从社会层面获取利益的同时，更加注重的则是回馈社会。企业作为一个社会的器官，在社会中存在其基本和直接的目的，就是创造市场、满足顾客的需求。而利润的获取只是企业这两项功能的补偿和报酬之一，而不是经营结果的全部。从表4－1可以清晰地看到，企业在经营过程中，其经济价值取向不再单纯以利润为经营业绩的衡量标准，而是通过创造市场和满足顾客来维护企业的健康运营，进而实现其经济目的。

表4－1　　中外知名企业价值观汇总

企业名称	企业价值观
联想（中国）	成就顾客；创业创新；精准求实；诚信正直
阿里巴巴（中国）	客户第一；团队和合作；拥抱变化；诚信；激情；敬业
腾讯（中国）	正直；进取；合作、创新
万科（中国）	创造健康丰盛的人生
格力（中国）	少说空话，多干实事；质量第一，顾客满意；忠诚友善，勤奋进取；诚信经营，多方共赢；爱岗敬业，开拓创新；遵纪守法，廉洁奉公
IBM（美国）	成就客户；创新为要；诚信负责
三星（韩国）	要为整个人类社会做贡献
摩托罗拉（美国）	保持高尚的操守，对人永远地尊重
宜家（瑞典）	创新；人性化；朴实追求大多数客户利益和意志力
索尼（日本）	体验以科技进步、应用与科技创新造福大众带来的真正快乐；提升日本文化与国家地位；做先驱，不追随别人，但要做不可能的事情，尊重、鼓励每个人的能力和创造力

（2）社会价值取向。社会价值取向是表明企业及其成员，对索取与奉献、自我与社会关系的基本看法。企业作为社会的一个组成细胞，在经营活动中不能只考虑自身利益，向社会无节制进行索取，而应该着眼于奉献，把增进社会利益、优化社会环境、促进社会的发展作为自己的责任。一个健康而高效的现代企业价值观，应该把社会价值取向提升到较高的层面：一方面确认并积极处理企业在生产经营活

动中所形成的社会影响；另一方面则要正视社会问题的存在，并积极参与社会问题的解决，把解决社会问题作为企业发展的机会，既满足社会的需求，又为企业的发展奠定了坚实的基础。这样企业的价值取向，使得企业既肩负起更多的社会责任，又获得一个日益改善和日趋发展的社会环境。

（3）伦理价值取向。伦理价值取向就是企业经营者和大多数员工认同并在实践中体现出的善恶标准、道德原则和行为规范。它是企业与员工、员工与员工、企业与消费者之间，也是企业与合作者之间等重大关系的确立和维持的基本保证。企业的经营活动也要依靠并遵循一定的伦理观和道德观。一方面，伦理价值受习俗、舆论支持，对成员的约束是自然而非生硬的，属于企业文化系统中的习俗化要素；另一方面，伦理价值又是员工自觉自愿认同并追求的，是员工行为导向的内在动力之一。从表 4 - 1 的内容表现可以看到，在中国以及东亚区域的企业文化中，受到传统儒家文化因素影响，其伦理取向的表现相比西方企业的企业文化更加明显，且具有民族特性。虽然不同区域、民族、文化的伦理道德观不尽相同，但是所有成功的企业都具有正直、诚信、讲信用、创新等美德，并把这些美德作为一种理念深入企业文化之中，使之成为企业文化的一个重要组成。每一家企业在信息化、全球化的市场经济当中，只有尊重顾客、亲和员工、正直淳朴、诚信守则才能持久发展、日益昌盛。

（4）政治价值取向。政治价值取向就是指企业如何与国家、政府之间维持一种合理的关系。企业的生存与发展必须依附于特定的政治环境中而存在。而同时，经济问题、社会问题、伦理道德问题与政治问题，往往是紧密结合在一起的，具有不可割舍性。在一定的社会历史条件之下，这些问题往往都能转化为政治问题。如企业裁员本是经济问题，但如果处理不当，就会引发社会民众的恐慌，造成社会舆论甚至游行示威，逐渐演变为政治问题。这一系列的问题的看法与解决都会体现出政治价值取向，企业应具有明确的政治取向和政治责任感。在创造物质文明的过程当中，也更加应该注重精神文明的建设，通过加强民主管理，建立用人机制和激励机制充分调动劳动者的积极性、主动性和创造性。

（5）人本价值取向。人本价值取向是当代企业价值观的一个突出的特征，即以人为本，以关爱人、爱护人、发展人的思想为导向。当代企业的发展趋势已经开始把人的发展视为目的，而不是单纯的手段，这是企业价值观的根本性变化。企业能否给员工提供一个适合人发展的良好环境，能否给人的发展创造一切可能的条件，这是衡量一个当代企业或优或劣、或先进或落后的根本标志。从美国兰德公司研究结果可以看出，优秀企业所呈现出13种价值观中几乎都与人本价值观存在必然关联。这种现象不仅对当代企业文化建设有着深远意义，也会对未来企业文化的发展产生积极影响。

企业价值观是企业文化的核心内容，企业能否树立正确的价值观，将成为企业是否成功的关键所在。美国管理学家托马斯·彼得斯和罗伯特·沃特曼在对国际知名企业研究后指出：一个优秀的公司，对于公司的主张都是非常明确的，而且对企业价值观形成的过程都是十分重视的。任何公司如果在价值观方面存在模糊，或者是价值观不正确，那么这家企业能否获得成功是值得怀疑的。

3. 企业价值观的塑造

企业文化的形成需要一个长期的过程，而企业价值观作为企业文化的核心，则是一种基于企业哲学、道德观念、基本信念、经营理念、行为规范等意识形态的长期积淀而形成的外在表现。它既是一种企业的主动行为，也是企业战略发展的重要组成，其塑造过程必然是一个长久而持续的过程。

企业价值观塑造

不同的企业有相似的价值观，但每一个价值观在形成过程中，一定会体现企业自身特征和领导者经营理念，进而形成独具特色的企业价值观。企业价值观的塑造过程，并不具备一套标准程序，但是通过对众多优秀企业的价值观研究，可以发现一些一般性规律、方法以及相应的渠道。这些具有共性特征的方法和原则，对企业价值观的塑造有着积极的借鉴意义和价值。

（1）企业价值观塑造的一般原则。

①深入细致的总结原则。对于不同的企业，什么是有价值的？这些价值如何排序？不同企业答案也不尽相同。企业价值观主要来自经验与认知，是在不同的环境下，通过各种尝试而产生的各种经验的积累。具体而言，企业员工在特定的经济环境中，尝试什么之后，才知道什么可行、什么不可行，再加以总结和概括。在塑造企业价值观的时候，一定要根据企业的性质、规模、类型、员工素质和经营的特殊性来选择适当的价值标准，从而反映企业的特色。由于价值观高于现实，具有超前性，是企业价值理想和长远目标的表现，所以，任何企业无论是处在任何的一个阶段，都存在一个确定、接受或转换价值观的问题。

②继承与创新相结合的原则。因为企业是一个动态的体系，所以企业的价值观要随着客观的环境和企业内部因素的各种变化，不断地进行更新，企业只有经常审视自己的价值观是否符合环境的需求，在

继承的基础上不断地注入一些时代性的精神，才能够保持企业价值观的创新。

③用生动并有特色的语言来表达的原则。企业的价值观往往通过比较简洁明了、富有深意的词汇来进行表达。一方面，有特色的价值观体现了企业的自信，是企业自行达到成熟阶段的主要标志；另一方面有特色的价值观，可以使员工产生一种企业的个性，一种与众不同的自豪感，激励员工成员创造潜能和竞争取胜的信心。例如，海尔的“真诚到永远”、杜邦的“创造美好生活”，就能够深刻地体现企业所要表达的一些基本原则和特色。

④坚持不懈灌输的原则。确定企业的价值观是相对容易的，但更难的则是如何把企业倡导的价值观转变为员工共同的信念，使企业的员工得以认同。企业倡导的价值观只有转化为普通员工的基本信念，才能成为企业实际的价值观。企业的价值观从确立到转化成全体员工的基本信念是企业价值观内化的基本过程，是老员工接受并自觉去实施价值观的过程，也是一个持之以恒、坚持不懈的过程。

⑤以身作则原则。在一个企业当中，领导只有起到了带头作用，才能够使一般的员工信服并认同，才能够将这种共同的价值观转化为员工自觉自愿的行动，并进一步沉淀成为一种习俗文化。企业价值观在企业转化的内部化的过程当中，企业领导者处于主导的地位，领导者应该持续不断地灌输，以身作则，起到示范的作用。

（2）企业价值观塑造的方法。

①定向引导塑造法。确定企业的奋斗目标，使全体员工朝着既定的方向，努力工作，形成一致的价值观。

②本位选择塑造法。确立企业正确的本位价值观，从而使企业全体员工具有正确的价值取向。

③满足需求塑造法。在满足企业员工物质和精神需求的同时，使企业员工的个体价值观与企业价值观相互融合在一起，唤起企业员工强烈的归属感和自豪感。

④行为规范塑造法。通过企业的价值观，明确企业提倡什么、反对什么，规范员工的行为准则形成符合企业价值观规范的群体意识行为。

⑤卓越激励塑造法。企业通过制定富有伟大远景的目标，激发员工的热情，给企业员工强烈地鼓舞和感召力，使企业员工产生一种“意义感”。

⑥群体感化塑造法。通过企业培训教育方式和英雄规范典型示范，使先进的价值观得到企业员工的拥护，形成一个共同的心理场，

产生感化和启迪作用，从而达成共识，促进共同价值观的形成。

（3）企业价值观塑造的途径。

企业文化作为微观的文化氛围，构成了企业内部的一个心理环境。而作为企业文化核心组成部分的企业价值观，则是这种心理环境构建的核心组成部分。企业价值观影响并制约着企业干部、职工的思想、追求、道德、情感和行为，发挥着凝聚、规范、激励和导向作用。然而，一部分企业在价值观的塑造过程当中流于表面化、形式化，往往造成了企业价值观构建缺失的问题。因此，了解企业价值观塑造的一般性途径，对塑造企业价值观尤为重要。

①运用心理定式。在企业价值观塑造过程中，之前较强烈的思想意思及行为往往会对于随后所展开的心理和行为活动具有影响趋势。企业价值观塑造的重要手段是对员工和干部的培训。通过培训，不仅可以提高他们的业务能力，更为主要的是可以把企业中的经营哲学价值观念、行为准则、道德规范以及企业的优良传统详细地介绍给他们，并通过学习、讨论、总结，加深理解，形成先入为主的心理定式，进而深入人心。这种心理定式一旦形成，对其今后的行为具有重要的指导和制约作用。同时在价值观转变的过程中，也需要加以应对并及时转变。这其中，企业的主要负责人应率先转变观念，通过参观、学习、培训等多种方式，组织各级干部和全体职工理解和掌握新的价值观，形成新的心理定式。

②重视心理强化。所谓强化，就是通过一种行为的肯定或者否定，从而使这种行为得到重复或制止的过程。使人的行为重复发生的称为正强化，制止人行为重复的发生的则称为负强化。在价值观塑造的过程中，应该及时表扬或者奖励和企业价值观相一致的思想和行为，及时批评或惩罚与企业价值观相悖的思想和行为，使物质奖励或者惩罚尽量成为企业价值观的载体，使企业的价值观体系变成可见、可感的现实因素。例如，通过制定厂规厂纪、人力资源政策与制度以及开展五好评比、文明标兵等活动，都发挥了良好的心理强化作用。

③利用从众心理。从众是在群体影响下放弃个人意见而与大家保持行为一致的心理行为。由于从众的前提是基于群体压力，而不是基于行政压力，因此从众不具有直接的强制性和威胁性。例如重视社会评价和社会舆论的人，情绪敏感、文化水平较低、性格随和以及独立性比较差的人，他的从众心理就较强，其从众意识较明显。在企业价值观构建过程当中，领导者应该动员一切舆论工具大量宣传企业价值观，主动利用从众心理，促成大多数员工行动一致。这种局面一旦形成，就会给其他员工造成一种群体压力，进而实现企业价值观塑造所

需要的舆论和行动的良性循环。在具体实践过程中，企业可以通过广播、新闻报道、内部媒介等宣传舆论手段表扬好人好事、树立模范标兵，宣扬企业价值观。从而形成一种舆论压力和群体压力，促成员工从中能够取得较好效果，同时对于企业中存在的不正之风、不良风气、不正确的舆论应该积极采取措施，防止消极从众心理的发生。

④培养认同心理。认同是指个体将自己和另一个对象视为等同，因为同类从而产生彼此密不可分的整体感觉。初步的认同感处于认知层面，较深入的认同感是情绪上的认同，完全的认同感则含有行动上的成分。为了塑造企业的价值观，企业主要负责人取得全面职工的认同，是一项首要的工作。这就要求领导者需要高屋建瓴、深谋远虑、办事公正、作风正派、以身作则、真诚坦率、待人热情，善于沟通、关心员工，具有民主精神。只有这样做，全体职工才会自然地将领导者视为良师益友，会形成认同感。认同感一旦形成，就会心甘情愿地将他所倡导的价值观、行为规范作为自身的价值观和行为准则，从而形成企业负责人所期望的企业文化。同时还应当培养员工对企业的认同感。企业领导人应当充分尊重员工、善于倾听员工的呼声、积极采纳员工的建议、协调企业与个人目标的一致性，使企业利益与员工利益密切关联。这种局面的形成，使全体员工对于企业产生强烈的认同感，这就是企业价值观形成的真正基础。另外，在企业价值观塑造中，还需要在社会上树立将企业的产品形象，使社会各界对企业的产品和服务产生良好评价，并将评价及时反馈给全体员工，激发员工的集体荣誉感和自豪感。

⑤激发模仿心理。模仿是指个人受到外界刺激后，引发的一种按照他人行为进行相似方式的行动倾向。它是社会生活中的一种常见的人际互动现象，也是塑造企业价值观的一个重要心理机制。榜样的树立是模仿的前提和依据，企业中的英雄人物、模范人物是企业文化和价值观的人格化的代表，企业员工对他们的钦佩、爱戴和模仿，也就是对企业价值观认同和实践的一个过程。企业的领导者首先应该成为企业员工中的心中偶像，成为员工自愿模仿的对象。身教胜于言教，作为企业价值观的倡导者，领导的一言一行都会起到暗示和榜样的作用。同时领导者还可以通过大力表彰劳动模范、先进工作者、革新能手等行为，将他们的先进事迹所体现出来的价值观深入人心，可以在员工中激发其模仿心理，这也是企业价值观构造的一个有效途径。

每一个企业在价值观塑造过程中，首先要保证价值观的正确性，不能和当地的文化、风俗、法律、政策相违背，只有这样，才会有生命力；同时，领导者要认真对待、以身作则，不能仅仅成为价值观的提出者，而是要成为价值观的倡行者；对企业员工而言，不仅要做到全面认同、认真履行，还要成为企业价值观的继承者与创新者。

4.2 企业精神

美国著名管理学者托马斯·彼得斯曾说：“一个伟大的组织能够长期地生存下来，最主要的条件并非结构、形式和管理技能，而是我们称之为信念的那种精神力量以及信念对组织全体成员所具有的感召力。”

企业精神概念、类别与内容

企业精神是企业存在和发展的内在支撑。它是随着企业的发展而逐步形成并固定，是对企业的现有观念意识、传统习惯、行为方式中积极因素的总结、提炼和倡导，是企业文化发展到特定阶段的产物。

4.2.1 企业精神的概念与特征

对于企业精神的认识与研究，首先要从企业精神的界定入手，要认知、理解企业精神的内涵；其次还要认知企业精神和企业价值观的内在联系与本质区别；最后应该从企业精神的特征入手，对企业精神展开诠释和理解。

1. 企业精神的概念及内涵

企业精神是指企业基于自身特定的性质、任务、宗旨、时代要求和发展方向，为谋求生存与发展，在长期生产经营实践的基础上，通过精心培育而逐步形成并为全体员工认同、接受的正向心理定式、价值取向和主导意识。企业精神是企业文化的核心，在整个企业文化中起着支配的地位。企业精神以价值观念为基础、以价值目标为动力，对企业经营哲学、管理制度、道德风尚、团体意识和企业形象起着决定性的作用。可以说，企业精神是企业的灵魂。

首先，企业精神是企业全体或多数员工共同认同、彼此共鸣的内心态度，也是企业意志和思想境界的体现。企业精神作为企业内部员工群体心理定式的主导意识，是企业经营宗旨、价值准则、管理信条的集中体现，构成企业文化的基石。它可以激发企业员工的积极性，增强企业的活力。

其次，企业精神是时代意识与企业个性结合的一种群体精神追求。它是企业的社会意识、市场意识、信念意识、效益意识、文明意识、道德意识等汇集而成的一种意识表现，也是企业宗旨、发展目标、服务方针和经营理念等精神层面的外在反映。

再次，企业精神是企业的特点体现，对生产经营产生深远影响。企业精神不仅能动地反映与企业生产经营密切相关的本质特征，而且鲜明地显示企业的经营宗旨和发展方向，起到促进企业发展的作用。

最后，企业精神通过群体心理定式的形成保障企业健康发展。心理定式可以通过明确的意识支配行为，也可以通过潜意识产生行为。心理定式一旦形成，会大大提升员工的责任感和自觉性，从而主动地关注企业前途，维护企业声誉，为企业贡献自己的全部力量。

2. 企业精神与企业价值观

企业精神和企业价值观同属于企业文化中精神层的核心组成部分，是企业宗旨和企业价值取向的具体表现，它们之间既有联系又存在本质区别。

企业精神决定了企业价值观，它是对企业价值观的一种性格表现，能够把抽象的价值观念进行精神层面的诠释，演绎成为一种具体的信念，可以增强企业的向心力和凝聚力，将其各方面的力量集中到企业经营目标上来，起到了重要的引导和激励的作用。杰斯帕·昆德认为："公司精神是将组织团结和凝聚在使命与愿景的一套价值观，是组织赖以存在的一系列价值观和态度、观念，这是企业内每一个成员共同分享的，因此是真正具有激励作用的要素。"企业之所以要塑造企业精神，其原因就是对企业发展有极高的价值，而这种价值是作为价值观的一种看法，也是属于精神领域的范畴。

而另一方面，企业价值观与企业精神又存在着明显的区别。价值观具有分散性和内隐性，如存在的价值、工作价值和质量价值等，它是人们的信念和追求。但企业精神则不同，它更多的是一种外在表现，容易被人们所感觉。企业价值观和企业精神共同构成了企业文化的核心，其区别主要表现在：其一，价值是关系范畴，"价值观"是关于"价值对象哪些属性能够满足价值主体的需要的看法"；价值关系是客观的，先进的价值判断以正确地反映这种客观关系为前提。其二，企业精神是一种状态范畴，是描述企业全体员工的主要精神状态；塑造企业精神则是对思想境界的一种具体要求，强调人的主观能动性。其三，企业价值观的构成体系较为多元，不仅要考虑企业的价值追求、员工的利益，还要包含国家、民族、社会的价值体现；而企业精神的构成体系相对单一，是在领导者的倡导下，对企业特点、任务和发展走向的外化表现，是一种企业的精神状态。

3. 企业精神的特征

企业精神是企业在自身发展过程中，历经长期积累与提炼而形成的一种精神状态的外在表现，从其培育和塑造过程中，可以发现企业精神具有以下基本特征：

（1）企业精神是企业现实状况的客观反映。企业生产力状况是企业精神产生和存在的依据，企业的生产力水平及其由此带来员工、企业家素质，对企业精神的内容有着根本影响。很难想象在生产力低下的条件下，企业会产生表现高度发达的商品经济观念的企业精神。同样，也只有正确反映现实的企业精神，才能起到指导企业实践活动的作用。企业精神是企业现实状况、现存生产经营方式、员工生活方式的反映，这是它最根本的特征，离开了这一点，企业精神就不会具有生命力，也发挥不了它应有的作用。

（2）企业精神是全体员工共同拥有、普遍掌握的理念。只有当一种精神成为企业内部的一种群体意识时，才可认作是企业精神。企业的绩效不仅取决于它自身有一种独特的、具有生命力的企业精神，而且还取决于这种企业精神在企业内部的普及程度，取决于是否具有群体性。

（3）企业精神是稳定性和动态性的统一。企业精神一旦确立，就相对稳定，但这种稳定并不意味着它就一成不变了，它还是要随着企业的发展而不断发展的。企业精神是对员工中存在的现代生产意识、竞争意识、文明意识、道德意识以及企业理想、目标、思想都具有稳定性。但同时，具体形势又不允许企业以一个固定的标准为目标，竞争激化、时空变迁、技术飞跃、观念更新、企业重组，都要求企业做出与之相适应的反应，这就反映出企业精神的动态性。稳定性和动态性的统一，使企业精神不断趋于完善。

（4）企业精神具有独创性和创新性。每个企业的企业精神都应有自己的特色和创造精神，这样才能使企业的经营管理和生产活动具有针对性，让企业精神充分发挥它的统帅作用。企业财富的源泉蕴藏在企业员工的创新精神中。企业家的创新体现在他的战略决策上，中层管理人员的创新体现在他怎样调动下属的劳动热情上，工人的创新体现在他对操作的改进、自我管理的自觉性上。任何企业的成功，无不是其创新精神的结果。

（5）企业精神要求务实和求精精神。企业精神的确立，旨在为企业员工指出方向和目标。所谓务实，就是应当从实际出发，遵循客观规律，注意实际意义，切忌凭空设想和照搬照抄。求精精神就是要求企业经营上高标准、严要求，不断致力于企业产品质量、服务质量的提高。

（6）企业精神具有鲜明的时代性。企业精神是时代精神的体现，是企业个性和时代精神相结合的具体化。优秀的企业精神应当能够让人从中把握时代的脉搏，感受到时代赋予企业的勃勃生机。在发展市场经济的今天，企业精神应当渗透着现代企业经营管理理念、确立消费者第一的观念、灵活经营的观念、市场竞争的观念、经济效益的观念等。充分体现时代精神应成为每个企业培育自身企业精神的重要内容。表 4 –2 汇总了中外知名企业的企业精神。

表 4 –2　　中外知名企业精神汇总

企业名称	企业精神
海尔	敬业报国，追求卓越
同仁堂	同修仁德，济世养生
TCL	敬业，诚信，团队，创新
万达	勤学敬业，志在必得
恒大	艰苦创业，无私奉献，努力拼搏，开拓进取
IBM	IBM 就是服务
肯德基	服务至上，追求卓越
日产	品不良在于心不正
索尼	永远争第一，永远不模仿他人，产品与产品的差异，在于细节

4. 企业精神的类别与内容

人活着，需要一种精神的支撑，企业生存与发展，同样需要一种精神的维持。这种精神的维持在企业内部形成了促进企业发展的合力与驱动，从企业外部形成了社会对企业的认同与评判，成为企业生存的基础。从企业内部成长分析，企业精神代表着全体员工的精神风貌，是企业凝聚力的基础，也是引导员工前进的指南，驱动并激励员工的进步；从企业外部的发展分析，企业精神可以引发社会的关注，提升企业形象，对社会产生感召力，同时也是社会对企业评判的重要依据。

由于企业精神的形成受到社会制度、国情、文化背景、价值理念的影响，其外在表现也呈现出一定的差异性，但也存在部分的共性特征。依据这些共性特征，企业精神大致分为以下 5 种类别：

（1）抽象目标型。这一类型的企业精神往往是依据企业的宗旨和目标，结合企业的实际发展与员工的奋斗理性，通过一定的提炼与融汇，以企业口号和比喻的形式加以反映，其目的是简明扼要地诠释企业的追求和战略目标，并通过激发员工的积极性创造出企业的社会价值，以期获得社会的认同。如日本电信电话公司的“着眼于未来的人类企业”；阿里巴巴的“持续发展102年，成为世界十大网站”；万向集团的“奋斗十年填个零”等都属于这一类别。这种目标式的口号，为企业指明了战略方向，激励着企业持续前进。

（2）团结创新型。虽然东西方文化中存在者个体意识与集体意识的差异，但是一个优秀的企业中，团结奋斗始终是一个不变的发展。同时，在时代不断变迁的当代，不与时俱进必将会被社会淘汰的理念也被企业所认同。所以，越来越多的企业开始关注企业中的人文情怀和创新意识，并形成了以团结奋斗的传统思想与拼搏创新的群体意识为内涵的企业精神。如日本松下公司的“经营即是创造”；美国德尔塔航空公司的“亲如一家人”；美国波音公司的“我们每一个人都代表公司”等。这种强调团结倡导创新的企业精神，增强了企业的凝聚力，体现了企业奋发向上的意识。

（3）保质量、重研发型。产品质量是企业的生存之本，研发是企业生存的持续动力。当代企业已经从传统的“成本第一”开始向“质量第一”“研发为本”的理念改变。企业要持久发展，必然要打造自身的拳头产品，而这些名牌产品的维续则是以优良质量为先导，辅以不断地创新型研发为保障。这种现象的形成，促成了企业的强化产品质量或重视技术开发的意识，并成为企业的精神表现。如日本三菱公司的“顾客第一，放眼世界、努力改进经营管理、发明新技术”；日本佳能公司的“忘记技术开发，就不配称为佳能”；海尔的“创造世界的海尔”等。这种将企业生存和发展作为目标的企业精神，将企业自身与对社会的责任相联系，成为企业发展的方向。

（4）市场经营型。“全球化”“市场化”是当代企业经营理念中最为明显的两大特征。“全球化”打破了区域间的闭塞，为企业创造出更为广阔的市场，而市场则成为联系企业与消费者最为关键的纽带。如何在全球范围内开拓市场、经营市场成为企业经营的核心内容。伴随着这种认识的加深，重视市场开发与经营的理念业成为企业精神的重要内容。如美国的百事可乐“胜利是最重要的”；日本卡西欧公司的“开发就是经营”；中国鄂尔多斯集团的“鄂尔多斯羊绒衫温暖世界”等。这类以世界为视角、以市场为目的的理念，不仅仅是区域方向的扩展，更重要的是为企业确立了战略方向。

（5）服务导向型。如果说产品是企业的生命，那么服务就是企业的血液。没有服务的维护，产品也终将不会具有生命的价值。随着

“知识化”“信息化”时代的来临，企业不再是单纯的商品生产者，也是产品使用、维护的提供者。销售商品仅仅是企业与顾客建立关系的开端，而后续的服务则成为这种关系的进一步拓展，其空间远远高于前者。因此，突出为顾客、为社会服务的意识也成为企业精神中的主导思想。如IBM公司的“IBM就是服务”；肯德基的“服务至上，追求卓越”；开拓农机公司“世界各地二十四小时服务”等。这类企业精神是在强调质量、重视经营的前提下，将企业与顾客、社会之间的联系进一步拓展，也是企业适应时代发展的现实需求。

4.2.2 企业精神的内容

纵观当今管理实践，以企业文化为代表的“软性管理”已经逐步替代了“硬性管理”。越来越多的企业已经认识到，制约企业发展的不再是制度和方法，而是精神层面的因素。因此，世界各国的优秀企业都非常重视企业精神在企业中的作用。

由于民族特性、体制不同、文化差异等诸多因素，不同区域的企业精神也表现得不尽相同。例如，强调个体意识的西方企业，将工作和生活截然分开，主张能力主义和个性的发挥；而重视团队精神的东方企业，通常会将工作与生活混为一体，在工作中提倡集体意识和协作意识。但是随着经济全球化和文化全球化的日益发展，优秀的企业在企业精神培育过程中，企业精神的内容也趋于相同。从其内容上分析，企业精神的内容主要由个性和共性特征中体现、对传统和时代的继承与发展、对未来的理想与希望三个层次构成。

1. 企业精神是企业个性和共性特征的表现

企业精神的个体特征是指每一个企业都有自己独特的企业精神，由于企业哲学、价值观念、行为准则、道德规范的不同，企业精神也必然各有特点。企业的个性特征和企业的领导者价值取向、行业特色、企业特点以及员工的构成有着密切联系。例如，新兴的信息技术型企业，其企业精神通常强调创新精神、开拓精神；而传统制造行业的企业精神则重视高效、艰苦奋斗等精神内容。

企业精神的共性特征是指企业精神对企业全体职工信念和追求的高度概括，同时又将这种共同信念和追求根植于每个职工的心中，从而产生共同的思想和行为。共性特征和企业所处的体制、文化以及行业有着直接关联。例如以西方文化为基础的企业强调竞争精神；而以东方文化为核心的企业则倡导合作意识。个性和共性特征是企业精神最本质的特征，是对企业精神认识的起点。

2. 企业精神是企业优良传统、时代精神和个性融合的具体反映

企业文化的形成不是一朝一夕的，而是一种文化与习俗的积淀。在企业文化形成的过程中，被企业及员工所认同并继承的习俗会对企业的共同信念、作风和行为准则带来深远影响。例如，大庆油田的“铁人精神”就是大庆员工不畏艰辛、艰苦奋斗的信念和作风的体现。

企业在尊重习俗的同时还会结合时代的发展需求形成符合时代特点的新的精神，作为奋斗目标和经营理念。例如，中国老字号企业同仁堂，其当代企业精神为“同修仁德，济世养生”。它不仅继承了中医的敬业、爱人、仁术、医德的传统思想，更是迎合了时代提出服务社会、服务民众、报国为民、弘扬传统的时代精神。优良的传统是对企业历史的继承，而时代精神则是对现实的反映，这是对企业精神的发展。

3. 企业精神是对企业未来抱有的理想和希望

企业精神是企业家和全体员工共同达成的一种共识，一旦形成，就会形成长久的稳定性，会成为几代人共同遵守和奉行的信念。企业精神不单纯是对传统的积淀，还是对未来的展望，成为企业未来发展的精神支撑。所以，企业精神中除了对传统的继承和现实的反映之外，还是对企业未来的规划和企业终极目标的表现。例如，海尔的企业精神“敬业报国，追求卓越”就是将企业与国家命脉紧密结合，将创造一个个不平凡作为企业最高目标；日本索尼公司的企业精神是“永远争第一，永远不模仿他人”，是将企业对创意精神的承诺，也是企业长久领先的信心表白。企业精神中的理想与抱负，是企业对未来发展的信心与展望，这是企业精神中的未来。

4.2.3 企业精神的塑造

企业精神并不是由企业的物质条件所决定的，它是企业员工集体意识和精华，是企业价值观的精髓。企业精神不是自发产生，也不是由外界强加所产生，是由一个分散到系统、从现象到本质的不断概括、升华、提炼和培育的过程。

企业精神塑造

企业精神的培育，需要一个长期而持续的过程，其目的主要包含三个方面：第一，找出适合本企业发展的精神；第二，把这种精神引起全体员工的共鸣，使之成为成全体员工共享的精神财富；第三，将这种精神服务于企业的生产经营实践，并在实践中丰富和发展这种精神。

1. 企业精神塑造的原则与方法

一个企业的企业精神通常不是单一价值的表现，而是融合了多种因素的综合性反映。具体而言，企业精神一方面会继承和发扬本民族文化中的优良传统和其他民族、国别的优秀精神；另一方面，企业精神会结合企业发展历程中所倡导的价值体系，以及通过先进人物、事迹所萌发的优秀精神而逐步积淀形成。并且在多种因素融合的过程中与企业的现状需求、未来发展，以形式各异的方法所展现。大致可以概括为6种方法：

（1）领导垂范法。即在实践中领导必须起到垂范作用，以身作则，依照企业精神身先士卒，以自身的行为去引导员工。

（2）榜样示范法。通过企业中的先进人物、先进事迹的宣传体现企业精神，从而鼓励、鞭策员工，起到感召作用。

（3）舆论宣传法。通过利用各种传媒工具，培育、塑造企业形象，宣传企业精神和价值观，使企业精神深入人心。

（4）教育培训法。通过举办研讨会、新员工培训等一系列的方法，强化企业精神，巩固员工对企业精神的理解和认同。

（5）鼓动参与法。通过自我管理替代等级链管理，放手让员工参与企业文化建设过程中，鼓励员工提出建议、解决问题，增强员工主人翁责任感。

（6）形象教育法。通过创建统一的仪容仪表、行为举止，形成组织所期望的企业形象，并结合厂容厂貌、标语口号、产品及服务体现企业精神。

企业在培育企业精神时，不应该局限于某一种特定的方法，而是要结合企业自身特征、员工特点、文化传承、习惯风俗等多种因素，加以分析、评价，多种方法并存使用。

2. 企业精神培育的方式及表达

企业精神的物化及其发展是个长期而艰巨的工作，在方法得当的同时，还应该通过形式多样的实践活动加以完成并巩固。企业的活动不仅仅局限于生产、经营、销售、培训，还需要丰富员工的文娱活动、业余生活，使员工更好地融入企业，并主动参与、感受、体验企业所营造的文化氛围，加强对企业精神的认同和理解。具体而言，可以通过以下方式展开：

（1）制定规范体现精神。为了更好体现企业精神，企业应该制定反映其价值观的规章制度，对员工在思想和行为上进行约束。在具体操作中，应注重法规、条例、准则、纪律等硬性规范与理想、道德等柔性规范相结合。

（2）举办主题活动展现精神。在企业中开展形式多样、丰富多彩、寓意深刻的主题活动，通过活动展现企业精神，在潜移默化中熏陶和培育员工对企业精神的认同感。

（3）利用形象构建塑造精神。可以通过具体而有形的事物来物化企业精神，例如厂旗厂徽、标语口号、广告标识，乃至信封便签都可以物化企业形象，展现精神内涵。

（4）通过典礼仪式强化精神。通过举行庄重的典礼仪式，可以增强员工的荣誉感和自豪感，促进员工对企业精神的理解，弘扬企业精神。例如，沃尔玛公司每天的员工宣读活动就是培育沃尔玛精神的最有效途径之一。

企业精神是一种文化的内涵表现，它需要通过一定的物化才能将其精神表达并传递。因此，企业精神的方法与途径是对企业精神的培育，但是如何将这种精神有效表达，被企业员工、社会所接受也是企业必须考虑的问题之一。无论是多么优秀的企业文化，如果表达不好，也不会轻易被员工和社会所接受，导致企业精神呈现出生长缓慢的现象。

所以，企业精神在塑造过程中，应该重视企业精神的表达。通过对成功的企业文化研究，可以发现，好的企业精神在表达环节往往具有一些共同的特色：

首先，“简练明确、易记好懂”。企业精神是被全体员工所认同、接受并冠以执行的意识。因此在表达中，必须让每一个员工都牢牢记住，并深刻理解。精练的文字是为了更好地记忆，用语明确是为了更好地理解。

其次，“针对问题、符合实际”。企业精神的表达，只有针对到具体问题，才能容易使员工的意志进入了一个激发状态，形成解决问题的高昂士气。同时也只有符合实际情况，才能够让员工感同身受，提升员工的主动性和积极性。

最后，“个性鲜明，形象生动”。通过个性鲜明的表达方式和内涵，可以使员工看到本企业与其他企业的对比，容易形成“唯我独有”的自豪感。形象生动，可以加深员工对企业精神的认知和印象，激发员工内心的共鸣，产生一种“必定成功”的意识状态与思想境界，进而产生积极的行动，从而把崇高的精神转化为物质力量。

3. 企业精神培育的步骤

企业精神的培育不是一朝一夕的事情，需要长期持续的过程，这个漫长的过程也是一个循序渐进的阶段，一般概括可以分为 3 个阶段：

（1）企业精神确立阶段。这一阶段的任务，是对企业精神的确定。首先，是进行企业文化、企业精神的宣传与普及，营造企业文化的氛围，提高员工对企业文化、企业精神的理解和认识；其次，广泛发动群众，酝酿提炼企业精神，征集企业精神提案，力争把征集过程变成一个宣传教育过程；最后，确认企业精神，可以通过组建专家和企业领导在内的评审委员会，从群众的企业精神提案中精选、提炼、总结提案，然后提交员工投票评选，以员工投票的情况作为依据；并加以润色来确定企业精神。

（2）企业精神的倡导阶段。这一阶段的任务是广泛通过各种渠道、多种媒体，利用多种方式进行企业精神的宣传，使全体员工从思想上认知、了解并接受，并在具体的实践过程中，去体验、展现出企业精神的核心。

（3）企业精神的深化巩固阶段。这一阶段的主要任务是将员工从“要我做”变成“我要做”。将企业精神人格化，把简练抽象的企业精神具体化、形象化，并转化为员工的个体意识，使员工成为具有企业精神的“企业人”，企业精神变成了员工完全自觉、自愿的行为，成为一种企业的“本能”。

企业文化管理方式的最终目标，就是试图寻找一种先进的、具有代表性的共同理想和精神，将企业员工团结在统一的思想体系下，最大限度地发挥员工的主观能动性。企业精神的培育是实现企业文化管理方式的重要途径，也是企业文化内核打造的关键因素。

4.3 企业家精神

企业家精神

企业家、企业精神与企业文化是三个紧密相关的概念。如果说企业家是指具体的领导者，那么企业家精神通常是指企业家的共性所在。企业文化，可以说是一种扩大的企业家精神，即一种在企业运营中得到全体员工广泛认同，并能够指导企业家获得成功的精神力量。

1. 企业家的概念

企业家虽然是一个常用的词，但是因为理解差异，对它的含义也有不同的解释。企业家一词最早源于法语，有冒险家的含义。1755年，经济学家理查德·坎特龙将企业家定义为“承担不确定风险，从事经济活动的人”。当代著名管理学家彼得·德鲁克认为：“企业家即为谋取利润，并为此承担风险的人，他们是能开拓新市场、引导新需求、创造新顾客的人，是一批别出心裁、独具匠心、与众不同的人。”除此之外，西方学者对企业家的含义，从不同角度进行了论述。较有代表性的主要包含，从企业经营角度分析，认为企业家是引进新组合方式的创新者和承担风险的人；从企业精神角度来看，企业家与一般领导的区别是企业家精神，因为企业家具有特定的文化要素；从素质方面分析，企业家具有现代商人的本质，注重盈利，善于把握多变的市场方向，具有敏锐的洞察力、果敢的决策力和战略眼光。

企业家通常是企业的主要领导者，但是，并不是企业中的所有领导都是企业家。企业的一般领导者是通过上级主管部门任命，行使特定职能，而企业家是在管理实践中自我造就，且得到社会、行业、企业的认同。除了职权之外，企业家的个人魅力和专长权在实践中产生重要的影响。与一般领导者相比较，企业家的思维习惯、行为方式、领导风格都具有自己基本的特征。主要表现在以下 7 个方面：

（1）具有经济学家的头脑。与一般员工所不同，企业家主要在于用脑，而不是动手。企业家是在“经济”和“效益”的思想指导下，对企业展开管理，即以最小的投入以求获得最大的收益。

（2）拥有战略家的眼光。企业家应该是一位高瞻远瞩、深谋远虑的战略家，而不是一位急功近利、目光短浅的投资家。他可以从烦琐的日常工作中超脱出来，对企业的未来发展进行战略构思，指引企业前行。

（3）具有哲学家的思维。企业家面对复杂多变的生存环境，他具有总结、概括、归纳、判断的思维能力。通过哲学家的思维模式对身边事物展开哲理性的推理，以创新观念展开积极应变。

（4）抱有冒险家的精神。企业家应具有不拘泥于过去与现在，敢于尝试创新的冒险精神，总结经验，寻求发展，努力学习先进的科学技术和管理方法，为企业的未来发展开辟新路。

（5）具有领导艺术才能。在新的时代下，企业家不单纯面临着经营环境，而是要面对包含企业与社会、企业与行业、企业与政府、企业与员工等诸多因素。面对错综复杂的现实，要求企业家要谙熟各种领导方式、原则和规律，具有非规范化的经验和创造性的领导艺术。

（6）具有出色的管理技能。评判一位企业家，经营业绩和管理水平是最直接的依据。企业家应该做到善于组织、知人善用、善于沟通、勤于思索，能够在经营活动中解决企业各种问题，帮助企业以最切合的经营方式实现组织的目标与愿景。

（7）别具特色的领导风格。领导的风格很大程度上受到了性格的影响，在管理实践中有相似的领导但不存在相同的领导。成功的领导者不在于运用了什么样的风格，而是在于风格与企业是否适应。所以，成功的领导应具有审时度势的权变思维，在工作中形成独具特色的领导风格。

2. 企业家精神

精神首先是一种精神品质，“精神首先是一种思想形式，是一种驱动智慧运思的意识形态”，但“精神不完全是仅仅表明个人意识状况或过程的心理的、主观的概念，精神相对于意识，它似乎应该是对意识的一种价值抽象”。企业家精神也是表明企业家这个特殊群体所具有的共同特征，是他们所具有的独特的个人素质、价值取向以及思维模式的抽象表达，是对企业家理性和非理性逻辑结构的一种超越、升华。企业家群体独有的、显著的精神特征，就和其他群体的精神特征区别开来，人们日常也把它看作是成功的企业家个人内在的经营意识、理念、胆魄和魅力，并以此标尺可以识别、挑选和任用企业家。

企业家是企业的塑造者，也是企业精神的传播者和发扬者。企业家以自己的哲学理念、价值观、理想素质、作风等融合而成的个性，精心塑造成了独具特色的企业精神。企业家精神，是企业精神的人格化，是企业家在长期的生产经营活动中所形成的思想、价值观、作风，文化修养等个人素质的结晶，包括企业家自身所具有并形成极具感召力的素质和品格、良好的精神状态、具有个人魅力的领导艺术和工作作风。

企业文化的建设是一个长期的过程，它是随着企业的发展缓慢形成。在这一过程中它凝聚了企业领导者的个性文化和企业组织的共性文化，形成了集体式的统一价值观。而企业精神是领导者在对共性组织文化和领导个性的继承和创新的基础之上，通过沉淀、提炼所形成的主流价值观、管理风格、行为规范、价值取向。这种融合了个性和共性的企业家精神，在管理实践当中，逐渐被广大员工所认同、遵守、完善，成为企业文化的重要组成部分。因此企业家精神和企业文化存在着内在的统一性，在一定意义上，企业文化是企业家管理思想的体现。而企业家作为企业文化的缔造者，其具有的企业家精神，直接决定了企业文化的成型与培育。

虽然因为企业家的更换或新领导团队的加入，原有的企业精神会受到一定的淡化和影响，但是无论任何时候，企业家精神还是企业文化的核心要素，只不过影响的深度和程度不同而已。

企业家精神是不是企业文化，在学术界还存在着很大的争议，但有一点毋庸置疑，就是所有的企业家都努力想将自己的个人文化转变为企业文化，而所有的企业文化也必然凝聚了企业家的精神精髓。企业文化里有企业家精神，企业家精神又烙上了企业文化的印记，它们两者之间是你中有我、我中有你。

企业家精神的内涵。企业家精神既是企业家个人素质、信仰和行为的反映，又是企业家对本企业生存、发展及未来命运所抱有的理想和信念。从内涵上分析，企业家精神是一种内在的精神气质，一种思想形式与驱动智慧运用的意识形态，反映企业家这一特殊群体所具有的心理状态与内在活力。同时企业家精神还具有强烈的动力外化性质，例如创新精神、冒险精神、合作精神等均为企业家精神的核心气质和显著标志，并会转化为企业经营管理活动中的智力支持和精神动力。

①创新是企业家精神的灵魂。彼得·德鲁克在《创新与企业家精神》一书中指出，创新是企业家特有的工具。这一观点凸显了企业家精神的实质和特征。创新是企业得以成长、发展、持续的动力，是保持企业竞争力的根本所在，没有创新的企业迟早会衰落。创新是企业家活动的典型特征，主要包含了三个层次：第一层次是产品创新和服务创新，因为，没有产品创新和服务创新，企业的根基不会牢固，发展空间会受到限制；第二层次是管理创新和技术创新，失去了管理和技术的支撑，产品和服务也就失去了保障和活力，就不会有新的突破；第三层次是经营理念和企业文化的创新，它不仅是前两个层次创新的源泉，也是企业创新和发展的关键推动力。

②冒险是企业家精神的本质。坎迪隆和奈特两位经济学家，将企业家精神与风险或不确定性联系在一起。没有敢于冒险和承担风险的魄力，就不可能成为企业家。企业创新风险是二进制的，要么成功，要么失败，只能对冲，不能交易，企业家没有第三条道路。在当代社会中，科学技术进步、社会生产力提高、市场竞争加剧是企业经营环境的真实写照。企业经营管理时刻都面临各种风险，例如投资风险、市场风险、技术风险、人事风险等，企业家只有依靠冒险精神，才敢于面对各种风险，承担风险，善于在风险中寻找机会，抓住机遇，开拓前进。在管理实践中，只有第一个敢于吃螃蟹的人才有可能获得成功。例如肯德基在中国市场的成功、海尔可以突破发展瓶颈走向国际就是很好的例子。

③合作是企业家精神的精华。艾伯特·赫希曼认为：企业家在重大决策中实行集体行为而非个人行为。尽管伟大的企业家表面上常常是一个人的表演，但真正的企业家其实是擅长合作的，而且这种合作

精神需要扩展到企业的每个员工。企业家既不可能也没有必要成为一个超人，但企业家应努力成为蜘蛛人，要有非常强的“结网”能力和意识。西门子是一个例证，这家公司秉承员工为“企业内部的企业家”的理念，开发员工的潜质。在这个过程中，经理人充当教练角色，让员工进行合作，并为其合理的目标定位实施引导，同时给予足够的施展空间，并及时予以鼓励。西门子公司因此获得令人羡慕的产品创新记录和成长记录。

④学习是企业家精神的关键。彼得·圣吉在其名著《第五项修炼》说：“真正的学习，涉及人之所以为人这一意义的核心。”学习与智商相辅相成，以系统思考的角度来看，从企业家到整个企业必须是持续学习、全员学习、团队学习和终生学习。日本企业的学习精神尤为可贵，他们向爱戴明学习质量和品牌管理、向朱兰学习组织生产、向德鲁克学习市场营销及管理。同样，美国企业的成功也在虚心学习。在企业文化研究实践中，美国企业认识到“文化”的软性价值是日本企业成功的关键，在其后续发展中更多地将“精神”与“价值”视为企业的核心，最终在学习与融汇中不断进步与发展。

⑤执着是企业家精神的本色。企业家需要决断力、信心、说服力以及坚定不移的品质。既然企业家行为是冒险性地充满了不确定性，它的最终结果必然是无法准确估算的，所以时时需要主观判断。企业家一旦做出某种判断，就要坚信自己的判断，否则一旦遇到挫折就会打退堂鼓，最终一事无成，企业家仅有信心是不够的，还要有一定的说服力。苹果公司的乔布斯，在20世纪70年代就发现微机市场的前途无量，他坚信自己的判断，积极说服其他的合伙人，最终改变了世界。乔布斯用自己的坚持与努力，把世界推向了他们预想的方向，那并不是远见，而是实干，或者说，并不只是远见，而是远见加实干。

⑥诚信是企业家精神的基石。孟子曰：“诚者，天下之道也；思诚者，人之道也。”诚信之于企业如同诚信之于个人，一个不讲诚信的人，无法立足于社会；一个不讲诚信的企业，也无法获得生存。诚信是企业家的立身之本，企业家在修炼领导艺术的所有原则中，诚信是绝对不能摒弃的原则。通用电气公司前首席执行官杰克·韦尔奇曾经指出：任何一家想在当今激烈的市场竞争中取胜的企业，都必须认真对待诚信二字。没有诚信的商业社会将充满极大的道德风险，显著抬高交易成本，造成社会资源的巨大浪费。因此，作为企业家应当当仁不让，做出表率，恪守商业信誉和公认的道德规范，这是时代赋予

企业家的历史使命。

3. 企业文化与企业家精神的关系

企业家精神和企业文化都是非常复杂的概念，有人会直接把企业精神作为企业文化，或者把企业文化说成是老板文化。这些说法对企业精神和企业文化的关系评价虽然并不全面，但有一点毋庸置疑，就是所有的企业家都努力将他个人的精神变成企业的精神，想将个人的文化转为企业的文化，而所有的企业文化也必然凝聚了企业家精神的精髓。简单地说，不同的企业文化具有不同的企业家精神，不同的企业精神又打上了不同企业文化的印记，二者之间你中有我、我中有你，从某种意义上来讲，企业文化是企业精神不断向企业纵深拓展的结果。

（1）企业家精神是企业文化的表现。优秀的企业文化，首先必须是企业家所倡导的文化。企业的领导者不支持不提倡的文化，不可能在企业中建立起来。企业家必须首先认识到优秀企业文化的重要性，并在企业中提倡和建设，才有可能使优秀的企业文化在企业成为主导文化。企业间的竞争从形式上来看，是产品的竞争、劳务的竞争，但实际上是企业文化的竞争。而竞争的指挥者是企业家，所以成功的企业文化必然有成功的企业家精神。企业家的素质决定了企业发展，企业家素质的高低直接决定了企业家精神，这种精神又直接决定了企业文化的先进程度和管理水平的高度。因此，一个企业的文化建设要从企业领导者的思维抓起，领导者如果不懂得、不重视自己的精神建设，就不可能深层次地影响到企业员工的价值观和具体的行为，也不可能形成真正的企业文化。

（2）企业文化对企业家精神的影响。企业文化是企业家精神生存的土壤，企业家精神无论是作为一种精神品质，还是作为一种精神动力，必须转化为全体员工的精神动力和企业价值观才能够发挥作用，形成一定的影响力。任何一个企业家在全球化市场经济环境中与现代的经济经营企业实践中，必然会发现个人的力量是相对有限的，仅靠企业家个人的优秀能力，难以对抗企业在竞争环境中所处的种种不确定性。因此优秀的企业家精神只有沉淀成为优秀的企业文化，才能够得以延续并发挥作用，否则，也只局限于企业家的个人能力，不能给企业带来更多的价值。

企业家精神是随着企业文化的发展而不断得以提升的，如果企业家精神在企业文化形成之后总是停留在特定的水平阶段，则很难与不断扩大的企业规模以及企业发展的现实要求相适应。所以，当优秀的企业家精神进一步转变为优良的企业氛围之后，这种不断进取、齐心合力、共同学习的文化氛围，又会继续激励企业家精神的成长和发展。

企业文化的形成是一个漫长的过程，每一任领导者都会对企业文化的形成带来了深刻的影响。领导者在其潜移默化的管理过程中，会形成员工对企业家精神的认同，并且能够积极地遵守和履行，进而形成了一定的文化。企业文化的融合，关键之处就是在于领导者应当是在积极继承企业传统优秀文化的基础上进行再创新。同时，企业家的认知力和自身意识也决定了企业家精神，这种认知力与意识的提升需要一个渐进过程。在此期间，企业家精神的构建也是一个与企业文化的融合与适应的过程，这种融合也直接影响到企业文化的走向与发展。

本章练习题

一、简答题

1. 企业精神与企业家精神的联系与区别有哪些？
2. 企业价值观的特征有哪些？
3. 企业精神的特征有哪些？
4. 企业精神塑造的具体方法？
5. 企业家精神的表现在哪些方面？
6. 企业家精神的内涵表现有哪些？

二、论述题

1. 理论结合实际，谈谈企业如何塑造正确的企业价值观？

2. 论述企业价值观、企业精神与企业家精神三者的联系以及在企业文化建设中的意义与作用？

3. 请结合你所在的学校或者企业的价值观，分析对你的行为产生了哪些影响？

三、案例分析题

稻盛和夫“敬天爱人”的经营哲学①

稻盛和夫是日本商业界的传奇人物，被誉为日本的“经营之圣，人生导师”，与松下幸之助、盛田昭夫、本田宗一郎并称为日本的“经营四圣”。

---

① 蔡亚南参照稻盛和夫：《稻盛和夫阿米巴经营》，中国大百科出版社 2009 年版、《敬天爱人：从零开始的挑战》，机械工业出版社 2016 年版，并根据相关资料，自主汇总编制。

稻盛和夫1932年出生，毕业于鹿儿岛大学工学部，27岁时白手起家开始创业，40年间创建了京瓷和KDDI两家“世界500强的企业”。2010年2月，应日本政府再三恳请，以78岁高龄出任CEO拯救破产重建的日航，当年实现扭亏为盈，并创造了日航历史上最高的利润。1983年创办盛和塾，向企业家义务传授其经营哲学。

稻盛和夫的成功与其长期所倡导的企业经营哲学有着密切关联，其“稻盛哲学”在日本乃至世界都产生了深远影响。而“刀神哲学”的核心理念就是“敬天爱人”思想。

“敬天爱人”是京瓷公司的社训，也是稻盛和夫经营哲学的核心观念。天就是道理，合乎道理即为“敬天”，具体而言“敬天”就是对人力之外自然而然的道理要有敬畏之心，要按照事情的本原道理去做事；而人都是自己的同胞，以仁慈之心关爱众人就是“爱人”，“爱人”就意味着，以“利他之心”对待“他人”，这个他人包括自己的员工、客户、合作伙伴，也包括所有利益相关者和社会。

这是一套带有浓厚东方哲学色彩的商业哲学和企业经营理念，与英美管理理论大多是商学院教授们从书本和访谈中总结概括而来之不同，稻盛和夫的经营哲学是在他本人艰苦漫长的企业经营过程中一点一点积累形成的，是从实践中诞生、提炼出来的哲学，带有稻盛和夫自己鲜明而独特的人格印记。

稻盛和夫的经营理念一直不断回归到一个哲学“原点”上思考问题，这个原点就是“追求正确的为人之道”。每当遇到问题的时候他都会反复思考“作为人，何谓正确”这个命题，并依据这个原则来思考、行动。稻盛和夫认为，这是人生在世应有的基本思维方式。在他看来企业家的人生哲学与企业经营哲学实际上是密不可分的。所谓经营只能是经营者人格的投影。他认为：“只要具备做人的正确判断基准，就一定能在经营实践中发挥它的作用。”正是从这一点出发，稻盛和夫从两个方面探究出了自己企业发展及商业哲学的路径。

首要的一点便是“把作为人应该做的正确的事情以正确的方式贯彻始终”，以此作为面对企业经营中每天发生的各种事情和问题的判断基准。在稻盛和夫开始创立京瓷之际，如何避免自己判断决策错误为企业发展可能带来的风险，曾经使其苦恼不已。但顺着其哲学原点思考，稻盛和夫明白了：在经营活动中做出的判断必须要基于世间通行的道理，即“原理原则”。企业做出与我们日常伦理道德相违背的行为必定是行不通的。在解决实际问题时，稻盛和夫依据做人的原理原则，力求将经营体系和组织结构调整到最佳效果，使企业经营行为做到“合理”“正确”，这种合理正确，不仅在经济意义上意味着做到“销售最大化、费用最小化”，使企业成为高收益企业；而且在道义上做到，经营者通过自身的高尚品质，与顾客建立起“受尊敬”的绝对性关系，并通过对社会问题的解决，赢得社会的尊重。

在正确的为人之道基础上，企业应抱有的光明正大的经营态度“谋利有道”，并积极承担责任回报社会，做到“散财有道”，这便是“敬天”。其次一点，从“追求正确的为人之道”出发，稻盛和夫认为企业在经营行为中必须“爱人”。这并非是经过苦思冥想、逻辑推理得出的结论。而是稻盛和夫自己非常直观的亲身体会。

1952年，稻盛和夫投身创业。京瓷创立之时，人才、资金、物资等经营资源一无所有，唯有七个创业伙伴彼此间心灵的纽带维系着大家协力前行，从一开始京瓷就形成注重心心相印的人际关系的企业风气，既“为了全员的幸福，为世人、为社会，齐心协力，同甘共苦，加油！”为今后的成长壮大打下了底子。这种歃血为盟的方式，虽然带有半个世纪前的时代印记，但这奠定了稻盛和夫商业哲学的基础，使其坚定地认为企业经营中最重要的因素就是“人心”，就是以心为本的、与员工之间的伙伴关系。在创业中途发生的一次“员工讨薪辞职事件”，则进一步加深了稻盛和夫的这一信念。使他认识到，经营企业其实并不是要实现企业家自己的梦想，而是要维护员工及其家庭的生活。企业经营就是经营者倾注全部力量，为员工的幸福而殚精竭虑。公司必须树立远离经营者个人私心的大义名分。

在此基础上，稻盛和夫进一步认识到“企业家从获得的利润中缴纳税金，为社会做贡献，进而将剩余利润的一部分还原给社会，这才是高尚的行为。我相信，只要企业有一颗纯洁的心，根据自己的实力为社会做有意义的贡献，那么整个社会就会更加和谐和富裕”。

据此，稻盛和夫确立了京瓷的经营理念：“在追求全体员工物质与精神两方面幸福的同时，为人类和社会的进步与发展做出贡献。”正是这一理念在京瓷及KDDI的经营过程中得到充分的贯彻和体现，指导两家企业走向成功。

稻盛和夫的这一理念冲破了英美资本主义形态下公司经营者普遍奉行的“股东利益最大化原则”，使企业拥有了一个超越“利润”的存在目标和存在意义，并在企业经营实践中开拓了员工、客户、社会多方幸福共赢的新局面。

思考题：

1. 稻盛和夫的“敬天爱人”哲学的核心内容以及在经营中的表现是什么？

2. 结合案例分析京瓷的企业文化在经营实践中的地位与作用是什么？

3. 以稻盛和夫为例说明企业家精神与企业文化的关系。

第 5 章

企业文化体系的构建与实施保障

教学目的与要求：
掌握企业文化与企业领导、企业战略、员工行为、组织环境的关系
掌握企业文化体系的构建方法
了解企业文化实施的基本保障措施
教学重点：企业文化建设过程中的互动关系
教学难点：企业文化体系的构建方法

5.1 企业文化建设过程中的互动关系

明确企业领导、企业员工、企业战略和企业环境等诸因素和企业文化的互动关系，是进行企业文化建设的前提。

5.1.1 企业领导与企业文化

彼得斯和沃特曼在《寻求优势》一书中曾说："我们强烈地感受到优秀公司之所以优秀，是因为它们具有一系列独特的文化特质，这使得它们与其他公司大不相同……但通过调查，我们确实发现几乎每一个优秀公司都有一两个很强的领导人，他们似乎对于公司经营成功贡献颇多，起到头等重要的作用。"企业领导在企业文化建设中起着至关重要的作用，是影响企业文化建设的最关键因素。反过来，优秀

的企业领导者也需要优良企业文化的熏陶和培育。企业领导和企业文化是相互作用、相互影响，密切相关的。

企业领导与企业文化

1. 企业领导在企业文化建设中的作用

企业文化在一定程度上说就是企业领导文化，企业领导在企业文化建设中起着核心作用，扮演着多个角色。

（1）企业文化的缔造者。企业领导在企业文化建设中首先扮演着缔造者的角色，企业思想观念的来源、文化方案的形成，都离不开领导者个人的影响。企业的经营哲学、企业价值观等往往直接来自企业领导的思想和主张，企业精神也往往是企业领导精神的再现。美国企业文化专家斯坦雷·M. 戴维斯在《企业文化的评估与管理》一书中指出："不论是企业的缔造者本人最先提出主导信念，还是现任总经理被授权重新解释主导信念或者提出新的信念，企业领导者总是文化的活水源头。如果领导者是个有作为的人，他就会把充满生气的新观念注入企业文化之中，如果领导者是个平庸之辈，那么企业的主导信念很可能会逐步退化，变得毫无生气。"可见，在企业价值观形成过程中，企业领导是灵魂人物，扮演着至关重要的角色，其价值取向、信仰追求，对企业价值观的影响、对企业文化风格的形成都具有决定性的作用。另外企业文化要形成体系，离不开企业领导的总结归纳、提炼升华；企业文化方案的设计，也离不开企业领导的构思和规划。

（2）企业文化的示范者。企业文化方案要想在企业中贯彻实施，离不开企业领导的示范和表率作用。"正人先正己"，要想使企业员工表现出预期的行为，企业领导者应该带头以实际行动来践行企业文化准则。企业文化的建设过程，也是一个学习的过程，员工会有意或无意地效仿领导者的行为，领导者的一言一行都将对企业文化的形成起到示范和引导作用。领导者只有率先垂范，身体力行，用自己正确的言行、良好的工作作风为员工树立起思想和行为的榜样，才能使设计的企业文化方案在企业中真正落地生根、开花结果。正如彼得斯和沃特曼《追求卓越》一书中所说，企业领导是"以身教而不是言教来向职工们直接灌输价值观"的，他们"坚持不懈地把自己的见解身体力行化为行动，必须做到众所瞩目、尽人皆知才行"，必须"亲自实践他想要培植的那些价值观，堂而皇之地、持之以恒地献身于这些价值观"，这样，"价值观在职工中便可以扎根发芽了"。

（3）企业文化的倡导者。企业文化的建设离不开企业领导的倡导，领导者所做的最重要的事情之一，就是通过各种渠道传达企业的思想和价值理念，建立企业共识。

张瑞敏曾说过："我在海尔的角色，首先就是牧师。"纵观古今中外，成功的企业家大多有一个共同的特点，那就是像牧师一样善于布道。一个企业领导，只有学会去布道，才能让员工知道企业发展的目标和方向，明白该做什么、不该做什么，从而在企业内部凝聚共识，形成强大的文化力量。海尔如果没有张瑞敏这个布道者，海尔文化就无法广泛传播和落地，海尔集团也不可能在短短的二三十年间，由一个亏损 147 万元的小厂发展成为如今的年销售收入超过 2000 亿元的国际化大型企业集团。

通用电气的 CEO 的杰克·韦尔奇在位时，每年都要花很多时间去给中高层管理者包括一线人员讲授企业文化理念。在 GE 学院，他每年要讲 80 天课，唯一的一次没去讲，是因为得了肝病。除了在内部讲课，他还出版了被全球经理人奉为"CEO 的圣经"的《杰克·韦尔奇自传》，他还积极参与各种演讲，形成了一个立体的"布道"体系。

企业文化只有通过企业领导的积极倡导，其所提倡的思想、价值理念及行为规范等，才能逐渐为企业员工所接受和认同，从而营造出良好的企业文化氛围。

（4）企业文化的培育者。企业文化建设是一个系统工程，涉及的内容很多，比如企业价值观的提炼总结，企业文化方案的制定，企业文化的组织实施，各种文化和礼仪活动的设计，机构和制度的文化整合与改造，提高员工对企业文化的认同度，营造良好的文化氛围，促进文化的发展等。这一系列工作的完成，需要长时间的努力，这其中需要企业领导进行精心地培育。企业领导应该首先认识到，企业文化的建设不是一朝一夕就可以完成的，绝不可急躁冒进、揠苗助长。它需要领导者长期的言语倡导、身体力行，一点一滴地从改变员工的日常行为做起，从而逐渐凝聚共识，形成统一的文化规范和风格。企业领导还要为企业文化的形成培育合适的环境条件，充分关心员工、尊重员工，让员工在舒适的环境里身心舒畅的工作，才能有利于企业文化的传播与落地。企业领导作为培育者的角色，就好比园丁，只有勤劳耕作、精心培育，才能使企业文化之花在企业的沃土上盛开。

（5）企业文化革新的推动者。企业的内在环境是不断发生变化的，企业文化的建设也不是一劳永逸、永恒不变的。随着环境的变化，企业文化也需要不断地调整、变革和创新，以适应新的形势。由于企业领导在企业经营中的特殊地位，使他们容易发现企业现有文化存在的问题以及和环境的冲突。因此，企业领导往往就成为向旧文化挑战，推动新文化，促进企业文化变革的关键人物。企业领导在带领员工适应新的环境变化进行创新性经营的过程中，也会成为新的价值观念、思维方式和行为方式的实践者和创造者。企业领导作为企业文化革新的推动者，不断推动着企业文化的变革和进步，促进企业文化走上良性发展的轨道。

2. 企业文化对企业领导的反作用

企业领导塑造和培育了企业文化，反过来，企业文化也会影响和造就企业领导。

（1）企业文化培育企业领导品质。企业文化虽说在一定程度上是企业领导文化，但这并不是全部，企业文化在其形成过程当中，也会受到企业全体员工思想和行为的影响，和企业领导的个人文化有着本质的区别，它是企业整体意志和行为方式的体现。企业领导作为企业中的一员，他与企业员工一起接受企业文化的培育，受到企业整体价值观念的熏陶，从而更加坚定自己的信仰、理想和追求，形成优秀的思想品质。同时，企业领导在日常的企业管理中，认识到企业文化的重要性，自觉运用企业文化的管理方式、利用企业文化的功能去培育和凝聚企业的员工，在带领员工不断前行，促进企业不断发展的过程中，形成了自己的领导风格，提高了自身的素质和能力。在企业文化潜移默化的熏陶和培育下，企业领导渐渐具备了企业所需的优秀品质和独特的领导风格。

（2）企业文化塑造企业领导的形象。企业领导的形象，是指企业员工和社会公众对企业领导的一种总体的、概况的认识与评价，是领导人多重素质的综合体现。一个良好的企业领导形象，就是要能够代表一个企业的形象，反映企业文化的基本特征。任何一个企业领导都根植于他所经营的企业，他内在的品质、能力、作风以及外在的言语、行为等，都带有该企业的明显特征。他的经营哲学、价值观念都深深地烙上了所在企业的印记，他的个性特征、经营风格、形象特点等，也明显具有其所经营企业的特色。企业文化不仅塑造了的企业领导的内在品质，也塑造了他们的形象特征。

（3）企业文化影响企业领导行为的有效性。现代领导理论认为，领导行为的有效性是受领导者特征、被领导者的特征以及情境三个因素决定的。企业文化通过对三个因素产生影响，从而最终影响到领导行为的有效性。从上文的分析中可知，企业文化能够培育领导者的个人特质，这会影响到领导者对风险的认识、对员工的态度以及对领导方式和沟通激励方法等的选择。企业文化同样也会对被领导者产生影响，在企业统一的价值观念下，被领导者更容易理解领导者的思想方式和行事风格，从而在行为上能自觉听从领导者的工作要求，配合领导者有效完成其领导行为。另外，企业文化营造的企业文化氛围，也会为领导行为的有效性提供相应的情境因素。在一个团结友爱互助的企业文化氛围里，企业领导者和被领导者关系融洽、相互支持，企业领导的效能更容易得到发挥。反之，在一个互不信任、上下级关系恶劣的企业文化氛围里，就可能会大大降低领导行为的有效性。

5.1.2 企业员工与企业文化

企业员工是企业文化建设的基本力量，企业文化的形成就是企业员工在日常生产经营活动中不断创造与实践的结果。同时，企业文化也培育了企业员工，在企业文化建设过程中，如何将企业文化理念转化为员工的实际行为，对企业文化建设工作的顺利开展起着重要的支撑作用。

1. 企业员工是企业文化建设的基本力量

企业员工是企业发展的关键力量，是建设企业文化的主力军。在企业文化建设过程中，企业员工既是企业文化的创造者又是实践者。

（1）企业文化的创造者。不可否认企业领导作为企业文化的缔造者，企业的价值观念、企业精神等可能是企业领导的追求信仰以及精神的体现。但是，企业文化从根源上来说，还是要源于企业生产经营实践，源于员工在日常生产经营实践中产生的群体意识，否则，企业文化就犹如无本之木、无源之水，是无法在企业中长久存在下去的。

企业员工身处生产经营的第一线，他们不仅用自己勤劳的双手创造了物质财富，也用自己的智慧创造了丰富的精神财富。企业文化既体现着企业领导的智慧，更体现着全体员工的集体智慧。正是靠着企业员工集体聪明才智的创造，企业文化才能不断地丰富、创新和进步。

（2）企业文化的实践者。企业员工不仅是企业文化的创造者，也是企业文化的“载体”，是企业文化的承载者和实践者。企业文化的核心层是看不见、摸不着的以意识为形态的精神文化，如果企业的精神文化不能通过企业员工的行为实践体现出来，企业文化就无法得到落实。在企业文化由内在的精神层向外在的行为层以及物质层转化的过程中，企业员工是主要的承载者和实践者。企业领导所倡导的企业文化，只有经过全体员工在日常的生产经营活动中积极实践，才能形成一种优良的工作作风和传统习惯、一种积极向上的精神风貌、一种正确的行为方式和规范，真正把抽象的企业精神变成具体可见的物质部分，促成文化的落地生根。

2. 企业文化培育企业员工

企业员工创造并实践着企业文化，是企业文化建设的基本力量。反过来，企业文化作为企业员工成长和发展的主要环境，也培育了员工的精神素质和行为特征。企业文化与企业员工也是相互作用、相互影响的，它们在相互推动中共同得以提高。在企业文化管理中，如何利用优良的企业文化培育优秀的企业员工，要注意以下两点：

（1）树立“以人为本”的主旨。“人”是企业生产经营活动中最重要的因素。把“以人为本”作为企业文化管理的主旨，就是确立员工的文化主体地位，充分调动员工的积极性，提高员工的素质。这是进行企业文化建设，培育优秀企业员工的基本前提。

要坚持“以人为本”的企业文化主旨，首先企业要充分重视员工，尊重员工在文化创造和管理上的主体地位，形成管理者和员工之间相互信任、支持的上下级关系，创造人道化的工作环境和生活环境，让员工能在受到充分尊重、信任的前提下，自觉自愿地开展各项活动。其次要有效激励员工，通过建立和完善各种管理制度和激励机制，充分调动员工的主动性和积极性，把员工的聪明才智充分激发出来。再者还要不断提升员工的素质，通过帮助员工进行个人职业生涯设计、进行系统的培训等措施，促进员工的全面发展，成为符合企业文化要求的高素养的企业员工。

（2）把文化理念转化为员工行为。一般来说，在企业价值观和理念的熏陶下，企业员工会自觉地调整自己的行为方式，从而形成符合企业文化理念的行为规范。但是企业价值观作为一种意识形态，它对人们行为的规定往往是抽象的、原则性的甚至是模糊的，仅凭这些抽象的原则，由于人们理解上的偏差，依然无法采取有效的行动。因此，企业文化理念和员工的实际行为之间不能简单地画等号。即使员工接受、认同了企业价值观，但在行为上也可能无法完全体现企业价值观的要求。由文化理念向实际行为的过渡是一个复杂的过程。

要实现企业文化理念向员工的实际行为转化，首先需要意识到员工的行为不能靠自发地、自然而然地实现，企业需要对员工进行有意识、有计划、有组织地培养和训练。比如建立企业员工的日常行为规范、开展员工专题行为的研讨和培训、组织员工进行价值实践经验的交流会等，把企业价值观的具体要求真正落实到企业员工的日常行为上。其次，对企业员工符合企业价值观的行为要予以强化。强化理论认为：人的行为是对外部环境刺激所做的反应，通过有效的外部刺激能加强人的某种行为。因此，管理者可以采取各种强化方式，以使人们的行为符合企业的目标。根据强化理论，要使员工与价值观相符的行为持续下去，就要给员工一定的奖励或报酬，而要削弱或纠正员工的某种错误行为，就要对其冷处理或者进行一定的惩罚。不论采用正强化或负强化，企业都应该做到及时、迅速而准确。对于企业员工正确的行为，如果不能得到及时的正强化，也会退化、终止。而员工错误的行为如果不及时给予负强化的话，就会持续存在并可能蔓延，从而诱发企业员工不健康的价值取向，导致其行为的混乱和失范。再者要重视企业员工群体行为的塑造。企业员工的群体行为是企业整体价值观念和精神风貌的体现，企业文化建设需要对企业员工群体行为的进行塑造。为此企业应凝聚全体员工的向心力，激发起员工勇往直前的精神，促使员工以企业的价值观作为自己为人处世的基本准则，按照企业统一的行为规范指导自己的行为。

5.1.3 企业战略与企业文化

有效的战略和优秀的文化是企业成功的基础和保证。企业文化影响企业战略，企业战略在企业文化的约束和指导下进行，企业文化和企业战略只有相互适应，才能促进企业可持续发展。

1. 企业文化与企业战略的互动关系

（1）企业战略是企业文化的反映。企业战略是企业文化的反映，有什么样的企业文化便会产生什么样的企业战略。企业战略中的使命、宗旨以及愿景等反映着企业的追求、信仰和理念，是企业文化价值观念的具体体现。有效的企业战略往往是在优秀的企业文化指导下形成的，有着深刻的企业文化烙印。

（2）企业文化影响战略决策风格。战略决策是企业战略管理的重要组成部分。企业的思维方式、价值观念等对企业战略决策起着引领和定向的作用。企业的价值取向和文化氛围影响着企业的战略决策风格。在一个提倡创新变革的文化氛围里，人们往往具有冒险精神，倾向于选择高风险的方案来获得群体的认同；反之，在一个稳重谨慎的企业文化氛围里，人们往往是厌恶风险的，倾向于选择风险低的保守性的维持方案。

（3）企业文化影响战略实施效果。企业文化影响企业战略的制定，也影响企业战略的实施效果。优秀的企业文化和有效的企业战略应该是相互适应的，优秀的企业文化可以提升企业战略的执行力，是实现企业战略目标的有力支撑。反之，和企业战略不相适应的企业文化，其内在根深蒂固的理念，可能成为企业战略实施和变革的内部障碍。

2. 企业文化对战略管理的影响

（1）企业文化对企业战略制定的影响。企业战略的制定是与企业文化紧密相关的。首先，企业战略目标是企业使命的具体化，企业通过实现各个阶段的战略目标，最终达成企业追求的使命。企业使命是一个企业最基本的目的，体现了企业存在的社会意义及企业成员的共同追求和抱负，它决定了企业的目标方向、资源分配的优先顺序和重点工作的目的和意义。要确定战略目标，首先要确立组织的使命和宗旨，明白“为什么要设立企业”“企业存在的意义是什么?”等根本问题。而这些问题正是企业哲学、企业价值观所重点研究的核心问题。企业文化为战略目标的制定提供了基础性依据。其次，企业战略方案的选择受企业文化风格的影响。那些符合企业文化特点、能够凝聚全体员工的共识、获得大多数员工认可的方案往往成为最终选定的战略方案。

（2）企业文化对战略实施的影响。企业战略的实施与企业文化也有着密切的关系。战略目标和方案制定以后，需要落实到组织中的每一个人去实施。在实施的过程中，如何调动员工的积极性和规范员工的行为，是战略实施能否成功的关键所在。我们可以利用企业文化的凝聚、激励功能，把员工的力量凝聚在一起，激发出员工为实现企业的战略目标而努力奋斗的精神；可以利用企业文化的导向、约束等功能，统一员工的思想观念、引导和规范员工的行为，使他们向着企业确定的战略目标前进。

（3）企业文化对战略变革的影响。由于企业所面临的内外部环境总是在不断变化的，所以企业的战略也会随之加以调整和变革。当企业调整了战略，制定了新的战略时，企业就应该审视原有的企业文化是否还能适应新的战略。如果原有的文化与新的战略不再吻合，原有的企业文化就可能成为实施新战略的障碍，这时就需要做出相应的调整和变革。原有的企业文化与新战略之间的关系一般有 4 种情况：

①一致。新战略的实施带来的组织要素变化不大，并且和原有的企业文化仍然保持一致。在这种情况下，应该继续巩固和强化企业现有文化，以充分发挥企业文化的战略实施的保障作用。

②核心一致。新战略的实施，使企业的组织要素发生很大的变化，但这种变化与企业原有文化的核心要素仍然存在一致性。在这种情况下，企业还可以在保持原有文化基本不变的前提下实施新战略。即在遵循企业原有文化的价值观念和行为准则的前提下，引入新的管理制度和行为规范，以丰富和完善现有的文化。

③部分不一致。新战略的实施带来的组织要素变化不大，但这些

要素的变化却与企业原有的文化在某些部分不相一致。在这种情况下，企业应在不影响原有企业文化总体风格的前提下，对某些特殊的领域实行不同的文化管理，以适应新战略带来的变化。

④很不一致。新战略的实施，使企业的组织要素发生很大的变化，这些变化与原有的企业文化又很不一致。在这种情况下，企业原有的文化显然已经不能适应新的战略，需要进行必要的调整和变革。如果在企业原有的文化前提下强行推进新的战略，可能会遇到重重阻力，付出巨大的代价，而新战略能不能真正被员工接受、取得预期效果，还不好预料。因此，当企业原有文化和新战略不相一致、已经成为实施企业新战略的障碍时，企业就必须考虑进行企业文化的重建。这时，就需要从企业价值观念、企业精神等核心要素入手，重新对企业精神文化、制度文化、行为文化、物质文化等整体结构重新构建，以适应新的战略，保证新战略的成功实施。

5.1.4　组织环境与企业文化

上一部分从企业领导、员工、战略三个企业内部因素分析了它们与企业文化的互动关系，本部分主要来分析一下组织外部环境对企业文化的影响。

企业是一个开放的系统，它与其赖以生存的外部环境间存在着各种各样的联系。企业需要从外部环境中输入资金、原材料、技术、设备、信息等各种资源，通过企业内部的生产经营活动，转化为产品或服务，再输送给外部环境。企业文化就是在这个不断反复的循环过程中得以形成和发展的。

组织环境是影响企业文化形成的基础，组织环境的变化也是促成企业文化变革的重要因素。因此，要塑造良好的企业文化，必须认真分析影响企业文化形成和发展的环境因素。

企业文化的外部环境可以分为宏观环境和微观环境两部分构成。影响企业文化的宏观环境主要包括：经济环境、社会文化环境、技术环境、政治法律环境、自然资源和生态环境等；影响企业文化的微观环境因素主要包括客户、资源供应者、竞争对手、政府监管部门以及社会特殊利益组织等，下面将对这些因素对企业文化的影响做具体的分析。

1. 宏观环境对企业文化的影响

宏观环境也称一般环境，是指可能对组织活动产生影响，但其影响的相关性尚不清晰的外部因素。宏观环境因素对某一具体企业的影响虽然不是直接的，但这些因素仍有可能对企业及企业文化产生某种重大的影响。

（1）经济环境。经济环境是指组织所在国家或地区的总体经济状况，包括经济制度、经济结构、经济发展水平、国民消费水平等。这些因素通过资本、劳动力、价格水平、人均可支配收入、需求结构等对企业产生重要的影响，从而自然也影响了企业文化的形成与发展。

随着市场经济的发展和我国对外开放步伐的进一步加大，企业面临的外部环境也更加开放，随之带来的发展机遇增多，但面临的风险也增加，竞争会更加激烈。另外，随着社会生产力的迅速发展，经济发展水平的不断提高，人们的生活水平和生活方式也发生了重大变化。在这样的经济环境下，企业不仅要有高效灵活的管理系统，还要有开阔的经营视野、高超的经济智慧，推进企业文化的全面创新。面对新的经济形势，企业应建立起与之相适应的企业文化基因，如以市场为导向，敢于竞争和承担经营风险，强化质量服务和品牌意识，积极开拓创新，追求卓越，讲究信用，承担社会责任等。

（2）社会文化环境。影响企业文化的社会文化环境主要是指一个国家、地区和民族的宗教信仰、风俗习惯、伦理道德观念、价值观念等。社会文化制约着人们的思维方式和行为方式，对人们的工作、生活及社会交往都会产生深刻的影响。

企业文化总是在一定的社会文化背景下形成和发展的，其特质往往带有鲜明的社会文化的烙印。社会文化是企业文化生存的土壤，企业文化从社会文化中汲取营养，并随着社会文化的发展而发展。建设优良的企业文化，要研究本国家或地区的社会文化特点和风格，充分挖掘其文化资源，吸取其精华、去其糟粕，形成独特的企业文化风格。

（3）技术环境。技术环境通常有组织所在的国家或地区的技术水平、技术政策、科研潜力和技术发展动向等方面的因素组成。不同的技术环境下，企业在产品的设计、生产、销售的方式不同，对员工的素质和技能要求也不同，企业文化中有关产品的研发、生产和服务理念也会有所不同。

就宏观环境而言，进入21世纪以来，变化最迅速的因素就是技术，信息技术、互联网技术、人工智能、生物技术等层出不穷，造就了许多新的行业和新的市场机会，同时也给企业带来威胁。在科学技术迅猛发展的今天，任何企业欲求得生存，都必须在生产、销售、服务等方面保持技术的先进性。面对新技术革命的变化，不仅要求企业要树立强烈的创新意识、冒险意识和竞争意识，还要有敏锐的市场眼光和面向未来的文化理念。

（4）政治法律环境。政治法律环境主要是指一个国家的政治制度和有关的法律、法规、政策等。政治法律环境是企业文化的上层建筑环境，它影响和制约着企业文化的意识形态。

国家的政治制度对企业文化的影响主要表现在为企业提供的政治价值观和处理各方面关系的总的政治原则。一个企业的文化理念只有符合了所在国家的政治制度，才能使企业活动符合社会利益并受到国家的支持和保护。法律制度环境对企业文化的影响主要表现在：一是为企业文化提供处理各种利益关系的基本依据和准则；二是界定企业文化发展的法律边界，企业内的规章制度必须适应国家相关的法律、法规的要求，与其保持一致。

（5）自然资源和生态环境。自然资源和生态环境是指企业赖以生存的自然资源条件和生态系统。自然资源因素与企业的厂址选择、原材料供应、产品输出、设备和生产技术的运用等众多方面都有着紧密的关系。自然资源和生态环境不论是从法律上还是社会责任角度，都是进行文化建设时需要关注的问题。

当前，经济发展与自然资源和生态环境保护之间的矛盾十分突出。现代工业的发展，一方面耗费了大量资源，很多矿产资源已将近枯竭；另一方面对自然环境造成了巨大的破坏，空气、土壤、水被大量污染。资源短缺和环境污染问题已成为当代社会的严重问题。由于社会公众对自然环境日益关心，许多国家开始加强环境保护工作，加强对自然资源的管理。在这种背景下，企业应建立起环境保护意识和社会责任意识，主动采取节约资源、开发新能源、治理污染等措施，以期能在不破坏自然环境的基础上，实现自身和自然环境的和谐发展。为此，企业应改变以自我为中心、以眼前经济利益为中心的文化，树立起注重社会利益、关爱人类共同生存环境的观念，建设可持续发展的现代企业文化。

2. 微观环境对企业文化的影响

微观环境又称具体环境或任务环境，是指对组织目标的实现有直接影响的那些外部因素。对企业而言，其任务环境因素主要包括客户、资源供应者、竞争对手、政府监管部门和社会特殊利益代表组织等。

（1）客户。客户是企业为其提供产品和服务的个人或组织。客户是企业存在的基础，如果一个企业失去客户，也就失去了存在的意义。企业要想在市场上获得成功、赢得顾客，必须要满足顾客的需求。而客户的需求呈现多样化的特点并且是经常发生变化的，为此，企业应改变以企业为中心的传统经营文化，建立起以客户为中心的服务文化，树立真诚为客户服务的观念，认真分析客户需求及其变化，及时为客户提供满意的产品和服务。

（2）资源供应者。资源供应者是指向企业提供资源的个人或组织。这里的资源不仅包括人财物，而且包括信息、技术、服务等企业运营所必需的一切资源。企业的生产经营等活动必须保证一定的资源供应，而这些资源不可能完全依靠企业自身的自给自足，它需要来自外部资源供应者的供给。对于企业来说，外部资源供应者往往是不可控因素，一旦企业主要的资源供应者发生问题，就可能会导致整个企业运转的减缓甚至终止。为此，企业应该慎重选择供应者，建立起相互信任的文化，维持双方良好的关系。另外，为保证资源能够保质保量的及时供应，企业应有忧患意识，努力寻求多方供应商，避免出现因为过分依赖于一两个资源供应者，而使企业陷入困境的局面。

（3）竞争对手。竞争对手是指与企业争夺资源、客户的个人或组织。竞争是市场经济的必然现象，任何企业在市场中进行各种经营活动时，都不可避免地面临一个或多个竞争对手。竞争对手的存在，一方面可以促使企业不断地进行创新，采用新技术、推出新的产品、提高服务水平等；另一方面，竞争对手也给企业带来很多压力和挑战。企业若想在市场竞争中获得成功，必须要充分了解竞争对手的情况，有针对性地做出反应和应对策略。这样才能做到知彼知己，百战不殆。

企业之间的竞争除了具体策略的竞争，更重要的是深层文化的竞争。为此，企业还需要了解竞争对手的经营理念、对待风险以及顾客的态度等文化因素，继而建立起有别于竞争对手的独特文化，塑造起良好的企业形象，以赢得更多顾客的好感，取得市场竞争的胜利。

（4）政府监管部门和社会特殊利益代表组织。政府监管部门主要是指国务院、各部委及地方政府的相应监管机构，如工商行政管理局、税务局、物价局等。政府监管部门拥有特殊的行政权力，可以制定相关的政策法规，规范企业的行为，甚至对企业进行直接的管理和监督。社会特殊利益代表组织是指代表社会上某一部分人特殊利益的群众组织，如环境保护组织、消费者协会、工会等。他们虽然不具备政府监管部门的官方行政权力，但可以通过制造社会舆论或向政府部门反映情况等方法向企业施加压力。

面对政府监管部门的监管和社会特殊利益代表组织的压力，企业应树立基本的法律意识和社会责任意识，在自觉遵守政府部门制定的各项法律法规，依法经营的前提下，尽可能承担更多的社会责任，增加社会利益，促进企业与社会的和谐发展。

5.2 企业文化体系的构建

企业文化的形成是企业在长期的生产经营实践中不断积累的结果，其自企业的创立之日起便开始孕育，并伴随着企业的成长而日渐成型，企业文化的形成往往是悄无声息的。然而仅仅靠自发形成的企业文化往往存在各种各样的不良倾向，因此需要在企业发展的某一时期集中对企业文化进行建设或重塑。

企业文化体系构建就是根据企业发展需要，遵循企业文化的演变规律，在对现有企业文化进行分析评估的基础上，有计划、有组织、有步骤地规划、设计、实施企业文化的过程。

企业文化体系的构建是一项复杂的系统工程，它涉及因素多，建设周期长，需要组织协调多方面的力量，按照科学的原则、程序和方法，经过长期的不懈努力才能完成。

5.2.1 企业文化体系构建的基本原则

企业文化体系构建的基本原则

企业文化体系的构建要遵循以下 5 个基本原则：

1. 目的原则

企业文化体系的构建是围绕一定目的进行的。尽管不同的企业，企业文化现状不同，面临的内外部环境不一，但一般说来，企业文化建设的主要目的在于：

（1）增强企业核心竞争力。核心竞争力是指那些能够使企业在市场中保持和获得长期竞争优势的，企业拥有的有价值的、稀缺的、独特的资源和能力。识别企业核心竞争力的一个最基本的特征就是是否具有“别人不容易模仿的能力”。

企业文化是在长期的生产经营中产生的，企业全体成员所普遍认同并遵守的具有本组织特色的价值观念和行为规范，企业文化具有独特性、不易模仿性、不可替代性等特征，是企业核心竞争力的重要组成部分。

企业构建优秀而独特的企业文化，就要着眼于增强企业的核心竞争力，积累企业文化资本，促进企业健康发展。

（2）增强企业的凝聚力、向心力。优秀的企业文化就是一种黏合剂，在员工中间起到沟通维系及凝聚的作用。企业文化的构建过程，就是在企业中形成一种融洽和谐的企业文化氛围的过程，通过统一的企业价值观的确立，管理人员和普通员工传递了信息，加强了联系，沟通了感情，协调地融合于集体之中。

构建优秀的企业文化，促使个人的动机、行为同企业经营的目标相统一，增强员工的归属感，把各方面的成员团结起来，在良好的企业文化氛围中形成企业尊重信任员工，员工爱企业如家的风气，从而在思想上、感情上增强企业的凝聚力、向心力。

（3）加强对员工行为的规范和约束。对员工行为的规范和约束首先依靠的是企业制度，但制度总是落后于企业的发展，总有需要完善的地方，有时也会有失效的时候，那么一旦企业制度过时了或失效了，靠什么来规范和约束员工的行为呢？这就要靠企业文化来约束。

企业价值观、企业精神能发挥一种无声的引导作用，使员工们知道应该怎么想、怎么做，不应该怎么做。积极向上的企业文化能使员工在潜移默化中接受共同的价值观，把员工引导到企业确定的目标上去，并转化为他们的自觉行动。

构建优秀的企业文化，让企业文化发挥软约束的作用，使员工能自觉拒绝、摒弃那些不良行为，为员工培育一种天然的免疫力。

（4）促进企业经济效益的提升。美国知名管理行为和领导权威约翰·科特教授与其研究小组研究证明：凡是重视企业文化因素特征（消费者、股东、员工）的公司，其经营业绩远远胜于那些不重视企业文化建设的公司。

企业文化能促进企业绩效的提升，这是由企业的经济性质决定的。企业是独立的经济组织，企业文化现象的产生和发展是与企业经济活动相适应的。企业文化具有经济属性，是一种经济文化，它必须为企业的经济活动服务，要有利于企业的生存和发展，有利于提高企业的生产力和经济效益。

2. 共识原则

“共识”是指共同的价值判断。构建企业文化的过程中要重视企业员工对企业整体的价值观的认同，形成企业文化共识。创造共识也是企业文化建设的核心所在。企业文化构建中强调共识原则，主要有以下 3 点原因：

（1）共识是凝聚力的基础。企业的员工来自各个方面，有着不同的专业知识和不同的工作技能，从事许多不同种类的工作。每个员工都是独立的个体，都有独立的思想和价值判断标准，也有自己独特的行为方式。如果企业不能达成共识，任由员工按自己的意志和行为方式行事，企业就可能成为一盘散沙，不能形成整体合力。企业员工之间只有达成共识，心才能往一处想，力才能往一处使，才能使企业产生凝聚力。

（2）共识是形成企业价值观的基础。企业价值观是企业文化的核心，它决定和影响着企业存在的目的和意义，为企业的发展提供基本的方向和行动指南，是形成企业员工共同的行为准则的思想基础。企业价值观是企业文化构建的核心环节。

企业文化不是个别人的文化，而是企业全体员工的文化。企业价值观也不是个别人的价值观，而是企业整体价值观，是全体员工的追求、信仰和思想观念的集中体现。因此，在企业文化的构建过程中，需要从多样化的群体和个人价值观中提炼出一些基本信念，然后在企业全体员工中进一步强化这些信念，进而达成共识，并逐渐形成全体员工认同的整体价值观。优秀企业文化的形成本身就是全体员工达成共识的过程。

（3）共识是科学决策与管理的基础。企业是在一定的内外部环境条件下从事生产经营活动的，其经营绩效要受到内外多种复杂因素的影响和制约。面临复杂多变的内外环境，单靠一个人的知识、经验、智慧和能力，往往无法考虑到影响企业活动的全面因素，做出的分析判断也可能是片面的，因此，很难保证决策的正确性，也很难能在经营管理中找到的科学途径和方法。企业只有凝聚共识，强调全员参与，依靠全体员工的智慧和能力，集思广益，才能实现科学的决策和管理。

在企业文化构建的过程中贯彻共识原则，一方面，企业要利用各种正式或非正式的文化网络，把企业所倡导的价值标准以及与其相关的故事、趣闻、风俗习惯等传达给企业员工，通过员工的不断认识、认同和内化，逐渐形成企业共识；另一方面，企业要建立有利于共识生长的参与式管理文化，创造出更多让员工参与管理的机会和条件，充分尊重员工的群体意识，调动员工的积极性和主动性，激发员工把实现自我价值和实现企业价值自觉结合起来，从而促进企业共识的达成。

3. 一致性原则

企业文化构建中的一致性原则是指企业文化内部各组成部分之间，企业文化与企业战略之间，企业文化与企业形象之间要保持一致性。

（1）企业文化各组成部分之间的一致性。在前面第 2 章中我们已经提到，企业文化作为一个完整的体系，一般可分为 4 个层次，即：精神文化、制度文化、行为文化和物质文化。这 4 个层次中，精神文化是最核心的层次，它在企业文化整个系统中起着决定性的作用，有什么样的精神文化，就要有什么样的行为文化、制度文化和物质文化与其相适应。如果它们之间不一致，在企业文化实施过程中，就有可能产生矛盾和冲突。比如一个企业的核心精神文化是“以人为本，团结互助，实现员工与企业共同发展”。企业要求员工紧密团结、互帮互助，以促进员工发展和企业业绩的共同提升。可是企业的考核制度是奖励销售业绩优秀的个人，惩戒销售业绩差的个人。在行为文化的塑造中也只提倡个人行为，而非团队行为。在物质文化的设计上，也只考虑生产经营的需要，而没有考虑员工的需求。结果，由于企业精神文化与制度文化、行为文化、物质文化的不一致，造成了企业所提倡的企业文化根本无法推行。只有企业文化各组成部分保持一致，精神文化、制度文化、行为文化和物质文化都统一体现企业整体价值观，才有利于企业文化的贯彻执行。

（2）企业文化与企业战略的一致性。企业文化和企业战略是两个相互影响、相互作用，有着密切联系的有机体。企业文化和企业战略应该保持高度的一致性，和企业战略相一致的企业文化是企业战略有效实施的有力支撑；反之，和企业战略不相一致的企业文化，可能成为企业战略实施和变革的内部障碍。因此，企业文化的构建应围绕企业的战略要求进行，并随着战略的改变而加以调整。只有当企业文化与企业战略具有高度的一致性时，企业战略才能有效展开，企业才能持续健康发展。

（3）企业文化与企业形象的一致性。企业形象对外是指社会公众对企业外在表象和表现的印象和评价；对内则是指企业的识别系统，即一个企业区别于其他企业的标志和特征构成的系统，它主要由理念识别系统、行为识别系统和视觉识别系统构成。

企业文化和企业形象存在着密切的关系。一方面，企业文化是企业形象的基础。企业形象的理念识别和行为识别直接来源于企业文化的精神文化和行为文化，视觉识别的内核也是来自企业文化；另一方面，企业形象是企业文化的外在表现形式。企业识别系统的设计使企业文化中看不见、摸不着的理念部分具体化为可以操作的标准和规范。保持企业文化和企业形象的一致性，使企业文化融入、整合到企业形象战略中，这样，企业才能对内规范员工的行为，增强凝聚力，对外塑造良好的形象，提升市场竞争的优势。

4. 一体化原则

一体化原则，即在企业中建立和谐融洽的人际关系，使企业与员工、管理者与被管理者、员工与员工形成命运相关的共同体，进而让员工与企业在价值观念上自觉认同，最终实现企业精神文化的一体化。

（1）企业与员工的一体化。传统的管理观念认为，企业与员工是雇用与被雇用的关系，处于对立的两方面。由于双方的利益不一致，经常会出现各种矛盾冲突。而源于20世纪80年代日本软性管理方式的企业文化理论认为，企业与员工是命运的共同体，两者利益应该是一致的。因此在企业文化的构建中，要激发员工的所有权心理和主人翁精神，让员工自觉地把企业利益看成是自己的个人利益，对待企业像对待自己家庭一样，愿意为企业整体的利益而牺牲个人的利益，为了企业的繁荣进步，甘愿奉献自我。只有实现企业与员工的一体化，使员工中感情上和思想上与企业连接在一起，认为企业是员工自己的，才能焕发出高昂的士气和对企业的无比忠诚。

（2）管理者与被管理者的一体化。传统的管理模式下，企业实行金字塔似的从上到下的严格等级管理，人为地将管理人员和一线员工分成管理者与被管理者，造成两者的对立。按照一体化原则构建企业文化，就是要弱化原有的企业等级制度，赋予被管理者更大的权力和责任，打破管理者和被管理者之间的人为界限，尊重并平等地对待每一位员工，使对立的双方能融为一体，建立共同的目标和相互支持、相互信赖的关系，促进管理者和被管理者关系的一体化。

（3）员工之间的一体化。现代化的专业分工虽然提高了效率，但也造成了人和人之间的分割和关系的淡漠。企业是人的集合体，只有员工与员工之间相互理解、相互关心、团结友爱，保持和谐融洽的统一关系，才能唤起员工对企业的归属感和忠诚感，增强企业内部的凝聚力。在企业文化建设过程中，应该在物质、制度、精神3个层面，充分倾听员工的意见和建议，尊重员工的尊严和价值，鼓励员工进行各种正式或非正式的交流，增进员工联系，强化员工“爱企如家”精神，培养亲如兄弟姐妹般的融洽感情。在企业这个和谐的大家庭里，使员工与员工，管理者与被管理者，企业与员工之间，形成一体化的和谐融洽的关系，保持感情上的亲密性，从而促成企业目标和价值一体化。

5. 长期性原则

企业文化的建设是一个渐进过程，绝不能凭空想象一蹴而就，只有经过长时间的累积，持之以恒地采取相应的方法和措施，企业文化建设才能取得良好的效果。在企业文化构建过程中，很多企业急于求成，为了追求在短时间内取得企业文化建设的成效，往往会推出一些能够立竿见影的措施，而这些措施大多侧重于企业制度或员工行为规范方面，或者推出一些流于形式的企业文化活动。这一方面是对企业文化构建内容的误解，另一方面是对企业文化建设需要进行长期努力的认识不足。

企业文化的构建是一项战略性、长期性的工作，是一项庞大的、复杂的系统工程。它内容丰富，包含企业精神文化、制度文化、行为文化、物质文化的各个方面；它参与者众多，涉及上至企业最高层领导，下至企业基层的一线员工。企业文化的建设要树立“打持久战”的观念，运用系统论的方法，先做好整体规划与设计，确立总体目标和阶段性目标；然后逐步推进，分层次落实，明确管理层应该做什么、怎么做，基层员工应该做什么、怎么做，只有上下同心，坚持不懈地努力，才能把企业文化建设的任务落实到实际工作中。

5.2.2 企业文化体系构建的过程

企业文化体系构建的过程

企业文化的构建是企业有意识、有目的、有组织地进行的一项长期的系统工程，有其自身的规律性，需要遵循一定的科学程序。一般来说，企业文化的构建需要经过以下3个步骤：

1. 企业文化现状的调查与分析

除了刚创立的企业，绝大多数企业文化的构建都是在现有企业文化的基础上进行的。因此，要构建符合本企业特色的文化，首先需要对现有文化进行调查分析，以全面了解现有企业文化的基本状况，并对现有企业文化的优势、劣势以及总体适应性做出客观的分析评价，为下一步构建新的企业文化打下基础。

(1) 企业文化现状的调查。对现有企业文化的调查，主要是指对企业文化相关信息及资料的收集和整理。

①企业文化调查的内容。考虑到企业文化与企业战略、企业环境和企业制度的互动关系，对现有企业文化的调查，要以企业文化组成要素为主要内容，同时还要涉及企业战略、企业制度以及相关环境因素。

以企业文化的核心要素为主要内容。主要包括企业的经营哲学、价值理念、伦理道德、风俗习惯、员工的精神状态及人员素质等。

同时涉及企业战略发展和制度安排的基础问题。主要包括愿景目标、竞争优势、管理制度、行为规范、体制变革等。

还要注意考察企业文化的环境基础。主要包括宏观经济环境状况、地理环境状况、社会文化状况、行业态势等。

②常用的调查方法。

资料查阅法。收集和查阅企业内外有关企业文化的各种文字资料。如查阅企业志或企业史，了解企业的发展历程和文化传统；查阅企业高层领导的重要讲话，了解企业家的价值取向；查阅企业报刊杂志及网络，了解企业的各种活动及有关文化的故事；查阅企业的战略规划文件，了解企业未来的愿景和目标；查阅企业所在的行业、地理环境以及社会文化的基本资料，了解企业文化的外部环境状况……

实地考察法。深入到企业的办公环境、生产环境和生活环境，对企业文化要素进行直接观察。通过现场的观察可以了解员工对待工作的态度及精神风貌、企业管理的基本状况、企业文化理念在生产经营中的落实情况等。

专题研讨法。就企业文化的某一方面问题设定专题召开研讨会，进行深入探讨。如企业战略发展和企业文化目标专题、企业核心价值观与企业精神专题、职业道德与员工行为规范专题等。

个人访谈法。就企业文化的一个或多个问题和员工进行面对面的交流，可以深入了解企业员工真实的思想和态度，以便对现有企业文化做出正确的分析和判断。

调查问卷法。在企业文化的调查中，调查问卷法是一种行之有效的方法，它可以使企业大多数甚至是全体员工都能参与其中，能更好地了解企业员工的主流意识、主体精神，也能很好地反映企业文化建设现状和员工对企业文化的认同度。

（2）企业文化的分析。在企业文化调查的基础上，还需要运用科学的方法，对所收集的企业文化相关信息和资料进行系统分析。其目的在于寻找出企业文化构建过程中可能面临的外部各种有利与不利条件，理清企业内部存在的优势和劣势，为下一步明晰企业文化构建的方向和目标奠定基础。

①企业文化分析的主要内容。

一般来说，企业文化分析主要包括以下内容：

环境分析。对企业所在的地域文化、社会文化、行业文化以及经济状况、科技发展水平等各种环境因素进行仔细分析，找出环境因素的特点，以及影响企业文化构建的有利条件和不利条件，以便企业能够趋利避害，构建与外部环境特点相适应的良性企业文化。

优势和劣势分析。这主要是对企业文化的各组成要素及相关因素的综合性分析。在企业文化正式构建之前，企业可能已经在价值取向、企业精神、传统习惯、经营作风、人员素质、管理机制等方面积累了一些良好基础和优势。对这些良好的基础和优势加以分析总结，有利于企业在企业文化的构建和重塑中加以强化和发扬。同时，还应看到，现有的企业文化虽然可能具有了一些朴实的甚至健康的特征，但这种自发状态的企业文化，往往会具有很多不良的倾向，因此还需要进行劣势分析，找到影响企业文化构建的障碍和阻力，以便找到企业文化构建的着力点和突破口。

明确企业文化构建的目标。在进行了环境分析以及优势和劣势分析的基础上，还要进一步分析未来企业文化构建的方向，确定要达到的愿景和成果，即要明确企业文化构建的目标。

②企业文化分析的基本方法。

系统分析法。企业文化是一个复杂的体系，应该从系统的角度分析企业文化体系的构建。按照系统分析法，把调查阶段收集到的全部材料进行分类、梳理和综合分析，从整体性、联系性、层次性、开放性等方面，来分析企业文化内部各要素之间以及与外部环境之间的相互影响和制约关系。

因果分析法。利用事物之间的因果关系进行分析的方法。在企业文化调查时可能会遇到很多的问题，这些问题背后的原因是什么，就需要利用因果分析法，探究产生这些问题的深层原因，认清问题的本质，从而对症下药，找到解决问题的对策和方法。

比较分析法。把两个及两个以上客观事物加以比较，以达到认识事物的本质和规律并做出正确的评价方法。运用比较分析法来分析企业文化，可以从两方面进行：一是横向比较，与同行业其他先进企业进行比较，找出自身的优势和存在的问题；二是纵向比较，把企业传统的历史文化与现存企业文化及未来发展趋势相比较，以发现企业文化发展演变的规律，找到适合未来发展特点的新型企业文化。

2. 企业文化基本体系的设计

在企业文化调查分析的基础上，围绕企业文化构建的基本目标，接下来就要对企业文化的基本体系进行设计。一般来说企业文化基本体系的设计主要包括以下 3 个方面的内容：

（1）理念体系的设计。企业理念是企业发展的思想基础，理念体系的设计是企业文化体系设计的核心环节，它决定了企业文化设计的整体水平和效果，是设计中最重要的部分，同时也是设计难点所在。

企业理念体系的设计，一般是基于前期调查分析的结果，经过进一步的提炼、归纳、总结而来。它往往从企业发展历程中积淀的文化传统以及企业家和企业员工的思想中提炼、归纳出优秀文化因素，广泛吸收社会文化、民族文化的精华及外来文化的先进理念，并结合企业未来发展的内外部环境特点，在反复研讨和征集员工意见的基础上精练并最终得以完成。

不同的企业由于所处行业、发展历史、经营特点、规模及组成人员的不同，企业理念体系内容也不尽相同。一般来讲，完整的理念体系包括以下内容：企业的愿景和使命、企业哲学、企业核心价值观、企业精神、企业道德、企业作风、企业经营理念等。企业理念的各项内容间存在着内在的逻辑关系，设计时需注意保持一致性和系统性。企业愿景和使命描述了企业存在的社会意义和奋斗的目标；企业哲学是对企业自身存在价值及与外部环境相适应的思考；核心价值观表明了企业的追求和信仰；企业精神体现了企业员工的精神风貌和意志状况；企业道德解释了企业是非判断的标准；企业作风反映了企业的工作风格；企业经营理念回答了企业持续经营的指导思想。这些内容相辅相成，共同构成了一个完整的企业理念体系。

（2）行为体系的设计。企业的理念若要在实践中得以贯彻实施，还需要体现在员工的行为中。系统地设计企业行为体系，形成科学合理的行为规范和风俗习惯，是企业文化设计的一项重要任务。行为系统的设计主要包括员工行为规范的设计、企业风俗的设计。

①员工行为规范的设计。员工行为规范是企业有意识地提出员工在共同工作生活中的行为和习惯标准。它是企业员工共同遵守的行为指南，是企业价值观加以行为化的具体标准。员工行为规范的设计要围绕企业理念体系展开，逐条细化员工行为，它的主要内容通常包括仪容仪表、岗位纪律、工作程序、待人接物、素质修养、环境与安全等。好的行为规范应该针对企业员工的行为实际，具有清晰易懂、易于操作的特点。

②企业风俗的设计。企业风俗是企业长期相沿、约定俗成的典礼、仪式、习惯行为、活动等。它对员工的行为起着约束和指导的作用，被称为“不成文的制度”。从企业文化构建的角度看，企业风俗的形成往往始于对企业风俗的设计的自觉引导。企业内举行的各种典礼、仪式是企业风俗的主要表现形式，包括工作惯例的礼仪，如朝会仪式；生活惯例礼仪，如节日联欢会；纪念性礼仪，如周年庆典；服务礼仪，如上门服务礼仪；交往礼仪，如接待礼仪等。

（3）识别体系的设计。这里主要指视觉识别体系的设计，它是企业文化理念体系的外在形象表现。如果企业理念体系是“神”，那么识别体系就是企业的“形”。要做到“形”“神”统一，企业识别体系的设计需要围绕企业理念体系来设计。企业识别体系可以看成是企业理念体系外化的结果，如果没有理念体系作为核心和灵魂，那么外在的识别体系就会失去生命力，变得毫无意义。视觉识别的设计包括基本要素设计和应用要素设计两大类，其中基本要素设计主要包括企业标志设计、企业标准字设计、企业标准色设计、企业造型和图案设计等，应用要素设计主要包括建筑环境、办公事务用品、产品包装、广告传播、衣着服饰、展示陈列、接待用品、招牌旗帜等的设计。无论基本要素还是应用要素的设计，它们都要能体现企业理念体系的要求，充分传达企业的理念。

以上企业理念体系、行为体系和识别体系设计的最终结果，要以文字的形式呈现出来，以形成下一步实施企业文化的文本依据。为此，企业需要把企业文化设计的结果编制成企业文化手册。企业文化手册的内容没有统一标准，企业可根据自身特点和需求加以确定，大致可以包括这样 3 项内容：

①序言和概论。主要概述企业的发展现状、面临的内外部环境状况，重点阐述构建企业文化的意义及要达到的目标。

②主体部分。阐述企业文化的总体纲领以及分章详细、全面地刊载设计好的企业理念体系、行为体系以及识别体系。

③附则。附载有关说明性条款，如执行时间、解释权、手册修订等。

3. 企业文化的实施

企业文化体系设计完成以后，就要在企业中积极创造条件付诸实施，最终促使设计的企业文化在企业中落地生根、开花结果。总体来讲，企业文化的实施要经过导入、巩固以及评估完善 3 个阶段。

（1）导入阶段。这一阶段的主要任务是从心理上、组织上、氛围上做好构建新型企业文化的准备。首先需要建立企业文化的领导小组和管理机构，负责企业文化建设的组织领导和日常管理工作，进行企业文化的实施规划、组织推进、考核检查等，推动企业文化在企业中顺利导入。其次要搭建好以企业文化为导向的执行机制、传播机制、激励机制等，通过这些机制的建立，确保企业文化能够得以落地实施。

（2）巩固阶段。在企业文化顺利导入以后，就要积极全面推进企业文化建设工作，在企业全体员工中广泛宣传、学习、实践企业文化体系，使企业文化的理念落实到每个岗位、每个员工行为中，渗透企业生产经营管理中，融入公司各项规章制度制度中，全面塑造完整的企业文化体系。这一阶段的主要任务是把企业文化的构建工作变成企业日常的文化管理工作，通过逐渐完善的企业文化制度，使员工形成良好的行为习惯，从而使企业文化得以巩固和强化。

（3）评估完善阶段。企业文化在企业中得到推广和巩固之后，并不意味着企业文化构建工作的结束，伴随着企业内外环境的变化以及自身经营实践活动的发展，企业文化还需要不断充实、完善和发展，甚至在环境发生巨大变化时，还要进行变革与创新。为此，企业还应建立和健全企业文化的评估机制，定期或不定期地对企业文化工作的实施效果进行评估，总结成功的经验，探讨失败的教训，不断改进、优化与创新企业文化体系，促进企业文化工作的良性发展。

5.2.3 企业文化体系构建的方法

企业文化体系构建的方法

企业文化构建工作若想在企业中顺利推进，取得良好的效果，需要采用一些具体方法，这些方法主要有：

1. 领导示范法

美国学者埃德加·H. 沙因在《企业文化与领导》一书中指出："领导者所要做的唯一重要的事情就是创造和管理文化，最重要的才能就是影响文化的能力。"

领导者要想具备影响文化的能力，仅仅是在语言上倡导和宣讲企业文化理念是不够的，还需要成为企业文化的模范实践者，发挥榜样的作用。在实践中以企业文化的标准严格要求自己，思想上与企业文化理念保持一致，行为上与员工行为规范相符，真正做到身体力行、率先垂范。领导者的模范行动就是一种无声的号召，对企业员工起着重要的示范作用。

现实中，一些企业领导者可能会认为企业文化的构建是为了激励和约束员工，领导者可以不受其约束。在企业文化构建过程中，常常出现企业领导者的行为与其倡导的文化背道而驰的现象。事实上，企业领导者就是员工学习的榜样，其一言一行都会对企业文化的形成起着至关重要的作用。如果企业领导者的实际工作行为经常偏离或者违背企业所倡导的价值观，那么企业文化也会丧失对员工的激励和约束作用，只能成为一纸空文。企业领导者的身体力行、率先垂范，是企业文化得以在企业中落地生根的坚强保证。

企业领导者的模范带头作用，应反映在企业日常管理的点点滴滴上，根据企业文化构建的要求，切实改变自己的思想观念和工作作风，从小事做起，从自身工作出发，以自己的模范行动对员工产生积极影响，促进企业文化构建工作顺利完成。

2. 英雄引导法

企业英雄是指在企业生产经营活动出现的具有突出的业绩并能充分体现企业价值观念的模范先进人物。

企业英雄正像特雷斯·迪尔和阿伦·肯尼迪在其所著的《企业文化》一书中所说："如果价值观是企业的灵魂，那么英雄就是这些价值观的化身和组织结构力量的集中体现。"他们的一言一行、一举一动无不体现企业的价值取向，是企业员工心目中的榜样和效仿的对象。企业通过塑造企业英雄，可以把看不见、摸不着的抽象的价值观转化为具体可见的形象，发挥英雄的示范效用，引导员工更好地理解和实践企业文化。

除了少数企业家式的企业英雄，大多数企业英雄都是在企业生产经营实践中逐步成长起来的，需要企业的精心培育。企业要培养造就企业英雄，需要做以下 3 方面的工作：

（1）英雄的选拔。企业英雄可来自企业的各个层次、各个部门，有各种各样的类型。但企业英雄不管是生产能手还是销售冠军，不管是一线员工还是高层领导，都应该具备 3 个基本标准，即有卓越的业绩，是价值观的化身以及可效仿性。企业应本着"公平、公正、公开"的原则，建立公开透明的选拔机制，选拔出符合标准要求的企业英雄。

（2）着重培养。对选拔出的企业英雄要着重加强培养，使其英雄的特质表现得更为突出与明显，促其顺利成长。培养方法主要有：对企业英雄加强企业文化培训，进一步灌输企业价值观，对英雄的言行给予必要的指导，使其思想、品德、行为更能完美地和企业价值观保持一致；工作中充分授权、委以重任、设置更有挑战性的工作、提供更多参与企业重大活动的机会等，使其工作能力进一步增强，以便达成更多的业绩，对企业做出更大的贡献。

（3）大力宣传。当企业英雄们培养成熟时，企业应该对其事迹进行大力宣传，使之得到绝大多数员工的认同、敬仰及效仿。宣传英雄事迹时，可用以下方法：

①宣传的内容——理念化。企业英雄事迹的宣传不能面面俱到，应有所选择地挑选英雄身上的那些最能体现企业价值观的思想、品德或行为进行宣传报道，使英雄事迹与企业的理念保持高度一致。

②宣传的形式——艺术化。企业英雄事迹的宣传切忌泛泛而谈、空洞说教，应该尽可能的生动形象、有感染力，做到"以情动人"，引起员工的共鸣。因此在宣传形式上，可以运用一些艺术化的手法，增强感染力，打动人心。艺术化的形式可以有很多，比如把英雄事迹

编成故事、小品、诗歌、歌曲等，通过讲故事、演小品、朗诵诗歌、演唱歌曲等形式生动形象地把英雄的事迹展现出来。

③宣传的渠道——多样化。企业要尽可能地广泛运用各种途径及媒介来宣传英雄的事迹，比如，企业可借助企业文化手册、企业报刊杂志、局域网、宣传栏等媒介来报道；可以在企业的各种会议上进行宣扬；可以举办专门的活动或仪式来加以推广；可以在企业各种培训与研讨班上加以宣传等。

企业树立英雄最终目的就在于要用英雄的模范行为来引起全体员工的共鸣与反响，在企业中形成“人人学英雄，人人争做英雄”的氛围，最终引导员工“人人都成为英雄”，依靠员工的集体英雄行为来推动企业文化的落地，从而使企业文化走向良好的发展轨道。

3. 活动推进法

各种各样的企业活动是企业文化的有效载体，企业可以通过举办丰富多彩的活动来传播企业文化理念，推进企业文化建设。

好的企业活动可以通过人们喜闻乐见的形式，营造出融洽和谐的企业环境，把员工紧密联系在一起，加强企业的凝聚力和向心力，使员工在轻松愉快的氛围当中，不知不觉地受到企业文化的熏陶和感染，进而能更好地理解企业文化、融入企业文化。

在阿里巴巴公司，为了纪念2003年“非典”中阿里人表现出的阿里精神，把每年的5月10日定为“阿里日”，这一天公司会举行盛大的庆祝活动。其中传统节目有两项：开放“亲友日”和“阿里巴巴集体婚礼”。阿里员工可以带上自己的亲属走进阿里巴巴，感受阿里精神。为迎接“亲友团”的到来，阿里园区会精心布置，到处张灯结彩，充满节日的气氛。一些细节也很贴心：为了照顾小朋友，不仅取消了售卖关东煮等可能会烫伤的食物，园区超市还提前准备了婴儿尿不湿以备不时之需……在阿里日的集体婚礼上，马云还会亲自为新人证婚。阿里日的系列活动，让员工深切感受到阿里如家庭般温暖亲切的文化氛围。

现实中，也经常出现这样的情况：企业文体活动搞了很多，但员工对企业的理念仍然缺乏理解，企业文化建设并不见成效。这可能源于企业领导者对企业活动的错误认识，认为企业文化建设就是要搞一些企业文体活动，把单纯的企业文体活动当成了企业建设的全部。其实，企业活动只是企业文化建设的外在表现，是一种寓教于乐的形式。企业活动的开展，要在企业核心理念体系的指导下，围绕企业文化的方方面面来进行才有效。离开了企业核心理念，单纯地只是举办一些文体活动，这些活动也就缺少了灵魂，只是一种娱乐的形式而已，根本无法起到推进企业文化建设的作用。

对于为什么要设置“阿里日”，马云在设置公告里说：“为了让更多的阿里新老同事能更深切地体会和交流阿里巴巴所倡导的企业价值观……在每年的5月10日，我们会推出一系列的活动来激荡和升华每位阿里人心中对阿里精神的领悟，让更多的同事看到、听到、闻到身边的同事是如何在工作中展现阿里价值观、如何在平凡中孕育奇迹。……”

企业开展的企业活动不仅限于文体活动，还可以采用其他各种各样的形式，常见的文化活动类型有：

专题比赛活动，如设计比赛、技能竞赛、征文比赛、演讲赛等。

交流活动，如读书会、报告会、论坛、高管开放日等。

文艺活动，如音乐会、联欢会、绘画展、摄影展等。

体育活动，如运动会、各种球类比赛、登山、徒步等。

习俗仪式类活动，如新员工入职仪式、公司庆典、表彰大会等。

4. 故事演绎法

讲故事是传播企业理念的最生动、最直观的方式。企业通过一些通俗易懂、寓意深刻的故事把企业文化理念演绎出来，具体形象地表达出抽象的理念和价值观，有利于增进员工对企业文化理念的理解和认同，从而达到理念内化于心的目的。

好的文化故事或以情动人，或以理服人，应该具体生动，使听到的人如身临其境，深受感染和鼓舞。好的故事还应该易于记忆、便于传播，能让员工能铭记于心，并口口相传。

企业文化故事可以是企业创建和发展过程中发生的重要事件、企业英雄人物的模范事迹或日常生产经营中的代表性事件。由于这些人物和事件都是发生在企业员工身边的真实事件，所以特别能引起员工的共鸣。

说起海尔文化，人们总能联想到发生在海尔的一个个故事：砸冰箱的故事、激活休克鱼的故事、地瓜洗衣机的故事……在海尔的文化手册里，对每一个理念都附录了相应的企业故事进行阐释，这些感人的故事，使海尔的文化理念不再停留在纸上、墙上，而是进驻到每一位员工的心目中。善于讲故事是海尔文化管理成功的要素之一。

企业文化故事可以是发生在企业之外的真实历史故事、社会上流传的经典故事等。这些故事能给人深刻启迪，引人深思。

任正非用“一架‘二战’中被打得像筛子一样，弹痕累累的伊尔2飞机，依然坚持飞行，终于安全返回”的故事，来比喻遭受美国打压的华为，激励华为员工，即使“伤痕累累”，也要坚持拼搏奋斗的意志和精神。

企业文化还可以是寓言故事、哲理故事以及文学故事等。这些故事往往形象生动、寓意丰富，能很好地诠释出企业理念所要表达的深层含义。

蒙牛的企业文化手册记载着一则“狮子与羚羊”的故事：在非洲大草原上，清晨醒来，羚羊的想法是要跑过速度最快的狮子，否则肯定会成为狮子的美餐，而狮子此时的想法是要跑过最慢的羚羊，否则就会被饿死。蒙牛借“狮子与羚羊”的故事体现出来的“物竞天择、适者生存”大自然的法则，提醒员工要具备市场竞争意识，强调速度的重要性。

企业讲故事的目的主要是为了传达企业的文化理念，因此企业故事最重要的是要紧扣企业的价值观，具体、形象、生动，避免空洞无物、与价值观不一致、牵强附会。

5.3 企业文化实施的保障措施

企业文化实施的保障措施

企业文化构建成型以后，需要在企业内进一步推广、巩固和强化，使其能渗透到企业员工的心目中，体现在企业日常生产经营的行为之中。为此，企业需要在组织、制度、人员、物质、文化网络等方面采取相应的保障措施，以促使企业文化在企业中能得以真正贯彻实施，发挥其应有的作用。

5.3.1 建立企业文化领导及工作机构，加强组织建设

科学合理的组织机构，是实施企业文化的重要保障。

1. 成立企业文化建设领导机构

为了使企业文化建设有组织地进行，首先应该成立一个由企业主要领导人组成的领导机构，其名称可以是企业文化领导小组、企业文化建设或管理委员会。这个领导机构的职责是全面负责企业文化的领导工作，确定企业文化发展方向，制定企业文化建设规划，对企业文化建设中的重大问题进行决策，协调各种资源推进企业文化建设等。

为了保证企业文化建设的顺利推进，企业文化领导机构的人员一

般由企业高层领导人组成，其“一把手”应该由企业最高决策者——董事长或总经理亲自来担任。因为，企业文化理念往往是企业最高决策者价值取向的体现，企业“一把手”亲自担任企业文化领导机构的“一把手”，才可以保证企业文化的整体发展方向符合最高决策者的思想及组织的战略安排。

2. 设立企业文化建设的工作机构

企业文化领导机构是一个决策和协调机构，在领导机构之下，还应该设立相应的工作机构，负责企业文化建设的日常管理工作。

这个机构可以独立设置，名称为企业文化部、企业文化中心或企业文化办公室等；也可以依托现有的部门，比如总经理办公室或人力资源部等。其主要职责是贯彻执行企业文化发展规划，落实领导机构制定的各项决策，组织实施企业文化的各项工作。

3. 构建全员参与的企业文化组织体系

企业文化建设涉及企业的各个方面，需要企业各个部门的密切配合。只有充分调动起企业各部门的积极性和力量，依靠全体员工的共同参与才能取得成效。所以，在领导机构的带领下，由企业文化工作机构牵头，人事、财务、后勤、研发、生产、营销等个职能部门和直线部门分工协作，密切配合，形成统一的组织体系，才能推进企业文化建设在企业中的全面落实。

5.3.2　建立健全和企业文化相适应的制度体系

企业制度是为了达到企业目的，维持正常的生产经营秩序而人为制定的一系列行为规范和模式的总称。企业制度体系是企业全体员工在企业生产经营活动中须共同遵守的规定和准则的总称，是企业正常运行所必不可少的保证条件。

根据企业文化建设的特点规律，结合企业实际，建立健全和企业文化相适应的制度体系，使企业文化理念转化为可以具体操作的企业制度，是企业文化得以落实的保证。

1. 完善现有企业基本制度体系

企业现有的制度是企业以前企业价值观的反映，是一种现实和惯性的力量。企业文化构建成型以后，就要着手对企业现有的组织制度、领导制度、财产制度、人事制度、生产管理制度等进行重新审视，以完善现有企业基本制度，促进新的企业文化理念和制度的融合。完善现有企业基本制度，可以遵循以下 4 条原则：

（1）理念契合原则。指企业的基本制度要与企业文化的理念系统相契合。缺乏企业制度保障的企业理念是空中楼阁，无法落到实处，同样，缺乏企业理念支撑的企业制度是空洞的，缺少了思想基础。企业制度的思想源于企业文化，任何一种制度都应是企业价值观和理念的反映。当企业制度与企业理念不相一致时，如果制度得到强制执行，则企业理念就无法落地；如果企业理念被企业员工深刻认同，则制度就会形同虚设。因此，好的企业制度应该是与企业理念高度契合、和谐统一的。

（2）系统性原则。企业制度是一个完整的体系，企业必须注重和不断完善制度的每一个环节，明了某个具体制度在整个制度体系中的位置，防止出现制度交叉、内容重叠甚至前后矛盾现象。任何一个环节出了问题或不同环节之间相互矛盾不一致时，都会影响整个系统的科学合理性。为此，企业应协调生产、营销、采购、设备管理、财务、人力资源、信息等各子系统，通盘考虑，使各子系统内部及子系统之间的制度相互衔接，形成全面系统、相互支撑的制度体系，以指导企业各个层面的工作逐步导向规范化。

（3）重要性原则。企业制度涉及企业的方方面面，内容广泛，数量繁多。根据企业文化的要求完善企业制度时，往往因为制度的繁杂而找不到头绪。因此，可以采取“抓大放小”的做法。首先要找到一些重要的制度来着手，从其与企业文化理念相矛盾的方面来完善，进行企业制度与企业文化理念的冲突处理，然后再着手梳理其他制度。如果一味追求“大而全”，不能突出重点，则可能达不到应有的效果。

（4）可操作性原则。企业制度是企业员工的行为规范，要便于全体员工遵守和对照执行，具备可操作性。在企业文化理念的指导下，企业提倡哪些行为，禁止哪些行为，针对这些行为的奖惩措施是什么，都要有明确的规定，做到内容具体、表述精准、逻辑严密、量化明确、不具歧义。如果制度中含有空洞的、模糊的内容或是泛泛的原则及口号，就无法让企业员工学习、理解和对照执行，或者在执行过程中偏离制度的初衷，这样也会影响制度的权威性，最终导致整个制度成为一纸空文，无法落实。

2. 建立企业文化的考核及奖惩制度

除了完善现有企业制度，还应该建立企业文化的考核及奖惩制度，这是促使企业员工重视企业文化建设，推动企业文化实现的重要措施。

（1）考核制度。企业文化建设仅要求企业员工在思想上和行为上符合企业理念是不够的，还需要通过强制性的措施来推进，实行企业文化考核就是措施之一。企业通过采用一定的考核措施，可以起到规范理念、约束行为的作用。

企业文化的建设是长期性的，对企业文化的考核也应该形成考核制度，以塑造员工的长期行为。如果考核没有形成制度，很难使企业员工能长期依照企业文化的要求规范自己的行为。因此，为保证企业文化的实施，巩固企业文化建设成果，有必要建立考核制度。

企业可根据实际情况，将企业各部门和员工贯彻执行企业文化的情况以及取得的企业文化建设成效纳入企业考核体系，赋予一定的权重。通过定期的考核，可以考察企业员工落实企业文化的力度和效果，并能及时发现问题、解决问题，从而促进企业文化建设的良性发展。

（2）奖惩制度。建立考核制度的同时，还要建立相应的奖惩制度，使考核的结果与奖惩相挂钩。考核优秀的员工要通过奖励肯定其好的思想和行为，鼓励他们继续做符合企业要求的事情；考核不及格的员工可以通过相应的惩罚措施来抑制、消除其落后的观念和不良行为。

奖惩制度应以奖励为主，这是企业文化制度建设的一个特点。奖励是一种正面激励，它更符合人们的心理需求，更能获得人们的认可和接受，因此，通过奖励的方式来培养企业文化，更能使企业理念深得人心。奖励的方式可以是物质奖励也可以是精神奖励，要因人而异。

惩罚只适用于那些严重违反企业价值观的人员或行为，并且还要控制好一定的数量，不宜过多，以免给企业员工造成不安心理，给企业文化带来负面影响。

5.3.3　建设文化网络，促进企业文化传播

企业文化构建成型以后，如何把企业理念传达给企业员工，让员工认知、认同并在日常的工作中进行实践？除了加强组织建设和建立健全制度体系外，还需要文化传播来发挥作用。

企业文化传播是企业有目的、有计划地利用各种媒介和方式，将企业文化的基本内容传递给企业员工及社会公众的活动。文化传播可分为内传播和外传播，这里我们主要研究内传播，即面向企业员工的文化传播。文化传播要借助一定的文化网络才能发挥作用，文化网络指的是一个企业内部的传播企业文化的渠道。

企业可以通过文化网络把企业价值观、企业精神、道德规范等要

素传达给企业员工，并进一步辐射到整个企业。文化网络可以分为非正式网络和正式网络。文化网络的建设，包括对非正式网络的调控和引导，对正式网络的建立和维护。

1. 非正式网络

迪尔和肯尼迪在其著作《企业文化》中提到，文化主要通过非正式的渠道传播，企业中的轶事传播者、消息探听者、说教者、小集团和说悄悄话的人共同组成了企业文化网络。企业中非正式团体的交流、小道消息的传播，这些非正式网络对建设优良的企业文化可能是有利的，也可能存在不利的方面。因此，企业要善于对其进行调控和引导，使其传播的内容和企业所倡导的文化要素保持一致，从而消除其不利影响，发挥其积极作用。

2. 正式网络

企业要想取得文化传播的良好效果，除了要注意对非正式网络的正确引导，更要注重正式网络的建设和维护。在自觉地建设企业文化的前提下，企业文化的传播更多的是依靠正式网络来进行的。

（1）利用企业报刊、内部电视、企业网站及宣传栏、黑板报等进行企业文化的专题报道，开辟专栏刊登企业文化理念、行为规范、有关文化的故事和企业英雄的事迹等。

（2）举办企业文化展览，结合企业发展的历史，把企业文化的基本内容展示出来，使员工对企业文化的形成及基本体系有一个较为形象的了解。

（3）举行企业文化论坛、研讨会、座谈会等，发动员工就企业文化的建设问题进行广泛的讨论、交流及相互学习。

（4）拓展多种沟通渠道，比如设立信箱，利用微博、微信等来加强企业员工间的沟通，广泛传播企业文化。

5.3.4 加强企业文化培训，提高员工素质和对新文化的接受能力

人是企业文化建设的主要力量，员工素质的高低是决定企业文化建设成败的关键因素。优良的企业文化需要有高素质的企业员工来承载，因此，加强企业文化培训，提高员工素质是企业文化能够顺利实施的人员保障措施。

企业通过企业文化培训，可以把企业文化的理念和相应的行为规范传达给员工，从而启发员工的觉悟，开发员工的潜能，提高员工的基本素质。另外，员工培训还可以增强员工对企业文化的认同度、配

合度。在新企业文化实施的过程中，员工可能会受到惯性思维、传统情结和既得利益的影响，对新企业文化心存疑虑或不愿主动接受。因此，通过对全体员工进行系统的培训，增进员工对新企业文化的了解，让员工发自内心地真正认同新文化、接纳新文化、实践新文化。

企业文化培训不同于常规的业务培训，而是特指企业文化本身的培训，是指企业通过学习、研讨、交流等各种培训形式，把企业所倡导的企业理念及行为规范有序地传达给企业员工，从而让员工从思想上认同企业文化，在行为上自觉实践企业文化。企业文化培训按培训对象可分为高层领导人员培训、中层管理者培训和普通员工培训3个层次，一般采取自上而下、层层推动的方式。

（1）高层领导人员培训。企业的高层领导人员主要包括企业的董事长及执行董事、总经理及副总经理、总工程师、总会计师、总经济师等。高层领导人员是企业文化建设的决定性力量，其对企业文化的认识和理解是否到位，直接影响到企业文化能否在企业中正确得以贯彻实施。对高层领导人员的培训重点在于形成统一的企业文化理念，提升思想水平、思维能力、决策能力和领导能力等。具体培训形式可以多样，如到高等院校、科研机构进行专门的进修学习，外出考察参观先进企业的企业文化，参加有关企业文化的论坛或研讨会，请专家到企业进行专门培训或听取专题报告等。通过培训，提升高层领导人员的文化素养，统一思想和意志，使他们能成为企业文化建设的专家或内行，为企业文化在企业的进一步推进打下坚实的基础。

（2）中层管理人员培训。中层管理人员是企业文化建设的中坚力量，起着上传下达的作用，大量的、具体的文化推广工作需要中层管理人员来完成，他们对企业文化的认同和执行能力是企业文化顺利推进的关键。对中层管理人员培训的重点在于掌握企业文化的精髓，提高主动传播、实践企业文化的自觉性和实际能力。具体的培训形式可以采用国内外进修，外出参观考察，参加针对中层的文化专题培训，岗位轮换，参加论坛、研讨会及学术交流等。

（3）普通员工培训。普通员工是企业文化的承载者和实践者，是企业文化建设的主体力量。企业文化能否在企业落地生根，建设能否取得成效，主要还在于绝大多数普通员工从思想上能否认同企业文化理念，行为上能否按企业文化要求自觉实践。普通员工的培训重点在于对企业文化理念的认知、认同，对行为规范具体要求的传达。具体培训形式可以采用新员工入厂教育，面向普通员工的企业文化专题培训、职业培训，有关企业文化的演讲、知识竞赛、研讨会等，优秀员工还可以采用外出进修、学校深造等形式。通过培训，提高普通员工的基本素养，使其对企业文化心领神会，把企业文化内化为个人理念，外显为企业预期的行为，调动起自觉实践企业文化的积极性，真正成为建设企业文化的主体力量。

5.3.5　加强物质环境建设，为企业文化实施提供基础保证

物质环境是企业文化赖以形成的基础和土壤，也是企业文化精神文化的外在体现。良好的物质环境可以为企业文化的顺利实施提供基础保证。企业的物质环境建设主要包括工作环境建设、生活环境建设和文化环境建设。

1. 工作环境建设

企业的车间、厂房、办公室等工作环境是企业员工日常工作的场所。工作环境的好坏会直接影响员工的情绪、心理和工作的积极性，从而影响到劳动效率。在良好的工作环境中工作，员工会感到身心舒畅，从而情绪高涨，工作更有动力；而在恶劣的工作环境中工作，员工则会产生厌烦心理，从而情绪低落，工作效率低下。优化企业工作环境，为员工提供良好的工作场所，是企业重视员工的需求、激励员工积极性的体现。

企业工作环境的建设应做到以人为本、经济高效、安全有序、清洁美观，更重要的是要能突出企业特色，体现企业文化理念。

在阿里巴巴集团，马云作为武侠小说的爱好者，在“侠”文化方面投入了很大的精力。几乎所有阿里巴巴办公室都以金庸武侠小说中武林圣地的名字命名，如“光明顶”“桃花岛”“达摩院”“聚贤庄”等。

2. 生活环境建设

企业的生活环境，是企业为了满足员工工作之外的物质文化生活需要，在居住、休息、娱乐等方面提供的客观条件和服务设施。企业为员工提供的生活环境体现了企业对员工的重视程度和关心程度。在一个丰富多彩、安全稳定的生活环境中，员工可以感受到企业所给予的关怀，从而增强对企业的认同感和归属感。

生活环境建设要本着“以人为本”的原则，满足企业员工实际的物质生活需要，创造出“家庭式”的生活文化氛围，让员工感受到企业大家庭的温暖，从而激发其工作热情，使其为企业发展而努力工作。

3. 文化环境建设

企业文化环境，这里主要是指企业文化的展示及各种文化设施等，是企业文化的外在标志和物质载体。企业文化环境建设主要包括两个方面：

（1）文化展示。企业通过文化展览、陈列、标语、词条、雕塑、绘画等形式具体形象地把企业文化理念展示出来，在厂区、车间及办公场所等环境中，营造企业文化氛围。企业员工置身于一个或明示或暗示的企业文化环境中耳濡目染，不自觉间接受企业文化的熏陶，强化对企业文化的记忆、理解和认同。

（2）文化设施建设。企业的各种文化设施，如展览馆、图书馆、阅览室、体育馆、俱乐部、广播站、内部电视台等，是企业开展文化活动的主要场所，也是企业文化的物质载体和传播渠道。企业应根据自身实际情况，建设和完善文化设施，丰富员工的精神文化生活，为企业文化活动的开展和企业文化的传播提供基础物质保证。

本章练习题

一、简答题

1. 企业领导在企业文化建设中扮演哪些角色？
2. 企业文化对企业领导有哪些作用？
3. 简述企业文化与企业战略的互动关系。
4. 影响企业文化的宏观环境因素主要有哪些？
5. 影响企业文化的微观环境因素主要有哪些？
6. 什么是企业文化体系构建？应该遵循哪些基本原则？
7. 企业文化体系构建的主要目的是什么？
8. 企业文化体系的构建过程中，为什么要强调共识原则？
9. 如何理解企业文化体系构建中的一致性原则？
10. 什么是企业文化体系构建的一体化原则？它包含哪几个方面的内容？
11. 简述企业文化体系构建的基本过程？
12. 企业文化调查主要包括哪些内容？
13. 企业文化常用的调查方法有哪些？
14. 简述企业文化分析的主要内容。
15. 企业文化分析的基本方法有哪些？
16. 企业文化基本体系的设计主要包括哪些内容？
17. 企业文化体系中理念体系一般包括哪些内容？
18. 什么是企业员工行为规范，它通常包括哪些内容？

19. 什么是企业风俗？它主要有哪些表现形式？

20. 企业视觉识别的设计包括哪两大类要素的设计？每一类要素包含哪些具体内容？

21. 简述企业文化实施需要经过的几个阶段。

22. 企业文化构建的具体方法有哪些？

23. 什么是企业英雄？企业要塑造企业英雄需要做哪些方面的工作？

24. 简述常见的企业文化活动类型。

25. 企业文化故事需要有什么样的特点？哪些故事可以作为企业文化故事？

26. 如何加强企业文化组织建设？

27. 企业文化建设领导机构的主要职责是什么？

28. 为保障企业文化的实施，完善现有企业基本制度应遵循哪些原则？

29. 什么是文化传播？企业可以通过哪些正式的文化网络来传播企业文化？

30. 什么是企业文化培训？按照培训对象，企业文化培训可分为哪三个层次？

31. 针对企业高层领导人员进行企业文化培训的重点是什么？具体培训形式有哪些？

32. 针对中层管理人员进行企业文化培训的重点是什么？具体培训形式有哪些？

33. 针对普通员工进行企业文化培训的重点是什么？具体培训形式有哪些？

34. 为保障企业文化的实施，企业应加强物质环境建设，企业物质环境建设包括哪几个方面？

35. 什么是企业文化环境？它主要包括哪两个方面？

二、论述题

1. 试论述企业领导与企业文化的互动关系。
2. 试论述企业员工与企业文化的互动关系。
3. 企业文化是如何影响企业战略管理的？
4. 试论述组织外部环境是如何影响企业文化的？
5. 试论述应如何进行企业文化体系的构建。
6. 如何进行企业文化基本体系的设计？
7. 企业文化构建中为什么要塑造企业英雄？如何塑造企业英雄？
8. 试论述企业应如何保障企业文化的实施。

9. 论述如何从制度方面保障企业文化的实施。

10. 为什么要进行企业文化培训？企业应怎样进行企业文化培训？

三、案例分析题

阿里巴巴的价值观考核体系①

在阿里的绩效考核体系中，企业文化和价值观考核占据了50%的比重，和业绩考核是同等比重。之所以阿里在制度上执行这样的安排，就是希望让员工知道企业文化和价值观的重要性，从而不断地去规范和塑造他们的行为，最后内化成员工的一种自觉意识。

1. 价值观考核指标

企业进行价值观考核，首先就需要对企业的价值观进行提炼与总结。非常喜欢金庸武侠的马云将所倡导的“独孤九剑”精练成企业核心价值观“六脉神剑”。在“六脉神剑”中包含着客户第一、团队合作、诚信、激情、敬业、拥抱变化六条价值观。六项价值观指标每一项都设置了分数为1~5分的5个等级。

客户第一：

尊重他人，随时维护阿里巴巴的形象（1分）。

微笑面对投诉和受到的委屈，积极主动地在工作中为客户解决问题（2分）。

与客户交流过程中，即使不是自己的责任，也不推诿（3分）。

站在客户的立场思考问题，在坚持原则的基础上，最终达到公司和客户都满意（4分）。

具有超前服务意识，防患于未然（5分）。

团队合作：

积极融入团队，乐于接受同事的帮助，配合团队完成工作（1分）。

决策前发表建设性意见，充分参与团队讨论；决策后无论个人是否有异议，必须从言行上完全予以支持（2分）。

积极主动分享业务知识和经验；主动给予同事必要的帮助；善于利用团队的力量解决问题和困难（3分）。

善于和不同类型的同事合作，不将个人喜好带入工作，充分体现“对事不对人”的原则（4分）。

有主人翁意识，积极正面地影响团队，改善团队士气和氛围（5分）。

① 阿里巴巴公司：《企业文化与价值观》，阿里巴巴集团，https://www.alibabagroup.com/cn/about/culture，结合相关资料，由邵海清汇总、编制而成。

诚信：

诚实正直，表里如一（1分）。

通过正确的渠道和流程，准确表达自己的观点；表达批评意见的同时能提出相应建议（2分）。

不传播未经证实的消息，不背后不负责任地议论事和人，并能正面引导，对于任何意见和反馈“有则改之，无则加勉”（3分）。

勇于承认错误，敢于承担责任，并及时改正（4分）。

对损害公司利益的不诚信行为正确有效地制止（5分）。

激情：

喜欢自己的工作，认同阿里巴巴的企业文化（1分）。

热爱阿里巴巴，顾全大局，不计较个人得失（2分）。

以积极乐观的心态面对日常工作，碰到困难和挫折的时候永不放弃，不断自我激励，努力提升业绩（3分）。

始终以乐观主义的精神和必胜的信念，影响并带动同事和团队（4分）。

不断设定更高的目标，今天的最好表现是明天的最低要求（5分）。

敬业：

今天的事不推到明天，上班时间只做与工作有关的事情（1分）。

遵循必要的工作流程，没有因工作失职而造成重复错误（2分）。

持续学习，自我完善，做事情充分体现以结果为导向（3分）。

能根据轻重缓急来正确安排工作优先级，做正确的事（4分）。

遵循但不拘泥于工作流程，化繁为简，用较小的投入获得较大的工作成果（5分）。

拥抱变化：

适应公司的日常变化，不抱怨（1分）。

面对变化，理性对待，充分沟通，诚意配合（2分）。

对变化产生的困难和挫折，能自我调整，并正面影响和带动同事（3分）。

在工作中有前瞻意识，建立新方法、新思路（4分）。

创造变化，并带来绩效突破性地提高（5分）。

2. 如何进行价值观考核打分？

各部门每季度考评一次。员工先向大家介绍自己一个季度的工作，按照30条价值观考核细则给自己打分，再由部门主管根据员工表现打分。主管会告诉员工，为什么会给他这样一个分数，上季度他在团队中处在什么位置，欠缺的地方要改进，表现好的要保持。

阿里巴巴的价值观考核最重要的功能其实不在于考核本身，而在于价值观的传递和强化。在具体评分时，主管必须用具体事例说明，不能笼统地定义下属员工的价值观不好。这就需要主管平时关注员工的工作行为、工作细节，并且进行必要的记录。主管在对下属进行评估打分时，不能太过随意，要谨慎，每一条价值观分数出来之后，要与团队中其他员工的分数进行比较，整个价值观的分数出来之后，也要与其他团队成员进行比较，看是否合理。如果主管对员工的行为无法把握，该打什么分数时，必须与上一级的主管或找阿里的人力资源部门进行讨论。

每一条价值观若员工只做到部分，可以评0.5分；如要扣分，需对员工当面说明；0.5分（含）以下，或是3分（含）以上，需要上级主管书面说明。价值观考核实行通关制，即大家应该首先做到较低分数的条款，然后进阶至较高级的条款，依此原则，若较低分数未能做到，则没有机会进阶。

阿里将业绩和价值观考核都优秀的销售人员称为“明星”，价值观考核不合格但业绩表现好的是“野狗”，价值观考核不错但是业绩不理想的是“小白兔”。

3. 价值观考核结果应用

（1）价值观得分在27分及以上，不影响总评分数，但要指出价值观改进方向。

（2）价值观得分在18~27分之间，扣除业绩分15%。

（3）价值观得分在18分以下，无资格参与绩效评定，奖金全额扣除。

（4）任意一项价值观得分在1分以下，无资格参与绩效评定，奖金全额扣除。

需要注意的是，阿里巴巴认为价值观的考核并不是为了惩罚员工，而是要激励员工，尽管价值观考核占绩效考核的50%，但在实际执行中，阿里巴巴几乎不会因为价值观考核分数低而直接开除员工，除非是越过了道德底线。

4. 遇到的困难和问题

阿里在推行价值观考核时遇到了不少的困难和问题。首先，刚开始推行的时候，争议不断，很多员工包括经理们在操作时遇到了很多问题，推行几年之后，员工们才慢慢接受。其次，一些主管包括经理把价值观考核作为一项惩罚下属的武器，下属稍微不听话或者是有不同意见，就会被扣上价值观考核不合格的帽子。针对这些问题和困难，阿里巴巴也是做了大量的培训工作，教导如何正确使用价值观考核，教导员工如何做到与价值观推导的行为相结合。

思考题：

1. 阿里巴巴公司为什么要进行企业价值观的考核？

2. 结合案例说明阿里巴巴公司是如何进行企业文化考核的。

3. 结合案例说明企业进行价值观考核可能会遇到哪些困难，怎样克服？

第 6 章 企业文化的冲突与整合

教学目的与要求：
了解企业文化冲突的定义、类型；掌握企业文化的整合方法

教学重点： 企业文化整合的方法

教学难点： 企业文化冲突的形成与管理

随着经济的发展，越来越多的企业开始广泛开展跨国跨地区的经营活动，企业之间的并购和重组事件时有发生，企业的员工来自不同的国家、地区或其他企业，这使得企业内部在价值观念、经营思想和行为方式等方面存在着许多矛盾和冲突。如果冲突不能有效地加以管理，任其发展到一定程度，会导致企业内部出现分歧和对抗，从而破坏企业的凝聚力，影响企业目标的实现。如何正确地看待冲突，对其进行合理分析和管理，并进行文化的有效整合，是企业解决内部冲突问题所面临的艰巨任务。本章将主要阐述企业中的文化冲突现象，并从文化冲突管理和企业文化整合的角度，提出相应的方法和对策。

6.1 企业文化冲突及类型

企业文化冲突是企业发展过程中客观存在的现象，企业文化的建设过程就是在新旧文化的矛盾和冲突中不断完善和创新的。要正确地管理企业文化冲突，首先需清楚地了解企业文化冲突的含义及分类。

6.1.1 文化冲突

“冲突”一词，按照《汉语大辞典》的解释，指的是互不相容

的、对立的两种或多种力量或性质的相互干扰，例如观念、价值、利益、意志、需求等不相符合从而产生的矛盾。文化冲突是指两种或者两种以上的文化相互接触时，由于其内在的差异和矛盾而引起的相互排斥和对抗的状态。文化冲突是人类社会广泛存在的一种现象。

造成文化冲突的原因在于不同类型文化之间的差异性。从横向来看，不同的民族或国家在长期的生存过程中逐步形成了具有特色的文化体系。不同的文化体系在思维方式、价值观念、风俗习惯和行为方式等方面具有的天然差异，对生活在其中的人们会产生不同的影响和作用，进而造成人们对自身及外部世界的感受和认知也千差万别。在同一的、封闭的文化环境内，人们会形成许多共识和相同的行为模式，一旦这种封闭的状态被打破，人们带着已形成的“先天性”的认知去和其他不同文化进行互动时，必然会产生摩擦，进而引发冲突。从纵向来看，随着社会的进步与发展，会产生新的文化。新文化的产生顺应了社会发展的趋势，具有与社会发展相适应的特点，而旧的文化仍然按其原有的文化模式发展，自然会阻碍新文化的成长。由于其惯性和既得利益者的维护，旧的文化不会自动消失，但已无法适应社会发展的需求。此时要想实现社会的进一步发展，就会产生新旧文化之间的冲突。由于差异是物质世界的基本规律，是绝对的，因此文化冲突也是文化发展过程中一种不可避免的现象，存在客观必然性。

正确认识文化冲突，需要把握以下 3 点：

(1) 文化冲突从本质上来说，是文化观念的差异。文化是以观念体系为核心的，文化观念的差异是造成不同文化的相互排斥、相互对抗的根本原因。当两种不同观念的文化相遇时，一种文化所信奉的文化观念希望在另一种文化的生存环境中得到认可并传播时，会受到后者的抵抗和排斥，文化观念上的对立造成了两种文化的冲突。文化观念的冲突是深层次的冲突，各种外在的文化现象之间的冲突，归根结底都是内在文化观念的差异引起的。

(2) 文化冲突是文化内在矛盾的展开和解决，是文化发展的根本动力。文化冲突是文化内在矛盾发展的必然结果，也是解决内在矛盾的唯一途径。经过文化冲突，不仅文化的内在矛盾得以解决，而且会促进文化的进一步发展。新的文化特质总是在文化冲突中产生的，新的文化模式也是在冲突中确立的。

(3) 从冲突带来的结果看，文化冲突可分为广义和狭义两种。广义的文化冲突包括积极和消极两种结果，积极的结果是指发生冲突的文化双方在互动过程中逐渐达成共识并完成融合。消极的结果是指双方在冲突的过程中逐步走向消亡，或其中一种文化完全替代另外一种文化。

6.1.2 企业文化冲突的含义及特征

1. 企业文化冲突的含义

企业文化冲突是企业文化发展过程中不同特质的文化在相互接触、交流时，所产生的相互竞争、排斥和对抗的状态。企业文化冲突包括因不同国家或地区、不同民族、不同行业、不同类型的企业文化之间的差异而引起的文化冲突，也包括企业内部的文化冲突。

企业文化冲突的产生主要是由于不同文化主体所信奉的价值观念差异而引起的。企业中不同的人、不同的群体有着不同的价值观念，它们在企业这个共同的生存环境中相互接触交流时，必然会产生相互竞争、相互抗衡的状态，从而引发企业文化冲突。企业文化冲突是企业文化发展过程中不可避免的客观现象，正是由于企业文化冲突的存在，才推动了企业文化的不断进步。企业文化冲突可能会带来两种结果：一是不同特质的文化相互融合，企业文化得到丰富和发展；二是原有企业文化改变文化特质，完全被一种新文化所代替。

2. 企业文化冲突的特征

企业文化冲突主要有以下 4 个方面的特征：

（1）客观性。企业文化冲突是企业内部文化矛盾发展的必然结果，是一种客观存在的现象。企业文化冲突有其内在的发展演变规律，其冲突的规模、程度等由各方文化的内在生命力和相关因素决定，是不以人的主观意志为转移的。但企业文化冲突的客观性也并不意味着，在冲突面前人们无能为力。人们可以正确认识和掌握企业文化冲突的基本规律，引导冲突向有利于企业目标的方向演变，从而促进企业文化的良性发展。

（2）内在性。和文化冲突相类似，企业文化冲突的根本原因也是在于企业内部文化观念的差异造成的。企业文化冲突最根本地体现在思想深处观念上的冲突，核心是企业价值观念的冲突。企业中的各种行为习惯的冲突、管理制度的冲突、人员之间利益的冲突等，归根到底都是由企业价值观念的冲突引起的。

（3）全面性。企业文化是包括精神文化、制度文化、行为文化、物质文化在内的复杂体系。因此，企业文化的冲突，不仅是价值观念、思维方式、道德信仰等精神领域的冲突，也是行为习惯、管理制度、文化符号等各个领域各个层次的全面冲突。

（4）持续性。企业文化冲突具有持续性的特征，它不像军事冲突、政治冲突等有明确的开始时间，并且随着一方获胜另一方失败或者双方的和解而结束或转化，企业文化冲突往往没有明确的开始和结束时间。从其开始来看，企业文化冲突是企业文化发展到一定阶段的产物，往往是自发的、悄无声息的。企业文化冲突的发展变化会贯穿于整个企业经营管理过程当中，冲突的结果导致新文化的确立是一个持续的过程，何时结束并没有一个明确的界限。

6.1.3 企业文化冲突的表现

企业文化冲突主要表现在以下 4 个方面：

1. 显性文化的冲突

显性文化处于企业文化的浅层，是企业文化中可见的部分。显性文化冲突是企业文化冲突中最常见最公开的冲突，它是来自行为双方的象征符号系统之间的冲突，也就是通常所说的因表达方式（语言、神态、手势、举止等）所含的意义不同而引起的冲突。例如，在我国，人们习惯用点头表示同意、认可，摇头表示否定、反对。但在斯里兰卡、印度、尼泊尔等国家则正好相反，人们以摇头表示同意，点头表示不同意。印度人表示赞同时，总是把头向左或向右轻轻一斜，然后立刻恢复原状。在我们看来往往以为是不同意、不愿意的意思，其实他们是在表示“好的”“知道了”。

显性文化冲突是由文化外在表达方式上的差异造成的，是一些可以识别并描述的事物之间的冲突。因此，通过彼此间的交流、沟通和学习，是完全可以消除和避免的。

2. 制度文化的冲突

企业制度文化是对企业及其员工的行为给予一定限制的文化。不同国家或地区的企业制度文化可能存在很大差异。例如，西方企业一般是在比较严格和完善的法律环境下开展经营活动的，通常会以法律条文作为自己的行动依据；而中国企业往往习惯于按上级行政管理部门的命令、指示、文件来作为办事的章程和决策的依据。并购企业中，不同的企业其原有的制度文化氛围也可能存在差异，有的属于严格型，有的则属于宽松型。即使在同一企业内，不同的部门之间也存在一定的差异。例如生产部门的制度文化往往具有精确、权威、严格的特点。而研发部门的制度文化可能体现出宽松、自由的特点。在不同的制度文化下，企业及员工的行为标准和依据不同，行事风格各异，冲突在所难免。

3. 经营理念和管理方法的冲突

企业中不同的管理者往往具有不同的经营理念和管理方法。从经营理念上来看，有的注重企业存在的社会价值，有的则只注重企业的经济利益。从管理方法上来看，有的强调正规化、规范化的管理，重视科学的技术和方法，有的则强调建立良好的人际关系，重视提高员工的积极性。

经营理念和管理方法的冲突，会使管理者处理各类经营管理问题时的出现意见分歧或对抗，从而阻碍企业正常的生产经营活动的顺利开展。

4. 价值观的冲突

价值观是人们对客观事物及自身行为的根本看法和评价。价值观是支配着人的信念、态度、行为、理解等，影响着人们的工作态度和生活观念。由于每个人的教育状况、年龄阅历、家庭背景等方面的不同，人们的价值观可能存在很大的差异。如果个人的价值观不能有效地协调在企业整体价值观之下，就会产生排斥对抗的状态，引发冲突。价值观的冲突是企业文化冲突中最深层次的内在冲突，是引发其他层面文化冲突的根本原因。

6.1.4 企业文化冲突的类型

企业文化冲突的类型可以分为企业新文化与旧文化的冲突，企业主文化与亚文化的冲突，企业整体文化与个体文化的冲突。

企业文化冲突的类型

1. 企业新文化与旧文化的冲突

企业新文化与旧文化的冲突是指企业的新思想、新观念与旧有的文化观念和传统之间的冲突。从企业文化的发展来看，企业的旧文化是历史积淀下来的，被企业员工所认同和共同遵守的价值观念行为规范的有机整体。由于文化具有稳定性的特点，企业原有的文化会在相当长的一段时间内保持某种惯性或刚性。但是随着社会文化及经济的发展，企业内部符合时代特点的新的文化要素开始形成，它们与原有的企业文化体系有着明显的差异。由于旧的文化依然占有主导地位，其拥护者会极力维护旧的文化及传统习惯，从而造成了与新文化认同者之间的紧张关系。新旧文化的冲突就在这一矛盾的推动下不知不觉地发生了。

新旧企业文化的冲突中，旧文化的拥护者因固有的思维模式与传统习惯，不肯轻易接受新的事物；而新文化的认同者则认为原有的传统经验及思维模式已无法跟上时代的发展，应该得到改革和创新。双方在思维模式、价值观念以及行为方式等方面存在诸多的冲突。值得注意的是，企业新文化与旧文化并不简单地存在孰优孰劣的问题。应该看到，新文化往往是孕育于旧文化之中的。旧有的文化并不是一无是处，新旧文化冲突不是要把过去统统抹掉，对旧文化全盘否定，而是对旧文化的一种扬弃，是在旧文化基础上的进一步创新和发展。

2. 企业主文化与亚文化的冲突

企业内部存在主文化与亚文化之分。所谓企业主文化又称企业的主流文化或整体文化，是指现阶段在企业中占主导地位的，被企业员工普遍认同并遵守的观念体系和行为方式的总和。关于企业亚文化有两种不同的解释：一是指企业的非主流文化，是现阶段在企业文化中处于非主导地位的副文化；二是指企业的亚群文化，是企业中不同部门、不同群体形成的相对独立的价值观和行为方式等，也称企业次级文化或企业子文化。企业亚文化既可能是企业主文化的补充文化、辅助文化，也可能是企业主文化的对立文化、替代文化。企文主文化与亚文化的冲突，有以下两种基本的形式：

（1）企业的主流文化与非主流文化的冲突。这是居于核心地位的主文化与处于非核心地位的亚文化之间的冲突。根据冲突的性质又可以分为以下 4 种情况：①健康的主文化与健康的亚文化的冲突。虽然主文化和亚文化在价值观念或行为方式上存在差异，但由于两者都是积极向上的健康文化，因此企业的领导者可以通过观念的矫正与融合，加强交流沟通等方式，正确处理好两者之间关系，积极吸收和利用丰富、健康的亚文化资源，促进企业主文化的良性发展。②健康的主文化与不良的亚文化的冲突。企业亚文化是不良的、病态的，如果放任其发展，就会干扰企业健康的价值观念和正常的生产经营活动，对主文化产生消极的影响。因此对于不良的亚文化，企业应该及时发现它的存在，并通过一些强有力的措施，将其扼杀于萌芽状态。③不良的主文化与健康的亚文化的冲突。企业的主文化已经演变成为过时的、陈旧的甚至病态的文化，它必然与代表未来文化发展方向的、健康的企业亚文化产生冲突。如果此时处于弱势的健康的亚文化被强势的不良的主文化扼杀，企业将无法健康发展，走向衰败或危机；如果企业陷入危机或受到来自外界的强大压力后，进行了自上而下的改革，积极采取措施促进主文化和亚文化的转换，使健康的亚文化逐渐取代病态的主文化，企业又将走向良性发展的道路。④不良的主文化与不良的亚文化的冲突。企业主文化变得陈旧、衰败后，从其中孕育而生的亚文化也带有各种不良的倾向，使企业文化陷入病态发展之中。此时解决冲突的办法往往是通过决策者的更迭和组织的革新，来重新构建企业文化，使旧有的、病态的文化逐渐解体，健康的、全新的文化逐渐形成。

（2）企业的整体文化与亚群文化的冲突。这是企业作为一个整体与其内部各组成部门以及非正式组织之间的文化冲突。主要分两种形式：①企业整体文化与部门文化的冲突。作为一个整体，企业具有统一的使命和战略，企业中的各个部门在努力完成任务的过程中又有各自不同的组织形式，因此，在企业整体文化中逐渐形成了相对独立的部门文化。部门文化与整体文化之间的冲突，会导致企业的目标无法有效地在各部门得到贯彻执行，影响正常的生活经营活动。为此企业应该把部门文化纳入统一的整体文化体系下，培育积极向上、健康的部门亚文化，促进两者的良性互动。②企业整体文化与非正式组织亚文化的冲突。企业中的个人，除了隶属企业的正式组织体系之外，还可能成为某些自发性团体中的一员。这些自发形成的非正式组织，游离于企业所设定的职责范围与组织层级之外，形成自己独立的价值观念和行为方式，与企业主文化产生较大的差异。非正式组织的文化一方面会发挥积极作用，是企业文化的有益补充，因此企业文化要把非正式组织文化中的良性因素吸收到整体文化中，加以整合。另一方面非正式组织的文化对企业整体文化可能存在消极作用。消极的非正式组织文化往往会造成企业内小道消息横行、人心涣散，影响企业稳定性。为此企业在加强主文化建设的同时，要善于对非正式组织文化加以正确引导，避免其不健康的因素对企业整体文化产生不利的影响。

3. 企业整体文化与个体文化冲突

在一个优秀的企业文化中，个体文化是形成整体文化的前提和基础，整体文化是个体文化的概括和升华，两者相互影响、相互渗透，融合在一起。企业整体文化和个体文化的融合，不是完全牺牲个人的价值观和行为方式去迎合企业整体文化，而是把具有不同意识及行为方式的个人统一到企业整体文化的体系内。但由于企业个体的生活背景、教育经历等不尽相同，价值观、行为方式各异，在个体文化被整体文化整合的过程中，个体文化既存在着向整体文化趋近，认同整体价值观念和行为规范的倾向，同时又有保持固有习惯、继续发展个体文化的倾向。因此，企业整体文化与个体文化之间的冲突是不可避免的。

企业文化的个体可以分为：企业领导、企业英雄人物和普通员工，由于他们在企业文化中的地位和作用是不同的，因此，企业整体文化与个体文化的冲突，可以从3个方面来进行分析：

（1）企业整体文化与领导个体文化的冲突。从某种程度上来看，企业文化是企业领导尤其是企业创始人个人意识和行为方式的综合体现。企业领导的管理思想和行为举止对企业文化的风格起着决定性的影响。但是，领导者个人的意识和行为方式，只有为绝大多数企业员工认同并体现在员工行为上，才能真正转化为企业的整体文化。因此，企业领导者的个体文化与企业整体文化还是存在诸多差异，尤其是企业创始人的后继者以及新上任的企业领导。倘若企业文化不能与领导者的管理理念和领导风格协同一致，那么企业文化就会成为企业领导贯彻其管理思想和决策的阻碍。当企业领导的个体文化与企业整体文化出现冲突时，如果企业整体文化是优良的、健康的文化，企业领导需要及时调整自己以适应企业的整体文化；反之，应采取必要的措施对原有企业文化进行改造和调整，以适应领导者的理念和风格。

（2）企业整体文化与企业英雄个体文化的冲突。企业英雄人物就是企业价值观的化身，他们的观念、品格、气质和行为特征是企业整体文化的集中体现。在优秀的企业文化中，企业英雄的个体文化特征和企业整体文化应该是和谐一致的。但是事实上，企业英雄的个人价值观及行为特征和企业整体文化总会存在着差异，当冲突发生时，一方面要考察企业英雄人物的思想观念和行为特征是否已经偏离了企业整体文化，跟不上时代和企业的发展，倘若如此，企业应该加强对原有企业英雄的教育，或考虑选择、培养新的企业英雄人物；另一方面要考察是否企业整体文化发展滞后于企业英雄个体文化的进步，倘若如此，则要吸收企业英雄个体文化中的先进因素，纳入企业整体文化中，重新塑造企业文化。

（3）企业整体文化与普通企业员工个体文化的冲突。由于个体文化的差异，造成企业整体文化和员工个体文化冲突的原因，也是千差万别、各有不同。有的源于思想观念和认识的不同，有的源于观念更新的速度不同，有的是因为企业新员工尚未熟悉习惯企业整体文化，有的是由于利害关系和利益矛盾所致，有的则是源于个人的性格、偏好或心理原因造成的。企业要解决与个体文化之间千差万别的冲突，一方面需要加强企业文化的传播，增强员工个体对整体文化的认同感；另一方面还要运用权变的思想和手段，针对不同的原因对症下药，才能使冲突向着有利于企业整体文化的方向转化，真正使个体文化融合于企业整体文化之中，以促进两者的和谐统一。

6.2 企业文化冲突分析与管理

企业文化冲突是不可避免的，它的存在对企业的发展有积极的一面，但是，如果不加以管理任其发展，就会给企业带来许多不良的后果。因此，企业需要对企业文化冲突的原因、过程、后果等进行仔细分析，以便实施有效的管理。

6.2.1 企业文化冲突的原因

企业文化冲突的原因

引起企业文化冲突的原因，既有源于企业内部的因素，也有源于外部环境的因素，具体有以下6个方面：

（1）思维方式差异。思维方式是人们思考问题的根本方法，它决定着人们看待事物的角度和方式。不同的生活背景及受教育的经历使每个人思维模式不尽相同。一旦人们形成自己的思维习惯，常常倾向于从自己能理解的角度来看待问题。在企业内部面对同一个问题，不同的人会从不同的角度、利用不同的方式来解决。思维模式的不同造就了性格各异的不同个体，使其在看待事物的角度以及处理问题的方式、方法等方面存在差异，从而引发冲突。

（2）价值观差异。价值观是文化的核心，居于文化的最深层，是决定人们对客观事物所持看法和所采取行动的根本出发点。不同的人有不同的价值观，每一个人都会在长期的生活实践中形成自己独特的价值观。在企业中，具有不同价值观的员工在共同的生产经营活动中，必然会相互碰撞、相互摩擦，每一个个体出于本能会极力维护自己的价值观，排斥、抵触其他的价值观，从而引发冲突。蕴含在企业员工内在的价值观对企业文化理念、企业行为风格等方面均会产生显著的影响，由价值观差异引起的冲突是最深层次的冲突，同时也是引发其他文化冲突的深层原因，其造成的后果往往比较严重，且难以消除。

（3）对文化的认知差异。个体对客观事物的认知是通过亲身经历获得并发展起来的，每个人的认知能力存在差异。在对企业文化的认知上，不同的员工对企业文化的敏感度和理解度也不尽相同。由于企业理念、价值观的抽象性，企业员工可能会有不同的理解，存在一些认识上的偏差，从而引发文化冲突。

（4）沟通障碍。沟通是人与人、人与群体、群体与群体之间交流和传递信息的过程。人们在沟通过程中存在着诸多的沟通障碍，例如：语言、文字、符号等表达方式的不同，沟通媒介的不恰当，或是人们对时间、空间、事物、习俗、价值观等的认识不同等，这使得有效沟通难以实现，从而产生误判、误解甚至冲突。

（5）行为习惯差异。每个人在成长的过程中会形成自己独特的做事风格和行为习惯，不同的个体在行为习惯方面不尽相同。企业员工在工作、生活方面的行为习惯也会存在差异，从而导致企业员工之间无法建立起良好的合作关系，引发冲突。比如有的人做事喜欢雷厉风行、速战速决，而有的人则谨慎小心、稳步推进，这两种不同行为习惯的人一起共事，如果不能很好地加以协调，很容易引起冲突。

（6）外部环境因素。企业文化作为社会大文化系统中的子文化，必然要受到社会文化、民族文化、传统习惯及地理环境等各种外部环境因素的影响。由于外部环境因素是千差万别的，因此在不同环境影响下形成的企业文化就呈现出很大的差异性。由外部因素引发的文化冲突在并购企业、合资企业以及跨地区跨行业经营的企业中比较常见。

6.2.2 企业文化冲突的演变过程

企业文化冲突是不同特质的文化在相互接触时所导致的相互排斥和对抗的状态。当两种以上的不同特质的企业文化相遇时，并不总是处于冲突状态，其发展过程有其自身的演变规律，在不同的阶段会呈现不同的特点。有关文化冲突的发展演变过程，这里我们介绍两种有代表性的观点：

1. 奥伯格（Kalvero Oberg）的观点

美国文化人类学家卡勒弗·奥伯格于1960年第一次提出了“文化休克”（culture shock）这一概念，并在此基础上，提出文化冲突一般会经历4个时期，即蜜月期、冲突期、适应期与稳定期。

（1）蜜月期。人们刚刚开始接触到不同特质的文化时，所有的一切都令人感到新奇和兴奋。这个时期就好像度蜜月般，心情放松、舒适、甜蜜。这种蜜月般的感觉，主要来自人们对接触到的新文化具有好奇心的天性，这种情绪一般会持续几天、几周甚至几个月。

（2）冲突期。又称危机期或敌对期。伴随着新奇感和兴奋感的消失，语言问题、传统习惯、价值观等的不同所带来的问题开始凸显，人们逐渐认识到文化差异的存在，开始体验文化休克带来的各种焦虑、抑郁等负面情绪。这种负面情绪，一方面阻碍人们进一步的交流和合作；另一方面也促使人们去了解不同的文化，成为双重文化者。这个时期一般会持续3～4个月。

（3）适应期。又称恢复期或逐渐适应期。这是经历冲突后逐渐恢复的时期。人们通过学习，对不同特质的文化有了更多地了解和理解，逐渐适应和接受对方的文化差异，不同文化成员之间的合作和交往也变得自然。人们的负面情绪反应逐渐减少，一切开始变得自然和有条不紊。

（4）稳定期。经过适应期后，通过进一步的尝试和学习，人们对对方的文化有了更深入的了解，开始完全或接近完全适应不同特质文化的差别。在彼此的合作和交往中，懂得了接受和欣赏对方的文化。此时，文化冲突可能仍然存在，但人们已经能够理解并接受，负面的情绪慢慢变淡并最终消失，积极的情绪逐渐增加。

2. 麦维斯（Mirvis）与马克斯（Marks）的观点

美国学者麦维斯与马克斯（1992）认为文化冲突产生的过程一般会经历4个阶段：

（1）感知差异（perceiving differences）。企业并购后，双方员工首先会注意到的是不同企业的领导风格、管理行为、处事态度大相径庭，在产品声誉、员工准则等方面也存在差异。几乎企业经营的所有方面，甚至是最平常的方面也会引起人们的极大注意。

（2）放大差异（magnifying differences）。可感知的差异随着时间的不断延伸表现得更加明显和突出。人们开始归纳出结论，企业一些表层文化的差异反映了深层次的价值观和经营理念方面的根本分歧。

（3）模式化形象（stereotype）。在这个阶段，一方员工认为对方员工的样子、做事方式等几乎所有的方面都很相像，于是用一些简短术语为对方以及自己建立一个模式化的“形象”。每一方对自己和对别人的概括都是不同的。一旦形象模式化，通常就意味着一方放弃进一步探究、理解甚至接受另一方文化的愿望和努力。

（4）压制（oppression）。这是产生文化冲突的最后一个阶段。此时，一方文化被另一方文化压制。压制方作为胜利的一方表现出文化优越感。优越感不仅仅表现在态度和观点上，而且在制定战略、政策以及行为方式等方面也表现出让对方无条件接受的强硬要求。因此，双方的员工彼此疏远，进而导致被压制方的强烈抵制，引发文化冲突。

6.2.3　企业文化冲突的后果

企业文化
冲突的后果

企业文化冲突是企业发展过程中的一种客观存在现象，它对企业的影响，既有积极的一面，也有消极的一面。如果能够把企业文化冲突控制在一定的程度和范围内，并加以有效管理，企业文化冲突可以带来积极的后果。

1. 积极的后果

（1）有利于企业管理者全面认识企业内部存在的问题。企业中的不同成员或部门在思想、观念、认知、行为等方面存在着差异性，但由于受到制度、权威等因素的制约，往往会隐瞒各自的真实思想和观点，在企业中表现出和谐融洽的假象。当企业冲突爆发时，很多隐藏和潜在的矛盾就以显性冲突的形式表现出来，企业中存在的问题会充分暴露出来。在不同各方对企业问题提出不同意见时，企业管理者可以获得各种不同的信息，全面地认识企业存在的问题，从而对企业的现状作出正确地判断，形成科学的决策。

（2）有利于文化的融合。不同的文化相互接触时，人们可能会对其他文化产生怀疑、抵触甚至拒绝的心理，从而引发不同文化间的激烈碰撞。如果企业能够通过合适的方式加以引导，增进彼此之间的沟通，形成相互理解尊重的企业氛围，那么企业员工在文化冲突中，通过接触、交流和碰撞，可以增加彼此的认识和了解，学会慢慢尊重和接受其他不同的文化，逐步消除分歧，缩小差异，最终实现文化的融合。

（3）有利于文化的创新。企业内部多元文化的接触和碰撞，可以激发新思想、新观念和新方法的产生，增强企业的活力和创新力。企业文化冲突，还可以促进企业员工对自身的反思，增进彼此间的相互学习交流，激发员工的创造力，从而促进企业文化的变革和创新。

2. 消极的后果

企业文化冲突如果不能得到有效管理，失去控制，必然对企业的经营管理活动产生诸多不利的影响，导致消极的后果。

（1）组织涣散。如果冲突得不到控制，具有不同价值观念和行为习惯的员工，在日常工作中往往容易各自为政、各行其是、各成体系。整个企业犹如一盘散沙，管理者不能将其有效地整合起来。员工之间矛盾重重，企业各项工作散乱，无法形成集中统一的管理，导致工作无法顺利开展，影响企业的正常秩序。

（2）决策效率低。由于冲突的各方都秉持自己的价值观、思维方式和行为方式，在面临决策问题时，往往以自己的方式去分析、判断和评价，难以形成统一的意见。而要协调各方的意见往往需要花费较多的时间，有时甚至难以做到。在企业文化冲突激烈的情况下，决策效率极低甚至无法形成有效的方案。

（3）人际关系紧张。文化冲突使员工之间的沟通和交流变得困难，这使得彼此之间的误会越来越多，距离增大。随着冲突的加剧，员工之间越来越难以相互理解，关系出现裂缝，导致矛盾和摩擦升级，人际关系变差。

（4）负面情绪和怀恨心理蔓延。处于激烈冲突中的个人，在情绪上会产生紧张、焦虑的状态，对工作缺少热情，情绪低落。这种紧张情绪往往带有蔓延效应，会影响到企业中的其他成员。如果企业中经常爆发冲突，员工很容易形成负面情绪，遇事消极考虑，相互抱怨、猜疑。这种负面情绪在员工内心累积到一定程度会怀恨在心，刺激员工做出一些非理性的过激行为，使矛盾和冲突更加剧烈。

6.2.4　企业文化冲突的管理

要避免企业文化冲突所带来的消极后果，发挥其积极作用，就需要对企业文化冲突进行有效管理。这里主要介绍美国行为科学家托马斯（K. W. Thomas）以及麦维斯和马克斯有关冲突管理的观点。

企业文化
冲突的管理

1. 托马斯的冲突管理二维模式

美国行为科学家托马斯在 1976 年发表的《冲突与冲突管理》一文中，用二维空间构建了冲突管理的策略模式，如图 6－1 所示。

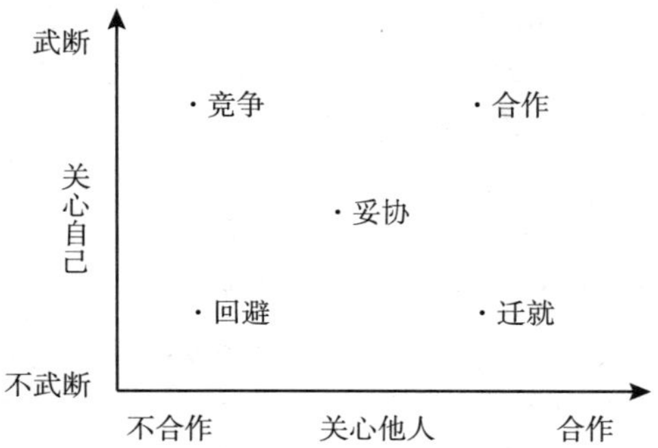

图 6－1　托马斯冲突管理模式

图 6－1 中，横坐标维度“关心他人”表示冲突主体在追求自身

利益过程中与对方的合作程度，也就是其试图使他人的关心点得到满足的程度；纵坐标维度“关心自己”表示冲突主体在追求自己利益过程中的武断程度，也就是其试图使自己的关心点得到满足或坚持己见的程度。托马斯以冲突主体的潜在行为意向为基础，两个维度、两种程度的不同结合，共形成了 5 种冲突管理基本策略。

（1）竞争策略。是一种“我赢你输”、武断而不合作的冲突管理策略。奉行这种策略者，往往只图满足自身利益却无视他人的利益，常常通过权力、地位、资源、信息等优势向对方施加压力，迫使对方退让、放弃或失败来解决冲突问题。这种策略难以使对方心悦诚服，但在冲突主体实力悬殊或应付危机时较为有效。

（2）回避策略。是指既不合作又不武断，既不满足自身利益又不满足对方利益的冲突管理策略。奉行这一策略者尽量保持中立姿态，试图将自己置身事外，任凭冲突事态自然发展，回避冲突的紧张和挫折局面，以“退避三舍”“难得糊涂”的方式处理冲突问题。回避策略是一种消极处理冲突的方法，但可以有效避免冲突问题扩大化。

（3）合作策略。是指在高度合作和武断的情况下，尽可能地满足冲突主体各方利益的冲突管理策略模式。奉行这种策略者必须既考虑自己关心点满足的程度，又考虑使他人关心点得到满足的程度，尽可能地扩大合作利益，追求冲突解决的“双赢”局面。

（4）迁就策略。是一种高度合作且不武断（不坚持己见）的冲突管理策略。当事者主要考虑他人的利益和意愿，压制或牺牲自己的利益及意愿。通常的迁就策略奉行者要么旨在从长远角度出发换取对方的合作，要么是不得不屈从于对方的势力和要求。

（5）妥协策略。是指一种合作性和武断性均处于中间状态，适度地满足自己的关心点和满足他人关心点的冲突管理策略。奉行这一策略者往往采取折中的方法，相互妥协，部分地满足双方要求和利益。妥协策略没有绝对的赢者和输者，是一种被人们广泛使用的处理冲突方式。

2. 麦维斯与马克斯的冲突管理三步骤

在把文化冲突划分了 4 个阶段以后，麦维斯与马克斯建议可以按照以下 3 个步骤来进行管理：

（1）重视双方文化。要避免或缓解文化冲突首先需要了解双方各自的发展历史、管理风格、员工特征以及企业声誉等。很多明智的领导者在并购之初就非常重视双方的文化差异，关注双方的企业文化、内涵以及对人们行为的影响，为进一步分析双方的文化做好准备。

（2）明晰双方文化。帮助员工更透彻地了解对方的文化，建立起有效的信息沟通渠道，加强员工之间的接触与交流，增进彼此间的理解，修正原来的误解和偏见，从而大大降低文化冲突发生的概率。

（3）促进相互适应。在明晰双方文化之后，进一步的工作就是向双方的经理和普通员工传授关于另一方文化的知识，讨论双方的产品线、变革管理系统等，建立起相互适应、相互尊重和理解的关系。

6.3 企业文化整合

企业文化冲突从本质上来说源于不同特质文化之间的差异，如果能够对文化差异进行必要的整合，则可以从根本上实现对企业文化冲突的有效管理。本节将主要探讨有关企业文化整合的相关知识。

6.3.1 企业文化整合的含义

不同特质的文化同处于企业这一共同的环境下，经过接触、交流、冲突和选择，会发生内容和形式的变化，形成一种新的文化体系。企业文化整合是指企业文化在发展过程中将源于企业内部或来自企业外部的不同特质的文化，经过相互适应、调整和修正后，形成统一的企业文化体系的过程。

有效的企业文化整合不是简单地将一方文化强加给另一方，也不是多个不同特质文化的简单相加，而是把不同文化的优秀部分进行提炼和升华，融合成一种新的企业文化体系。整合后的新文化体系在价值观念、行为准则、形象标志等各方面会呈现出新的特征。

6.3.2 企业文化整合的内容

企业文化整合是企业文化多层次、多方面的整合，其主要内容包括以下 4 个方面：

1. 企业物质文化整合

企业物质文化作为企业文化的最表层，它的可见性和直观性能够帮助员工加深理解企业文化的内涵，帮助他们形成整体意识并产生对企业的认同感。为此，企业应在企业建筑物、厂房设备、工作环境、企业标志物、员工服饰等物质文化方面做出相应调整，以配合更深层次的文化整合。

2. 企业行为文化整合

企业行为文化是企业精神文化的外在反映，是企业文化的重要组成部分。企业文化的整合要重新调整和建立企业员工的行为规范，并积极引导员工尽快熟悉新的生产经营方式和学习娱乐方式，营造和谐的人际交往关系，形成新的行为习惯，使之反映新企业文化的价值理念，使员工尽快融入新的企业环境中。

3. 企业制度文化整合

在企业文化的整合过程中，为了让员工尽快适应新的文化，还需要进行制度文化的整合，对企业领导机制、组织机构和管理制度等各方面做出相应调整和安排。由于制度的变动会涉及个人或团体利益的调整，因此企业应以坚定而谨慎的态度推进制度文化的整合。

4. 企业精神文化整合

精神文化是企业文化的内核，不同特质的文化在核心价值观上的冲突是文化冲突的根本原因。因此，精神文化整合是企业文化整合最重要也是最核心的部分。企业应根据企业发展的内在要求，吸取不同特质文化的优点，在经营管理哲学、价值观念、企业愿景与使命、企业精神、企业道德等方面做出相应的调整。

由于物质文化、行为文化、制度文化和精神文化由表及里、由浅入深依次展示了企业文化的不同层面，因而从理论的角度来看，企业文化的整合应该呈现出一个依次递进的过程，即首先进行物质层的文化整合，然后依次是行为层、制度层、精神层的文化整合。但在现实过程中，由于多种因素的作用，文化整合并不会严格按照这一逻辑次序来进行，而是表现出交替进行、复杂多变的特点。

6.3.3 企业文化整合的模式

合适的整合模式有助于企业对不同特质的文化进行有效的整合，下面介绍 4 种可供选择的典型的文化整合模式。

1. 同化模式

即企业主文化对源自企业内部或外部的不同特质的文化加以同化，或是并购企业中，并购方的企业文化植入被并购方企业之中，并彻底替代被并购企业文化的整合模式。这种文化整合模式适合企业主文化或并购方的文化足够强大、占有优势地位且被同化方乐意接受时。如果一方强制另一方放弃自己的文化，可能会引起对方的不满与抵抗，带来激烈的文化冲突，甚至导致企业文化整合的失败。

2. 融合模式

即不同特质的文化相互学习、相互渗透，吸收各自文化的精髓部分，最终融合成一种更优秀的新型文化。应用这种整合模式应理性看待不同文化的优缺点，准确找到各自的优势部分，最终融合成一种被不同文化各方都认可的优秀的新企业文化。如果不同文化各方能相互尊重对方的文化并抱着虚心的态度相互学习，那么这种整合模式就会取得巨大的功效。

3. 分离模式

即企业内同时存在两种或两种以上不同特质的文化，每种文化都保持相对的独立性。选择这种整合模式需要满足两个基本条件：一是企业的不同部分均拥有优质的强文化，员工不愿意放弃原有文化；二是不同部分的员工接触机会也不太多，文化不一致不会引起太大的矛盾冲突。

4. 创新模式

即企业摒弃原有的企业文化，在现有背景下吸收外部优秀文化因素，形成一种全新的企业文化的整合模式。当企业中原有的各种文化都存在很大的不足，基本上没有什么可取之处，并且这种劣质文化严重影响到企业的绩效，企业就可以选择这种创新整合模式，对原有各种文化进行彻底变革。

6.3.4 企业文化整合的原则

不同的企业在企业文化整合中，面临的实际情况不同，具体的要求和方式也不尽相同，但都应遵守一些最基本的原则。一般说来，企业文化整合应遵循以下原则：

1. 包容性原则

文化的包容性即兼收并蓄和求同存异，是文化得以源远流长、生生不息的重要保证。包容性原则是以相互尊重为前提的，管理者应充分尊重不同文化的合理表达，保持员工的人格平等，使不同文化相互宽容、互相协调，通过逐步调整，再造共同意识、共同价值观。拥有不同文化背景的人们只有相互包容、相互尊重、相互理解、达成共识并加以分享，才能实现真正的融合。

2. 扬弃原则

企业文化整合时，要注意吸收不同特质文化中的先进部分，保持先进文化在企业文化中根植和延伸，同时摒弃文化中的落后部分，形成一种符合企业发展的、积极向上的新型企业文化，取得文化整合的良好效果。

3. 充分沟通原则

充分、全面和有效的沟通能够化解文化冲突，增进相互理解与尊重。企业应建立起顺畅的沟通渠道，促进不同文化背景的员工加强对话交流，并持续强化情感上的沟通和内在体验的交流，使不同文化员工间的相互关系达到和谐的境界，取得员工对文化整合的理解与支持，使文化整合工作顺利开展。

4. 借鉴与创新原则

在企业文化整合过程中，一方面要融合企业内部不同特质文化的优秀部分，另一方面还要适时汲取国内外先进企业的文化精华，甚至是竞争对手先进的经营思想和文化观念。在此基础上结合企业自身的特色和时代特点进行必要的创新。最终整合出具有本企业特色的、既有时代气息又能够保持核心价值观和历史继承性的企业文化。

5. 平稳过渡原则

企业文化整合涉及思想观念的转变和行为方式的调整，这往往会给企业员工，尤其是被摒弃的弱势文化的员工心理带来较大的震动，甚至产生抵触情绪。为此，在文化整合过程中，要加强相关的宣传和沟通工作，注重文化整合的方法和技巧，以降低文化整合过程中的文化风险与震动幅度，实现企业文化的平稳过渡。

6. 专人负责原则

企业文化整合是一项极其复杂和艰巨的工作，它需要完成对不同文化要素的重新配置和优化组合，并使大多数员工能够理解和认同企业新的价值观和行为方式，使企业能够在新的文化框架下运作。要能顺利完成这些工作，就应在企业文化整合之初明确指定由专人来负责，并设立专门的机构，在内部形成系统的分工与协作，共同完成文化整合工作。整合工作者的作用是在不同特质的文化之间建立纽带联结，帮助各方增进了解，并在此基础上制定、实施系统的整合计划。

7. 系统整合原则

企业文化整合是一项系统工程。首先需要在充分了解不同特质文化异同的基础上，根据企业的特质、不同文化的特点、领导者的权力风险偏好以及员工意愿等因素恰当选择企业文化整合模式，然后制定具体可行的文化整合计划，逐步实现对原有企业文化的调整与变革。在文化整合初步取得一定成果后，还要加强防范意识，通过反复监督、强化来巩固已有成果，防止倒退现象的发生。在整个过程中，需要调动企业人力、物力、财力等各项资源的配合，需要抓好每一个环节和步骤，只有依据系统整合的原则，稳步推进各项工作，才能保证企业文化整合的圆满完成。

6.3.5　企业文化整合的过程

企业文化整合的过程

企业文化整合是通过不同特质文化之间的相互接触、碰撞、适应及融合，形成新型企业文化系统的过程，一般可分为4个时期：探索期、碰撞期、磨合期和新创期。

1. 探索期

文化整合的探索期是指对不同特质文化的基本情况、文化间的差异及可能产生的冲突等进行全面的考察调研，并据此制定出初步整合方案的时期。为了提高考察调研的准确性和可靠性，可以交由专业调查机构进行，然后对调查数据整理后制定出初步的整合方案。这个阶段主要完成以下主要任务：

（1）充分了解不同文化的特质。企业可以通过多种途径如会议讨论、文化展示或者借助专业咨询机构的力量进行深入的调查分析等，全面认识和了解不同文化的文化类型、核心价值取向、行为习惯、员工对文化的认同度以及不同文化间的差异等。

（2）确立文化整合模式。对企业不同特质文化识别后，管理者应当根据企业的特点、不同文化的特质、文化适应性程度等因素的综合分析结果，确定选择何种文化整合模式。

（3）制定初步的文化整合方案。根据选定的文化整合模式的要求，制定出进行文化整合的计划及具体措施，形成初步的方案。在制定方案的过程中应注意与员工进行沟通，只有员工真正理解了文化整合的措施，才能积极配合整合方案的实施。

2. 碰撞期

碰撞期是文化整合工作开始实施的阶段。这一阶段往往伴随着大量的改革举措，如建立新的组织结构、重新整合管理团队、管理制度变更、人员的变动等。这一时期最重要的工作就是及时诊断并认真监控“障碍焦点”。所谓“障碍焦点”，是指可能对文化整合造成重大障碍的关键因素，它可能是某一关键人物、某个利益集团或某种制度等。管理人员应充分关注该关键因素的发展动态并及时处理。碰撞期由于新旧文化的正面接触而加大了文化冲突的可能性，员工最容易感到无所适从、恐慌、没有安全感。因此，在碰撞时期整合人员应恰当把握文化整合的进度和强度，及时掌握员工的情绪、态度变化，对可能发生的文化冲突进行仔细的监控、分析与管理。

3. 磨合期

磨合期指是新文化经过交流碰撞逐渐适应和协调或趋于稳定状态的时期。这一时期相对于探索期和碰撞期往往历时更长。磨合期的主要任务是对新企业文化的维护与稳固，使员工能够融入新的企业文化氛围中，消除来自不同企业员工之间的沟通障碍，加强员工对新文化的适应性，从而在企业内部形成统一的价值观。为能顺利度过磨合期，整合人员在这一阶段中的工作重点是：通过整合现状与预期目标的比较，判断文化整合的进程，实时调整整合速度；通过面谈、互动交流、研讨、企业内刊等渠道与员工充分沟通，促使员工对新企业文化的认同；肯定并巩固已经取得的阶段性成果以激励员工；预防文化整合工作出现倒退等。

4. 新创期

新创期是指在文化趋向融合的基础上，创新或开拓出新的文化的时期。这一时期的起点一般比较模糊，某种程度上来说文化碰撞期就可视为开拓革新的开始。同样，新创期何时结束也难以界定，它会始终伴随着企业的发展成长，直到经过交流融合，最终保留各自文化中的优势部分，摒弃其缺陷部分，再通过吸收外部优良文化而催生出一种更加适应新环境的全新优秀文化。在实际整合过程中，企业多大程度上能创建出这种全新的优秀文化体系，取决于多种复杂因素和不确定因素的制约。新创期的根本任务是吸取双方文化中的优秀"基因"，学习借鉴外部优势文化，创建既有企业特色又能符合时代特点的新型企业文化。

需要注意的是，由于每个企业的具体情况不同，并不是所有企业的文化整合都必然经历完整的 4 个阶段，整合的 4 个阶段可能出现跳跃性和中断性等。

本章练习题

一、简答题

1. 什么是文化冲突？如何正确认识文化冲突？
2. 简述企业文化冲突的含义及特征。
3. 企业文化冲突主要表现在哪几个方面？
4. 企业文化冲突主要有哪几种类型？
5. 分别解释企业主文化及亚文化的含义。
6. 企业的主流文化与非主流文化的冲突可分为几种情况？
7. 企业的整体文化与亚群文化的冲突可分为哪两种基本形式？
8. 企业整体文化与个体文化的冲突可以从哪三个方面来进行

分析？

9. 引起企业文化冲突的原因主要有哪些？

10. 美国文化人类学家卡勒弗·奥伯格提出文化冲突一般会经历哪几个时期？

11. 美国学者麦维斯与马克斯认为文化冲突产生的过程一般会经历哪几个阶段？

12. 简述企业文化冲突带来的后果。

13. 美国行为科学家托马斯提出的企业文化冲突管理的策略有哪些？

14. 简述美国学者麦维斯与马克斯提出的冲突管理的三步骤。

15. 什么是企业文化整合？其主要内容包括哪几个方面？

16. 典型的企业文化整合模式有哪些？

17. 企业文化整合应遵循哪些基本原则？

18. 企业文化整合的过程可以分为哪几个时期？

19. 简述企业文化整合的探索期的主要任务。

20. 简述企业文化整合的碰撞期的主要工作。

21. 简述企业文化整合的磨合期的主要任务。

22. 简述企业文化整合的磨合期的工作重点。

23. 简述企业文化整合的新创期的根本任务。

二、论述题

1. 试论述企业为什么要进行企业文化冲突管理？如何进行文化冲突管理？

2. 试论述企业如何进行企业文化整合？

三、案例分析题

美国福特——第三代“宫廷政变”①

1927年福特汽车开始由盛转衰，逐步丧失其在汽车市场上的领先地位后，每年都赔钱，第二次世界大战期间，福特汽车已无法以强劲的实力展开竞争。身为公司所有者和“管理者”的老福特，必须独享职权。福特公司中没有几个管理者，大多数人才或被开除，或自动离职。老福特还搞“秘密警察”式的监控手段，用“秘密警察”监视公司所有主管，每当主管企图自作主张时，就向老福特打小报

① 周沫：《福特汽车成长停滞的启示》，企业成长网，2015年4月26日，http：//tjsmep. ezweb2－2. 35. com/qiyechengchangzazhi－131732－9237－item－51212. html，邵海清根据该文改编而成。

告；每当主管打算行使管理上的权责时，就会被炒鱿鱼。

亨利·福特唯一的儿子在第二次世界大战中突然去世，老人仍然掌管福特汽车，这使美国汽车工业界不得不面对一个严峻的现实，当时就有人建议美国政府足额贷款给美国第四大汽车制造公司史都贝克，让其收购福特家族的股权，接管福特公司，使福特公司保有一线生机，如果还不行的话，就将福特公司收归国有，免得福特倒闭，危及美国经济和美国的战争。

福特汽车在亏损中吃老本，又延续20年，1944年，亨利·福特的孙子继任接班，两年后，通过一次“宫廷政变”，改变了他祖父多年来管理福特汽车的理念和做法，进行变革，引进了一套全新的管理班子，拯救了这家公司。福特公司衰败的症结是抑制和破坏管理层，福特公司复苏的关键也是管理层的组织和建设。福特二世没有任何经商的经验，公司中也没剩下几个有水平的管理者来帮助他、指导他，然而他很清楚问题的本质是什么。

福特二世的第一个举措是制定一项基本政策，建立一个真正的管理层。管理团队的大多数人员从企业外面寻找，在引进人才之前，首先进行内部清理，建立公司持续经营的基本原则。由于祖父的亲信位居要职，他必须独力完成这些工作，挑选新人来协助管理。他任命的第一个新人是执行副总裁布里奇，他宣告：布里奇将完全担负起经营重任。

新的主管能独立工作，得到充分授权，也担负了重要责任。在建立各层级的管理职位时，他都充分遵守这个基本原则。福特二世实行了目标管理。过去，福特公司的主管对于公司经营状况一无所知，新领导人则设法让每位管理者都能获得工作上所需信息，并让每位管理者尽可能了解公司状况。他们抛弃了旧观念——主管是企业老板的私人代理，取而代之的新观念是——管理者的权威基于客观的工作职责。个人武断的命令已由根据目标和测评的要求而制定的业绩标准所代替。

福特二世对企业组织结构进行了变革。过去，福特公司采取严格的中央集权式管理。老福特一手掌控所有的权力，制定所有数字，只用一套数字来反映公司复杂的经营状况。比如，福特公司的钢铁厂，年产150万吨，是美国最大的钢铁厂。但在福特公司的总成本中，根本看不到这座钢铁厂的成本。钢铁厂厂长不知道煤炭是花多少钱买来的，老福特把采购合同作为“最高机密”看待。变革以后，福特公司分成15个自主管理的事业部，每个事业部都有健全的管理团队，对经营绩效负起完全的责任，也享有充分的授权，能制定政策，设法达成目标。钢铁厂和零件与设备事业部、国际和出口事务部一样，是众多事业部之一。

福特二世的这些管理观念和组织观念，广泛吸收了通用汽车的管理观念和方法。这些观念曾是通用汽车的基石，是通用汽车能跃升为美国最大制造公司的主要原因。有所不同的是，他从一开始就采取整套原则，而不是一边做、一边改，逐步完善。他的经验就是用实践验证当时最先进的管理观念。福特二世仅用5年的时间，就在公司中创建了一套管理结构和一支管理团队。原本已经穷途末路的福特汽车，缺乏管理、士气低落、乏人领导，但经过10年努力，福特汽车又实现了中兴，公司在国内外重新获得了成长与盈利潜力，市场占有率稳定上升，成为通用汽车公司的主要竞争对手，在美国汽车市场上，和通用汽车的雪佛兰车争夺第一名的宝座，在欧洲汽车市场上，已超过了通用汽车公司。福特汽车中兴奇迹的诞生，应归功于福特公司彻底改变了对管理者的管理原则。

福特兴衰现象的历史分析

福特现象是当时资本主义企业中的一种社会现象。老福特的所作所为，与早期资本主义核心理念是一脉相承的。在西方社会的历史中，维护权势与维护私有是铁定的，军官曾是领主的家臣，军阶曾是军团司令官的私人财产，司令官可以把军阶任意卖给出价最高的人。政府公仆只是领主的代表，领主雇用秘密警察那是常事，在英文中，政府的部长与秘书还是同一个字。

在霸权占上风的社会背景下，业主不想要管理者，是符合潮流的。老福特把公司当成私人财产来经营，也不足为怪。亨利·福特的失败，不是个人气质的失败，福特的人性、人品以及他对事业的贡献是无人争议的，福特现象的本质也不是一个人的成功和失败，而是企业成长到底需要什么样的管理模式的挑战。中国企业“家长制”的管理方式与其相似，但它是封建主义意识、理念的产物。

老福特是想把企业做大、做优、做强的，那他为什么又没有做到呢？因为他没有超越自我，不能完成传统资本主义企业向现代企业的转型，没有摆脱资本主义的那些不利于企业持续发展的落后理念，他误导了管理和管理者，理念决定模式、模式引导方法，老福特坚持老理念不变，既不创新，又不与时俱进，因此，把企业引入了歧途。

思考题：

1. 分析福特公司企业文化冲突的主要表现和主要原因。
2. 福特公司企业文化冲突是如何解决的？

第 7 章
企业文化变革

教学目的与要求：
掌握企业文化变革的动因与阻力、内容与原则、变革模式与流程
教学重点：分析企业文化变革的动因与阻力
教学难点：企业文化变革模式与内容

7.1 企业文化变革的动因与阻力

当今社会正处于一个复杂多变的时代，随着新经济时代和信息化、网络化时代的来临，企业所处的外部环境以及内部环境正发生着日新月异的变化。企业文化具有相对稳定的特点，但当企业原有的文化难以适应企业的发展及内外部经营环境的变化时，就需要对原有的企业文化进行变革，创建一种适应环境变化要求的新型企业文化。

企业文化变革是企业文化发展到一定阶段的必然产物。充分了解企业文化变革的含义、正确分析并认识企业文化变革的动因与阻力，是成功进行企业文化变革的前提条件。

7.1.1 企业文化变革的含义

企业文化变革是指企业为了适应环境的变化或谋求自身的发展而对企业原有文化进行整体性革新的过程。企业文化变革的根源在于企业生存、发展的客观条件发生了根本性的变化，所以，从某种意义上说，企业文化变革是社会文化变革在企业内的具体反映。当

企业面临的经营环境发生改变，或企业谋求自身新的发展时，原有企业文化体系很难适应新的变化或企业发展需要，就必然需要通过文化变革，创建新的企业文化。因此，企业文化变革是企业文化产生飞跃的重要契机。

企业文化变革是企业管理变革的重要内容，它可以破除那些制约改革和发展的思想障碍，解放和发展企业生产力。企业其他方面的变革，比如战略目标、组织结构、管理体制等的变革，都需要内在的文化因素的变革作为支撑。企业文化变革是否成功直接影响着企业能否顺利进行其他方面的变革，它对促进企业改革与发展具有重要意义。

美国心理学家勒温（Lewin）认为，对于一项变革而言，组织中存在着两种力量：一种是推动力，它是有助于改变现实的力量，能引发一种变革或将变革持续下去；另一种是阻力，它是阻止或降低推动力的力量，它阻止变革的发生或变革的继续进行。企业若想取得文化变革的成功，首先需要正确认识引起企业文化变革的动因以及妨碍文化变革的阻力。

7.1.2　企业文化变革的动因

企业文化变革的动因

引起企业文化变革的动因很多，既有企业外部的政治、经济、技术、人口、社会文化、行业文化等环境因素，又有企业内部的各种因素，如企业战略的改变、发展的需要、经营危机、制度创新、领导人观念的转变和更替等。企业文化的变革是企业内外部种种因素的共同作用的结果。

1. 企业文化变革的外在动因

（1）政治、法律环境的改变。企业所处国家的政治环境、政治管理体制、政府的方针、政策及各种法规，无时无刻不在影响着企业文化的发展。任何一家企业文化的发展历程都留有社会政治变动的痕迹。尤其国家的一些关于经济发展政策的转变，相关法律的调整，都可能给企业带来有力的甚至是强制性的文化变革。如我国提出的“一带一路”倡议、全面深化改革的各项政策、消费者保护法、网络安全法、环境保护法等一系列的政策和法律法规的出台，必将推动企业文化发生大规模的文化变革。

（2）经济环境的变化。企业文化作为一种经济文化，不能脱离经济的发展而单独发展。一个国家的经济发展水平决定了企业文化的类型、特征和素质水平。经济的迅速增长可能给企业带来不断扩充的市场和跨文化的经营，国家经济体制、税率、利率和汇率等方面的改变也可能通过市场对企业文化变革施加影响。面临着日益激烈的全球化竞争以及各国贸易保护主义的抬头，企业的经济环境正发生着重大的变化，这些变化将会给现有的企业文化带来巨大的冲击，为了提高企业竞争力，企业文化变革也是势在必行。

（3）技术环境的变化。技术环境的变化从多个方面影响企业的发展，如技术的进步给企业带来新的市场机会，催生许多新的行业，同时也给某些行业带来威胁；科技的发展使新材料、新产品不断涌现，产品的寿命周期大为缩短，要求企业更加重视新产品的研发及更新换代；技术的发展促进流通方式的变化，各种直销方式及顾客自主服务的形式日渐盛行；随着多媒体及网络技术的发展，人们的消费观念和消费方式发生了很多变化。当前技术的迅猛发展已经广泛影响到企业的生产、销售等各个领域，使企业的经营思想和价值观念也随之发生了深刻变化，进而引发整个企业文化的变革。

（4）社会文化环境的变化。企业文化是社会大文化系统的一个子系统，是整个社会大文化在企业中的具体体现。社会的价值观念、宗教信仰、风俗习惯、道德规范等这些社会文化环境因素制约着人们的思维方式和行为方式，决定了人们对企业产品、服务标准的评价以及消费习俗等。社会文化具有一定的稳定性，不会轻易发生改变，但随着时代的进步和全球文化的进一步融合，企业所处的社会文化环境也会发生变迁。社会文化的变迁会引起人们的思想观念以及行为习惯发生重大的变化，企业文化受到社会大文化变迁的影响，必将进行必要的变革以适应社会的发展。

（5）人口环境的变化。人口环境是决定市场及员工特点的第一要素。人口的数量直接决定市场规模和潜在容量，人口的性别、年龄、受教育程度、技能水平、居住分布等对市场需求特性及员工素质产生着深刻的影响。当今社会，由于人口环境的变化，消费者的需求越来越多样化，企业员工越来越个性化，在这种发展趋势下，企业应改变原有的标准化生产和无差别对待员工的方式，代之以多元化的方式，根据每个人的特点区别对待。人口特性及其发展方向的变化，要求企业加强对人口环境的研究，根据变化及时转变企业的经营思想、管理哲学，调整行为规范，对企业文化进行必要的变革。

（6）行业文化的变化。行业文化是指在一个行业内形成的具有本行业特色、为全行业内各企业和员工所共同认可的价值理念、精神信念、经营思想、道德准则和行业规范的总和。行业文化是在一定的社会文化和经济文化背景下产生的，它是行业内各企业在经营管理、生存发展过程中形成的思想成果和行为准则。行业文化既有社会及经济文化内涵所赋予的共性，又有其行业自身的个性。由于各个行业在生产特征、管理模式和服务要求上存在着不同的特点，所以其文化形态也必然存在差异。行业发展的整体态势，尤其是行业中竞争对手的力量对比的变化，都会要求企业文化随之进行变革，以适应行业文化的变化。此外，竞争对手、供应商、代理商等的某些方面变化也可能引发企业文化的变革。

2. 企业文化变革的内在动因

推动企业文化变革的内部力量主要有以下 5 个方面：

（1）企业战略的转变。在企业根据外部环境和内部条件的变化制定新战略时，如果原有文化不能随着新的战略进行变革，那么原有的企业文化就可能成为实施新战略的阻碍力量。新战略目标的实现，必须要有与之相适应的优秀的企业文化来支撑和引领。在战略管理过程中，企业内部新旧文化的协调和更替是战略实施获得成功的重要保证。因此，要贯彻落实新战略，除了制定完善的组织制度和管理措施外，还需要相应地进行企业文化的变革，以便把决策层的文化愿景逐步转化为全体员工的文化愿景和实际行动，促进企业新战略的顺利实施。

（2）企业发展的需要。按照企业生命周期理论，企业的发展一般要经历创业期、成长期、成熟期和衰退期 4 个阶段。企业处在不同的发展阶段，有不同的特征，面对不同的管理问题，需要有不同的文化牵引、规范和支撑，当企业由前一个发展阶段向后一个阶段转变时，需要抓住时机，变革企业文化，推进文化创新与发展，使企业文化与发展阶段相适应、相协调。经过变革，让企业文化能跟得上企业的发展变化，保持应有的活力，甚至可以推迟衰退期的到来，使企业进入了可持续发展的良性循环阶段。哪怕在企业的衰退期，如果能够重新塑造符合时代特质的新型企业文化，也能使企业焕发新的生机，保证企业经营持续健康发展下去。

（3）解决企业经营危机的要求。企业的发展不可能永远一帆风顺，难免会遇到困难和挫折，甚至遭遇经营危机。造成企业经营危机的直接原因，可能来自外部环境，也可能来自企业内部，如资本能力、技术能力、成本经营、营销策略等因素。当企业陷入重大危机时，除来自外部环境的因素或偶然的重大决策失误造成的以外，多半都有其深刻的根源，这种根源往往是由于企业文化的滞后造成的。企业内在的思想观念及传统习惯不能随企业的发展而变化，累积到一定程度，必然以危机的形式得以爆发。企业经营危机的结果使企业的所有人都受到心灵的震撼，危机的直接、可怕甚至灾难性的结果使企业的全体成员认识到企业文化与企业和个人前途命运的密切相关性，为新文化的形成提供了心理基础。企业陷入经营危机时，为从根本上解决问题，应大力推进文化的革新，用一种新文化武装企业，使其摆脱危机，焕发新的生命。

（4）企业制度创新的需要。在企业发展过程中，企业文化与企业制度是统一的，企业文化建设离不开企业制度的保障，企业制度的创新反过来又会推动企业文化创新。一般而言，有什么样的企业管理制度，就有什么样的企业文化与之相适应。如果仅仅是制度进行了创新，企业仍沿用原来的思想文化观念，员工还是保持原有的思维方式和行为方式，新的制度便无法在企业中得到贯彻实施。因此，企业在进行制度创新的同时，必须有目的地对企业员工的价值观及行为习惯进行正确的引导，并予以强化，使之稳定下来，最终形成一种能够与制度创新的内容相互协调、互相促进的新企业文化，只有这样，制度的创新才能真正落到实处，取得成功。

（5）企业领导人观念的转变或更替。企业领导人既是企业文化的缔造者又是企业文化革新的推动者。企业文化在一定程度上可以说是企业领导人的文化，是企业领导人自身人格和思想在企业中的具体体现，不同类型的领导人可能会倡导和信守不同的企业文化。当企业领导人观念发生转变，或者领导人更迭，而新的领导人与前任领导的观念迥异时，就需要及时创新和变革企业文化，使新人、新观念、新思路、新作风相得益彰，取得良好的管理效果。

由于企业的内、外部环境是不断发生变化的，企业文化在内外部种种因素的共同作用下，需要不断的变革和创新，以适应新的形势，求得自身的良性发展。

7.1.3 企业文化变革的阻力

企业文化
变革的阻力

企业文化变革是企业适应内外环境变化的必然选择。企业文化变革过程中不可避免地会面临诸多阻力，要想使文化变革获得成功，就必须认真地分析变革中可能遇到的阻力。企业文化变革的阻力可以从个体、组织、文化和社会这 4 个方面来分析。

1. 个体层面的阻力

企业是由一个个有思想、有感情的具体的个人组成的，企业的发展、变革与个人的利益息息相关。因此，在企业文化变革过程中所遇到的阻力首先来自企业成员个体的抵制。企业文化变革中来自个体层面的阻力大多源于人的特性，主要包括以下 5 个方面：

（1）认知障碍。在现实生活中，因为价值观念、知识结构以及生活经历等方面的差异，每个人都会形成自己的独特的认知体系和态度体系，不同的人对企业文化变革必然会产生的不同的理解和态度。如果人们对企业文化变革的目的、意义、要求和前景认识不足，理解差别很大，其结果就有可能导致基于认识不清或理解混乱而抵制、干扰变革。如果再加上企业文化变革前的信息沟通不够，对变革的意义宣传不到位，更会引起一些员工的不满和误解。导致企业员工对变革前景心存疑虑，对变革不理解、不支持，采取抵制的态度。

（2）个人习惯方面的阻力。企业员工长期处在特定的环境中从事某种具体的工作，就会在自觉或不自觉之间形成对这种环境和工作的依赖感，形成关于环境和工作的一套较为固定的看法和行为，即习惯性。这种习惯性建立在不断反复的基础之上，逐步沉淀在他们的意识深层，一旦形成，就会在相当长的时间内影响甚至支配他们的心理活动和行为。由于习惯的根深蒂固性，当企业文化变革来临时，员工通常总是按照自己习惯的心理和行为对外部刺激做出反应。这种以惯常方式做出反应的趋向就会成为变革阻力源。当文化变革试图改变员工固有的习惯时，会给他们带来强烈的感情震荡，很容易失去对文化变革的公正判断，或者给他们带来心理上的不适，产生抵触和反对态度，阻碍变革的顺利进行。

（3）对未来不确定性的恐惧。心理学研究表明，不确定性因素使人产生紧张和忧虑，绝大多数人都不喜欢每天生活在不确定性之中的。而变革的意义在“新”，企业文化变革给企业员工带来新观念、新环境、新工作、新技术、新方法等。新的东西是人们所不了解和不熟悉的，有很大的不确定性和风险性，因而，个体就会产生对组织未来发展不可预见性的焦虑和不安全感。由于担心变革可能给自己带来的不良影响，因而对变革不轻易认同。加上企业文化变革的复杂性，人们很难对未来变革的结果进行精确计算，未来的不确定性造成人们的不安心理，进而对文化变革产生疑虑，形成消极态度和抵制行为，阻碍变革的顺利进行。

（4）害怕失去既得利益。企业文化变革的阻力还来自企业既得利益者的恐惧感。由于变革会打破现状，破坏已有的均衡，必然会损害一部分人的既得利益。这种既得利益既包括物质方面的利益，也包括职位、权力、荣誉等无形的利益。文化变革带来的常常是利益的重新调整、权利的重新安排，资源的重新分配，广泛涉及每个人的切身利益。当文化变革将危及一些成员原有的利益时，这部分人就会把变革视为威胁，成为文化变革的最大抵触者，甚至采取强硬措施抵制变革。

（5）思想观念方面的阻力。员工个人的思想观念往往也是抵制企业文化变革的一股强大力量。那些思想开明、具有创新观念的人更乐于接受变革，而那些思想保守、崇尚稳定的人往往因循守旧、迷恋传统，习惯于原有的秩序和体制，害怕变革。具有保守思想和稳定观念的人最喜欢维持现状，对文化变革的容忍度较低，变革的抵触情绪较大。

2. 组织层面的阻力

企业并不是个体的简单相加，而是按照一定方式相互联系起来的系统组织。当文化变革发生时，组织层面的阻力通常以一种整体性、系统性的方式表现出来。

（1）结构惯性。随着企业的发展，所面临的问题增多，工作复杂性日益提高，相应产生出各种规则、制度以及系统的结构。严格的规章制度以及稳定的系统结构维护了企业正常的生产经营秩序，但同时也制约了企业对环境反映的灵活性，在组织变革过程中，必然发展成为阻碍变革的力量。如在理想的行政组织结构中，员工分工明确，各项职务都有详细的规定，每个人的权利、责任的范围等界定清晰，强调上下级之间的严格的等级关系，下级对上级绝对服从。这种以效率为中心建立起来的组织，其在精确性、迅速性、统一性等方面具有明显优势。但当企业文化变革时，尤其是要增强企业的灵活性和创新性的特征时，在原有的结构惯性下，员工往往无所适从，对变革感到迷茫、迟疑甚至抵触、排斥，影响变革的顺利推进。

（2）对原有利益关系改变的担心。系统的企业文化变革不仅涉及观念和行为方式的改变，还涉及组织结构、制度、人际关系的改变。因此，变革往往会对企业内部的权力及利益进行重新分配，那些原本在组织中权力较大、地位较高、利益较多的部门和群体因担心权力、地位及利益受损，于是对文化变革持消极甚至反对的态度。另外，一旦实行变革，那些在组织中业已形成的默契和利益均衡状态可能被打破，员工因担心自己成为变革的牺牲者，进而对变革采取抵触的态度。

（3）群体阻力。在企业文化变革的过程中，原来的组织结构和组织关系被打破，代之以新的结构和关系。变革带来的不仅是正式组织结构和关系的重组，而且也会导致非正式组织发生变化。群体内原有的平衡关系，如和谐的人际关系、良好的工作协作关系、密切的情感关系等，因为改革而遭到破坏，而新的平衡则需要时间才能建立，于是群体的不满意倾向就产生了。这种为维护群体关系平衡而对变革的抵制是最典型的群体阻力。

（4）经济方面的阻力。企业文化变革是一项庞大的系统工程，需要投入大量的人力、物力、财力等资源。而文化变革给企业带来的经济效益却不会立竿见影地显现，甚至没有明确的衡量标准。另外，企业从旧文化向新文化的转变，不像技术的更新、产品的换代那样短时期内就可实现，它往往需要长年累月的积累和变革才能完成。因此，企业文化变革需要企业员工付出大量的心血，经过长期不懈的努力，才可能成功。在此期间，由于投入巨大、收入甚微，甚至看不到经济成果，员工对文化变革产生疑虑和不解，缺乏支持变革的动力。

3. 文化观念的阻力

（1）文化惰性。相对组织结构、制度等显性阻力而言，组织文化这种隐性阻力就更加隐蔽，对员工的影响也更为深刻，更难以克服。企业文化往往是经过长时间的文化积淀而逐渐形成的，一旦形成，不会轻易发生变化。它具有稳定性的、连续性和持续性的特点。一种企业文化，无论其是否优良，都可能会表现出阻抑企业文化自身发展的惰性。企业文化的惰性使得任何想转变其固有模式的努力都变得极为困难。一个企业的过去越是成功，越是会助长文化上的惰性与自满。当企业面临的环境发生巨大变化或是战略方向转变，需要变革企业文化时，其内部根深蒂固的文化惰性，就成为一种可怕的力量，它束缚企业的手脚，约束企业员工的思想，使其不敢或不愿进行创新和变革。

（2）陈旧的价值观念。价值观念是人们对客观事物及其价值的总的看法和评价。企业价值观是企业文化的核心要素，对企业文化的其他方面起着主导和决定性的作用。企业的制度、行为、习俗等无不带有企业价值观念的特点。积极向上的价值观念，可以促进企业的良性发展。反之，陈旧腐朽的价值观念，会给企业带来不良影响，使员工思想趋于僵硬、保守，做事喜欢因循守旧、不思进取。陈旧过时的价值观使企业文化缺乏不断进取的创新精神，直接导致企业的故步自封和落后。当企业文化发生变革时，员工往往会感到压力与紧张、混乱与不安，形成心理上的抵触情绪。

4. 社会层面的阻力

企业是社会中的一员，企业文化变革不可避免地涉及一些社会问题，因此，企业文化变革除了来自企业内部的阻力外，还会遇到企业外部的社会环境中的阻力。这些阻力可能来自消费者、竞争者、政府政策、供应者、社会团体、大众舆论等。如政府对失业和安全的政策和干涉，消费者对新文化的不认同，银行、股东对变革的风险和收益的疑虑，利益相关企业因利益受损而抵制，消费者协会因保护消费者利益而施加压力，大众和社会舆论对新的企业观念的不同评价和解读等。处于复杂的社会环境之中的企业在进行变革时，必然会受到外界社会环境的制约，一些组织、团体或个人从自身利益角度出发可能会对企业文化变革进行抵制，甚至利用各种手段阻止企业文化变革的进行。此外，企业文化变革阻力还与民族文化、地区文化的保守性等有着密切关系。

在企业文化变革中，遭遇到各种阻力是客观存在、不可避免的。虽然文化变革的阻力复杂多样，但也是有规律可循的，这就需要找到阻力背后的动机和原因，对症下药，才能减弱或消除阻力，取得企业文化变革的成功。

7.2 企业文化变革的内容与原则

企业文化变革的内容与原则

如何进行企业文化的变革？在分析了企业文化变革的动因和阻力的基础上，首先需要了解企业文化变革所包含的主要内容以及进行企业文化变革所应遵循的基本原则。

7.2.1 企业文化变革的内容

企业文化的变革是企业所有变革中最深层次、最广泛的变革，它既涉及对企业全体员工理念的改变，也包括对企业制度、员工行为规范以及习惯风俗的改变，还包含企业标志、形象的改变。具体来讲，主要包括以下 3 个方面的内容：

1. 以价值观为核心的理念层变革

理念层的变革涉及企业价值观、管理思想、经营哲学及理念等，其核心是企业价值观。企业的理念层的变革是企业中最深层次的变革，也是企业文化变革中最难以改变的部分。它既涉及企业整体文化的深层反思，也涉及对企业环境变化的重新认识。企业价值观等理念具有稳定性的特点，它根深蒂固于人们的思想之中，体现在人们的行为习惯上，不容易发生改变。但是随着企业的发展和环境的变化，它也不是一成不变的。触发企业理念变革的，往往是企业遭遇重大经营危机、企业的经营环境急剧发生变化或者领导人改变观念及更替。

阿里巴巴创立以来，曾经多次进行了“价值观”的更新换代：

2001 年，将“独孤九剑”确立为阿里巴巴的价值观，并裁掉一批“与组织价值观不相符的员工”；2005 年，阿里巴巴将企业核心价值观变革为“六脉神剑”；2019 年又升级为“新六脉神剑”。

2. 企业制度和风俗的变革

当企业新的价值理念形成，为了使新理念被企业员工所践行，必须设立与之相匹配的制度与行为规范，保证企业精神文化的落地。企业制度和风俗的变革包括管理者和员工行为规范的调整，企业一些特殊制度和典礼仪式等风俗的设立和取消，涉及企业文化制度层和行为层的变革。

3. 企业标识等物质层的变革

企业标识变革主要包括了企业及品牌的图形文字、企业及品牌名称、企业用色、企业象征物等的变化。企业标识作为企业文化的外在表现符号，它的调整是为了配合企业核心价值观等理念层的变革，以和企业新的价值理念保持一致，同时也是为了树立企业个性鲜明的独特形象。除了企业标识的调整，企业还可视具体情况在企业建筑物、厂房设备、工作环境、员工服饰等其他物质文化方面做出相应改变，以配合企业文化的深层变革。

在进行企业文化变革时，应该注意的是：理念层的变革是企业文化变革中最核心、最重要的部分，制度行为层及符号物质层的变化是为了配合理念层的变革，为和企业理念层保持统一性而在外在表现方面做调整。企业在实施文化变革时切不可本末倒置，把文化符号等企业形象的塑造或制度、行为规范的调整作为文化变革的核心工作。

7.2.2　企业文化变革的原则

企业文化变革应该遵循以下 5 项基本原则：

1. 审慎原则

现存的企业文化具有巨大的惯性，企业文化变革涉及打破企业中久已存在的定势，意味着改变员工们长期固守的态度和观念，这就不可避免地会引发出各种问题和矛盾。因此，企业文化变革要充分考虑到环境的变化、企业的发展以及员工的接受能力等各方面的因素，审慎地进行。哪些东西要变？如何变？都要充分思考透彻，并且要采取切实可行的措施保证变革的顺利推进。如采取情况介绍、讨论、征询意见、培训等措施帮助员工调整心态、改变观念。如果企业没有为文化变革做好充分的准备，冒进强制推行新的企业文化，那么企业文化变革很可能会因此挫伤员工的自尊心，激化某些矛盾，从而削弱变革的效果。

2. 持久性原则

企业文化的变革涉及人的观念的变革，而旧观念的改变、新观念的形成，非一朝一夕之事。因此，企业文化变革不是立刻就能开展，也不会轻易地迅速完成，它是一个长期的、持续的过程。企业要有打持久战的思想准备，持之以恒、不懈努力，要认真分析变革过程中可能遇到的困难，建立起足够的信心和勇气，积极主动、迎难而上，千万不可遇到困难就退却，否则将会前功尽弃，导致文化变革的失败。

3. 系统化原则

企业文化变革是一项涉及多方面多层次的系统工程，因此必须从系统的角度看待企业文化的变革。在进行企业文化变革的时候，除了注重以价值观为核心的理念层的变革，还要注意其他相关制度、行为规范以及外在形象的相应调整与配合。为此，企业在进行文化变革时，要全面对企业管理和经营系统进行重新审视，围绕企业新的价值观的塑造，统筹规划，分层次有步骤地进行系统化的逐步推进。

4. 自上而下原则

几乎所有企业文化变革成功的案例都表明，变革企业文化只能遵循自上而下的原则进行。企业文化的变革往往首先是从最高层管理者的观念转变开始，然后逐级层层推动，直到落实到最基层员工的思想观念及行为之中。没有来自最高层管理者的积极推动和榜样行为，新的价值观念就难以播撒到企业的每一个角落，也难以在员工心目中扎下根来。另外，企业文化变革也意味着要改变那些与新的价值观念不协调的政策和制度等，而只有最高层管理者才拥有改变企业深层机制的权力。因此，最高管理者公开表明赞同改造企业文化的坚定态度，并且花费时间和精力致力于推动企业文化变革，是至关重要的。只有这样，企业文化变革才能顺利进行，取得实效。

5. 全员化原则

企业文化变革需要依靠全体员工在企业中的实践与落实。只有全体员工的价值观和行为方式得以转变，企业文化变革才算取得成功。企业文化变革的主体必然是企业中的所有员工，必须坚持“从群众中来，到群众中去”的基本理念。为此，企业应善于听取员工的建议，加强与员工的沟通交流，让员工明白企业文化变革的目的和意义，发动员工积极参与、献计献策并身体力行。企业文化变革只有取得全体员工的理解和支持，在全员参与的前提下才能最终获得成功。

7.3　企业文化变革的模式与方式

要想取得企业文化变革的成功，还需要掌握一定的方式、方法。对于如何进行企业文化变革，许多国内外企业文化领域的学者提出了一些企业文化变革的模式，为我们提供了可借鉴的方法和程序，同时对企业文化变革的方式做了相关探讨。

7.3.1　企业文化变革的模式

不同的学者从各自的角度提出了不同的企业文化变革模式。这里主要介绍两位著名学者的企业文化变革模式。

1. 沙因的转型式文化变革管理模型

沙因基于对心理—社会动力学的研究，对勒温（Kurt Lewin）的组织变革模型进行了改进，提出了转型式文化变革管理理论。

沙因提出的转型式变革过程有三个阶段：解冻、重构和再冻结。

第一阶段：解冻。这是激发变革的动机，为变革创造动力和意愿的阶段。沙因描述了解冻一个组织的 3 种办法。①足够的失验信息引发组织成员强烈的不适和失衡感。失验信息是指那些表明组织的某些目标没有实现或者某些程序没有完成的信息，譬如销售量下降、产品出现质量问题、员工离职率上升等。这类信息会带来不平衡感，使人感到不适和紧张。②产生生存焦虑和内疚。失验信息与重要的目标和理想相联系，引发生存焦虑和内疚感。③创造克服学习焦虑的心理安全。如果组织成员能够看到解决问题和学习新事物的可能性，意识到学习新的思维或行为方式是可以做到的，就可以有效降低学习焦虑。为此，变革的领导者就应该创造条件来增强人们的心理安全。只有当一个组织开始通过创造心理安全真正地进行变革时，组织才会发生真切和显著的变化。

第二阶段：学习。这是认知重构的阶段。这个阶段需要学习新概念、原有概念的新含义和新的评价标准。组织成员可以通过两种途径来学习：通过模仿并且从心理上认同榜样进行学习，或者通过试错及不断的尝试各种新的解决方案来学习。

第三阶段：再冻结。这是内化新的概念、意义和标准的阶段。第二个阶段发展出的新概念、新意义及新评价标准，在这个阶段需要重新冻结。企业成员要认同并适应新的概念、意义及标准，并把其内化到自身观念和身份中，内化到长期关系中。伴随着文化的内化和固化，文化转型和变迁得以完成。

2. 谢瑞顿和斯特恩的文化变革模式

美国学者杰克琳·谢瑞顿（Jacalyn Sherriton）和詹姆斯·L. 斯特恩（James L. Stern）在其合著的《企业文化：排除企业成功的潜在障碍》一书中详细讨论了企业文化变革问题，并提出了一套企业文化变革模式。该模式由“需求评估、行政指导、基础结构、变革实施机构、培训和评价”六个部分组成，如图 7－1 所示。

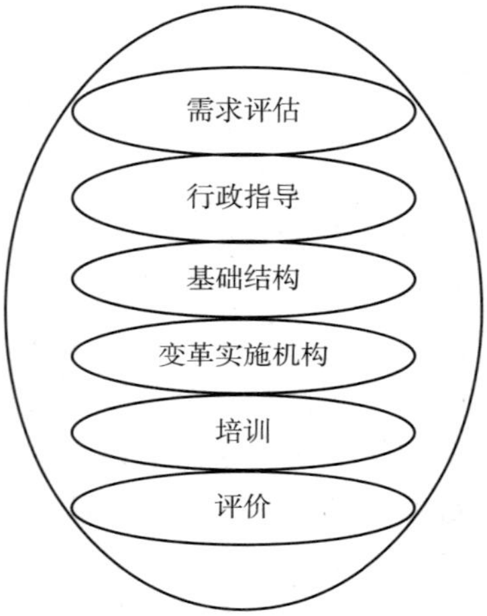

图 7－1　谢瑞顿和斯特恩的文化变革模式

谢瑞顿和斯特恩认为企业文化变革或新的企业文化的产生一般要经历前后相互衔接的 6 个阶段：

（1）需求评估。即分析评估现有文化与向往文化状态之间的差距。对于大多数企业而言，管理者无法描述组织现存的文化和他们向往的文化。很多时候，组织成员对现有文化的感知完全相反，也就更加不清楚企业文化的现状和未来变革的方向。因此，首先必须通过调研、数据收集、分析测定文化的现状，通过对比明确其与向往状态之间的差距，对文化需求进行评估。需求评估会使企业明白为达到目标需要加以改变的范围和需要承担的义务。它帮助管理者决定采用最佳策略，鼓励他们制定行动计划，可以作为变革的动因和推动力。

（2）行政指导。即企业最高层管理者通过切实可行的步骤向员工们说明“企业在新的文化条件下将要走向何方以及为何要做出此种选择的问题”。文化的变革需要领导者的大力倡导和行政方面的密切执行。管理者必须向员工们明确说明努力的方向，为新的或是改变了的企业文化提供定义并制定计划。行政指导意味着一方面在高层管理团体中形成有关企业文化变革的统一观点，另一方面是要清楚地确定文化的变革会导致的预期结果。

（3）基础结构。即调整和建立有利于新文化建设的运转过程和制度。企业文化一旦发生变革，就必须围绕新的组织文化，对原有的企业过程和制度加以改变和调整，形成一个有利的基础结构。这对于变革成功是至关重要的，它不仅会为企业准备了新的环境，而且使文化变革在过程和制度上被加以保证，为新意识产生提供方向。

（4）变革实施机构。即建立具体承担变革事务性工作的临时性的执行机构。变革实施机构是一个为了完成某项具体的任务而建立起来的临时性组织机构，它通过处理那些需要特别关注的基础结构部分中的问题来帮助文化变革的实施。其成员可以从企业各个不同的部门抽派，也可由原先一个部门的人们调拨而成，它可以由一个小组或多个小组组成。变革实施机构的成员担当着企业文化变革使者的重要职责，他们应该代表企业整体，必须是可靠的，并为人们所敬重和信任。

（5）培训。即培训所属成员了解和认同新文化模式。通过培训，进行新文化的宣传，是促进文化变革的一项重要策略。在进行文化变革的决定已经做出，文化变革的实施计划已经安排就绪，培训即可开始。企业中每个人都应参与到培训中来，这样有助于团队的建设，有助于团队成员和领导者为文化变革更好地承担职责。种类各异的培训需要消耗大量的时间、精力和金钱，培训过程的安排取决于企业的规模和结构。

（6）评价。即对文化变革实施过程及其结果进行测定和衡量。企业文化变革是一项长期的、复杂而又困难的任务。在这一过程中，必须有一个衡量的尺度来保证追求目标的正确性，保证正在完成既定的任务。评价不仅是衡量成果的手段，也是对过程的一种干预手段。通过评价，假如发现某一具体的发展趋势呈错误势头，那么企业必须采取行动对此加以改正；假如发现发展趋势呈正常势头，那么企业需要采取的行动就是继续朝此方向努力，甚至加强力度。

7.3.2 企业文化变革的方式

企业文化变革的方式可以按照不同的标准来划分。

企业文化
变革的方式

1. 按企业文化变革的程度与速度划分

按照企业文化变革的程度与速度，可以分为渐进式变革和激进式变革。

（1）渐进式变革。这是一种持续、稳步推进企业文化变革的方式，是企业文化在不知不觉之中发生从量变到质变的积蓄过程。新的企业文化特质在缓慢的变革进程中逐步取代旧有的企业文化特质，不动声色地渗透到企业员工的思想和日常行为之中。这种企业文化变革方式，企业员工通常感受不到文化变革所带来的强烈冲击，改革中遇到的问题和矛盾，往往能够在持续的变革过程中得以化解和解决。渐进式变革能够使企业保持平稳、正常的运转，保证企业文化变革的顺利进行。

（2）激进式变革。这是一种急剧改变企业现有文化特质的方式，是文化特质非常态的突然改变和飞跃。激进式变革会在短时间内改变原有企业文化的风格、模式和结构，使整个企业文化体系发生翻天覆地的变化。这种变革方式不仅仅是人们工作、生活方式及习惯的表层变化，更是企业文化深层结构的改变，是构成企业文化核心部分的价值观念体系的改变。激进式变革带来的急剧变化常常会对企业员工的思想感情产生强烈的震撼，迫使人们进行痛苦的选择。

2. 按文化要素来源划分

按照文化要素来源，可分为企业文化整合、企业文化移植和企业文化重塑。

（1）企业文化整合。企业文化整合是把不同特质的文化，经过相互适应、调整和修正后，形成一个统一的企业文化体系。企业文化整合的关键是如何有效地吸取不同特质文化的优点，把不同文化的优秀部分进行提炼、升华、融合，最终创造出一种新的企业文化，实现企业文化的变革。在第 6 章中，我们对企业文化整合做了详尽的分析，这里就不再详述。

（2）企业文化移植。企业文化移植是指把源于企业外部的优秀企业文化植入本企业中，并结合自身企业的实际情况进行改造、创新，形成一种新的文化。企业文化移植可以利用外部优秀的文化来重新塑造原有的企业文化，为原有文化带来新鲜的血液，促进其发展和创新。

企业文化移植成功的要领是要结合企业的实际情况，具体问题具体分析，切忌“克隆”式的照抄照搬。不顾实际情况，不尊重客观规律的“克隆”式移植，只能带来失败的结果。企业文化的产生和成长都需要有其特定适宜的条件，而对于任何两家企业来说，不可能具备同样的组织结构、管理团队、组织制度、员工素质，更为困难的是，也不可能面临同样的历史、社会环境。因此，试图把成功企业的典范文化不加改变地移植到那些尚不成熟的企业之中，是很难获得成功的。一个典型的案例就是迪士尼兵败巴黎。迪士尼可谓是美国文化的典型象征，甚至是美国文化的重要组成部分，可是迪士尼登陆巴黎之初却遭到了强烈抵制，原因就是迪士尼公司在创建巴黎迪士尼乐园文化时，不是以欧洲人的文化特征为出发点，而是沿袭了美国的文化思想。面对法国这样具有悠久历史文化传统的国家，美国文化想打破欧洲的传统思想文化，在巴黎立足是一项很有难度的挑战。巴黎迪士尼在建立之初，就受到了法式文化的强烈抵制，法国的知识界人士基本都反对迪士尼入驻，称其为美国的“文化核泄漏”，就连当时的法国总统都拒绝参观迪士尼乐园。开业 27 年来，巴黎迪斯尼乐园的经营几乎一直处于亏损状态。由此可见，企业文化的简单“克隆”是不现实的。企业在进行文化移植时，应该结合自身的具体情况，把引进的其他优秀企业文化加以改造和创新，并精心培育，使优秀文化的核心要素像种子一样在企业里生根发芽、开花结果，建立起适合自身特点的新的企业文化。

（3）企业文化重塑。企业文化重塑也称企业文化重构，是指企业为了适应环境的变化和自身的发展，对原有企业文化进行扬弃，重新塑造企业文化的过程。当企业原有的文化已不能适应社会发展要求，跟不上企业前进的步伐，甚至阻碍企业发展时，就应适时对原有文化加以创新，进行文化的重塑。在企业文化重塑中需要注意的是“不要把洗澡水和孩子一起倒掉”，企业文化重塑要以对传统企业文化的扬弃为前提，对构成企业文化的诸要素包括经营理念、企业宗旨、价值观念、管理制度、经营流程、仪式等进行全方位系统性的弘扬、重建或重新表述，使之与企业的发展步伐和外部环境变化相适应。

7.4　企业文化变革的流程

企业文化变革是一项复杂的系统工程。要取得企业文化变革的成功，需要通过一系列科学的流程来进行。为此，必须成立专门的领导小组和工作机构，在对企业内外环境的调查分析及现有企业文化进行诊断评估的基础上，制定出企业文化变革的战略目标和计划方案，最

企业文化
变革的流程

后通过一系列的实施措施来保证变革的顺利开展。

7.4.1 建立企业文化变革的领导组织机构

企业文化变革是涉及企业全体员工，多层次、全方位的变革转型。因此，必须建立一个专门的领导组织机构负责企业文化的推进和开展。这个机构是企业文化过渡时期的临时性组织机构，它可以叫作企业文化变革委员会，主要职责是确定企业文化变革方向和目标，制定企业文化变革的方案和具体计划，协调各种资源推进企业文化变革，对企业文化变革进程进行控制等。

由于企业文化变革委员会全权负责企业文化变革的各项工作，因此委员会人员的素质高低以及结构是否科学合理，直接关系到企业文化变革的实际效果。一般来说，变革委员会的成员构成应遵循以下原则：①要有权威性。变革委员会的领导人应该由企业的最高层领导担任，这一方面是因为企业文化变革的方向和目标，很大程度上是最高层领导意志的体现，由企业最高层作为委员会的领导才可以保证企业文化变革的方向符合最高决策者的意志；另一方面，权威性直接表明了企业最高层领导对企业文化变革的重视，同时高层领导也拥有更大的权力，可以为企业文化变革最大限度地扫清阻力。②知识结构多样化。企业文化是一个内涵丰富的概念，企业文化的变革会涉及企业多方面的问题，这些问题可能是企业理念的问题，也可能是企业生产、销售、组织结构、行为规范、企业标识等方面的问题，需要参与人员从不同的方面、多角度思考和解决问题。因此，企业变革委员会的成员不仅需要管理类的人才，还需要文化学、心理学、历史学、美学、传播学等学科的人才。③要有代表性。企业文化的变革需要企业全体员工的广泛参与，与企业各个部门的密切配合。企业员工的参与配合程度决定了企业文化变革能否在企业中得到广泛的支持和落实。为此，企业文化变革委员会要广泛吸收研发、生产、营销、人事、财务、后勤等各个部门的代表参与，尽可能让各部门的员工对企业文化变革都有深入的了解和认识，并积极配合文化变革工作的进行。

7.4.2 进行企业文化需求评估

企业文化变革的根源在于企业赖以生存的内外部环境条件发生了根本性的变化，原有的企业文化体系已很难适应这种变化，企业需要创建一种新的文化来适应环境的变化要求。那么，企业内外部环境发生了怎样的变化？企业现有文化有什么样的特征？企业到底需要什么样的文化？在企业文化变革方案确定以前，首先需要把上述问题搞清楚。

1. 企业内外环境的调查分析

影响企业文化变革的因素，既有企业内部的，又有企业外部的。从企业外部来看，包括经济因素、政治法律因素、技术因素、社会文化因素、人口因素、行业因素等；从企业内部来看，包括企业的战略、领导体制、组织结构、管理制度、领导人的变化等因素。企业内外环境的变化共同促成了企业文化的变革。要进行科学有效的企业文化变革，构建完善的文化变革方案，就必须对影响企业文化变革的内外部因素做出客观、细致的调查分析，区别哪些因素是主要的，哪些是次要的，哪些是基本的，哪些是一般的，把握每一种因素变化的方向、特点及对企业文化可能产生的影响。

2. 现有企业文化的诊断

企业内外环境的调查分析只是为企业文化变革提供了客观基础，企业要想取得企业文化变革的成功，还需要对本企业的企业文化建设现状进行科学准确的企业文化诊断。企业文化诊断是指通过科学的方法和工具，对企业文化现状做出客观的分析和评价，从而为企业文化变革提供可靠的决策依据和改进的方向。

进行企业文化诊断，首先要对企业文化的现状进行全面细致的调研，调研的内容一般包含：企业文化理念体系的建设现状、企业家及领导团队的价值观、各级员工的精神特质与行为取向、企业氛围与员工满意度、社会公众认知状况、企业文化管理体系的建设与执行状况。通过调研深入了解企业文化各方面情况，为企业诊断提供客观、全面、科学的数据、信息资料的支持。

企业文化诊断不仅需要对文化整体进行诊断，判断其类型及整体风格，还需要对企业文化的各个组成部分进行全面评估，如诊断企业现有的文化理念体系是否符合企业现状，分析企业现阶段的文化要素中哪些属于核心价值观，企业文化的认同度，企业的文化理念体系具体落实在员工哪些行为上，企业制度与企业文化理念是否相符，企业标识系统是否和企业理念体系相一致，企业在社会公众中的形象等。通过企业文化诊断，企业可以清楚地了解企业文化的发展现状，找到企业文化进一步发展的关键所在，为企业文化变革提供了依据和坐标。

3. 企业文化需求评估

企业文化需求评估是指在企业内外环境分析和企业现有文化诊断

的基础上，对企业文化现状与目标文化状态之间的距离进行的分析和评价。企业文化的需求评估主要围绕以下内容来进行：①现有文化应该保留的积极部分或需要剔除的消极部分；②目前各种行为过程和制度对于目标文化可能产生相融和抵触的部分；③目前并不具备，但是基于企业文化变革而必须具备的运作过程和制度；④目标文化实施可能存在的主要障碍及其消除办法；⑤企业员工对目标文化接受和认同程度的预测等。企业文化需求评估的结果是企业文化变革战略方案形成的主要依据。

7.4.3 制定企业文化变革方案

为了使企业文化变革能够有章可依，在对企业内外条件进行分析、诊断以及企业文化需求评估的基础上，还应制定详尽的企业文化变革方案。

1. 确立目标企业文化

通过企业文化变革，企业要建立什么样的目标文化？这是制定企业文化变革方案首先需要解决的问题。对于目标企业文化的确立，应该建立在对现有企业文化的经验总结及对企业未来文化的展望的基础上，由企业最高层领导人负责，领导与员工集思广益，自上而下与自下而上地反复讨论，最终确立目标企业文化。目标企业文化应该符合企业内外环境的变化和企业自身的特点，具有先进的时代性及鲜明的企业个性。企业确立目标企业文化的过程，是深化企业对所处环境及其自身的认识、思考企业文化发展战略的过程。

2. 制定企业文化变革的战略方案

为了顺利完成企业文化变革，在企业中建立目标文化，企业应当依据对企业内部和外部条件的分析与预测，制定出科学合理的企业文化战略方案。为此，企业可以根据未来发展变化的方向和重点，从企业精神文化、制度文化、行为文化和物质文化4个层面拟定出协调统一的企业文化变革战略方案。文化变革战略方案的拟定要注意贯彻可行性原则，既要把握方案的时机是否成熟，又要注意该方案在实践中是否具有可操作性，还要兼顾必要的应变方案。拟定出的多个可行性方案，通过一定的评估方法和决策程序，最终选出理想的或满意的战略方案。

企业文化变革方案中应明确变革的战略重点。所谓企业文化变革战略重点是指那些对于实现战略目标具有关键作用，而目前发展又比较薄弱需要重点加强的方面或环节。对于不同的企业来说，变革的战略重点有所不同：有的重点在于培育企业价值观、企业精神、企业道德；有的重点在于树立厂风厂貌、端正经营作风、提高员工素质；有的重点在于规范企业制度；有的重点在于塑造企业形象等。抓准了企业文化变革的战略重点，企业就可以集中人力、物力、财力解决重点问题，有助于变革战略的重点突破和企业文化变革的顺利进行。

3. 建立企业文化变革的计划体系

企业文化变革的战略方案制定后，接下来就需要建立战略实施的计划体系。它主要包括两个方面的内容：一是战略方案的细分，通过把战略方案的总体目标分解为各种具体目标、行动方案和操作程序，使各级管理人员和员工明确各自的职责和任务；二是战略实施阶段的划分，由于企业人力、物力、财力等资源的限制，企业文化变革的战略应分阶段进行，不同实施阶段有不同的发展重点，企业应根据自身的实际情况，将战略目标分解为不同阶段的短期目标，明确各个阶段实施工作的重点，以保证各种实施活动与企业文化战略指导思想和战略重点的相互一致。

7.4.4　企业文化变革方案的实施及持续推进

在制定了企业文化变革的具体计划以后，就应当转入文化变革的实施阶段，推动企业文化变革在企业中的落地。

1. 组织实施

为保证企业文化变革取得实效，在组织实施时可以采用以下 4 种措施：①提供必要的物质条件、硬件设施和财务支持。这是企业文化变革得以顺利实施的物质基础。②完善现有的组织机构。在企业文化变革委员会的指导下，对阻碍企业文化变革的部门进行改组，建立适应新文化的组织部门和机构，为变革的顺利进行提供组织保障。③调整相关企业制度。改革那些不符合企业新的价值理念的企业制度，建立为新文化保驾护航的新型制度规范，为企业文化变革提供制度保障。④创造有利于实施企业文化变革的文化氛围。通过一定的宣传、教育和灌输方式，大力宣传企业文化变革的具体内容和要求，使全体员工人人知晓并深刻理解企业文化变革的实质。

2. 持续推进

由于企业文化的转变是一个长期的持续过程，因此，在组织实施变革的过程中，为使企业文化变革取得良好效果，需要采取各种措施，持续推进。推进企业文化变革的具体方法和企业文化构建的方法类似，也可以采用领导示范法、英雄引导法、活动推进法、故事演绎法等。具体方法的运用可以参照第 5 章有关企业文化体系构建方法的相关内容，这里不再详述。

除了上述推进企业文化变革的方法，企业还应对员工进行系统的教育与培训。企业培训要涉及全体员工，各个层次各个部门的员工都要接受相应的培训。企业可以通过学习、研讨、交流等各种培训形式把新企业文化的具体内容以及企业文化变革的要求传达给企业员工。通过专门的培训，让员工明白进行企业文化变革的意义，掌握新文化与原有文化的不同特质，认识企业现有文化与目标文化的差距，理解企业为文化变革所做的各项制度的调整和组织机构的变动等。科学的、持续的培训，可以使企业文化变革争取到大多数员工的支持和理解，有助于企业文化变革的顺利推进。

7.4.5 实施效果的评价及方案的改进

在企业文化变革方案实施的过程中，还要对其实施的具体情况定期进行检查，把检查的结果与预定的目标相比较，进行分析评价。如果评价的结果不理想，就要分析是企业文化变革方案本身的问题？还是执行中出现的问题？抑或是外在环境发生了变化？及时总结经验教训，改进和调整方案，加强执行能力，让新的企业文化在企业中生根发芽，逐渐取代旧的文化，使企业文化变革工作顺利完成。

本章练习题

一、简答题

1. 什么是企业文化变革？企业文化变革的根源是什么？
2. 企业文化变革的外在动因有哪些？
3. 企业文化变革的内在动因有哪些？
4. 企业文化变革过程中可能遇到的阻力有哪些？
5. 企业文化变革过程中来自个体层面的阻力有哪些？
6. 企业文化变革过程中来自组织层面的阻力有哪些？
7. 企业文化变革过程中来自文化观念的阻力有哪些？
8. 企业文化变革的社会层面的阻力可能来自哪些方面？
9. 企业文化变革主要包括哪几个方面的内容？
10. 企业文化变革应该遵循哪些基本原则？
11. 简述美国学者沙因提出的转型式变革过程的三个阶段。
12. 美国学者谢瑞顿和斯特恩的企业文化变革模式由哪六个部分组成？

13. 按照企业文化变革的程度与速度，可以分为哪两种类型？各有什么特点？

14. 企业文化变革按照文化要素来源，可以分为哪几种类型？

15. 简述企业文化变革的基本流程。

16. 企业文化变革委员会的主要职责是什么？

17. 企业文化变革委员会成员的构成应遵循哪些原则？

18. 什么是企业文化诊断？它主要包括哪些内容？

19. 企业文化的需求评估主要围绕哪些内容来进行？

20. 企业文化变革方案的组织实施可以采取哪些具体措施？

二、论述题

1. 试论述企业如何成功地进行企业文化变革。

2. 试论述企业文化整合、企业文化移植和企业文化重塑的异同。

3. 企业应如何进行企业文化需求评估？

4. 企业应如何制定企业文化变革方案？又如何保障企业文化变革方案的落地？

三、案例分析题

海尔文化的变革①

海尔认为，文化要始终和企业的战略、组织变革、经营管理实践、时代变化节拍紧紧扣在一起。作为海尔文化代表的海尔精神、海尔作风是海尔集团在持续创业过程中孕育发展并不断成熟的思想观念体系和制度行为风格，其内涵和构成是跟随时代变化持续迭代的。伴随着海尔历经名牌战略、多元化发展战略、国际化战略、全球化品牌战略、网络化战略、生态品牌战略6个战略发展阶段，海尔精神、海尔作风经历了四次迭代。

第一代：“海尔，中国造”（1984年12月26日~2005年12月26日）

海尔精神：无私奉献，追求卓越；敬业报国，追求卓越。

海尔作风：迅速反应，马上行动。

第一代海尔精神的孕育和形成具有鲜明的时代特征。1984年，张瑞敏等创始人面对的现状是“整个车间没有一块玻璃是完整的、员工随地大小便、资不抵债亏空147万元、员工发不出工资、一年中

① 海尔公司：《第四代海尔精神海尔作用》，海尔官网，2019年9月20日，https://www.haier.com/cn/?spm=cn.29920_pc.header_logo_20190920.1，结合相关资料，由邵海清汇总编制而成。

连换三任厂长”。几乎是在一片废墟上，海尔人开始了创业的征程。没有资金、没有技术、没有人才，张瑞敏等创始人发扬无私奉献的忘我奋斗精神，抓住改革开放的大好机遇，高起点引进，差异化地确立名牌战略指导思想，由此开启了持续近20年的高速增长模式。

海尔从一开始就确立了用户导向的企业战略和企业文化，把用户满意作为组织卓越绩效的关注焦点，企业内部建立高效一致的创造顾客价值的流程和“用户永远是对的”强执行力文化，在管理上融会贯通创造性地发明日清管理法，以日清管理法为基础逐步发展出OEC管理模式。

张瑞敏等创业者身体力行的“无私奉献、追求卓越”的奋斗精神和“迅速反应、马上行动”的工作作风迅速内化为海尔的企业精神和作风，并在企业文化感召下，每一个员工用自己的实践和经历持续丰富这一精神和作风的内涵。

在这一历史时期，海尔精神进行过一次微调。1997年，海尔在已经成为中国家电第一名牌的基础上即将开启国际化征程，为了更有效的凝聚员工士气，挑战更高的目标，集团将海尔精神中的“无私奉献”调整为“敬业报国”。

在这一历史时期，海尔经历名牌战略、多元化战略和国际化战略3个发展战略阶段，经历了从无到有，从小到大，从中国到世界的发展扩张历程，但无论从管理还是研发、运营，基本上是以母国为中心的决策实施过程，这一阶段，可以定义为“海尔中国造”时代。

对第一代海尔精神最生动、也是流传最广的诠释是“砸冰箱”的故事。“要么不干、要干就要争第一”的追求卓越的海尔精神至今仍激励着每一个海尔人不满足于现状，勇于挑战自我。

第二代：“海尔，世界造”（2005年12月26日~2016年12月26日）

海尔精神：创造资源，美誉全球。

海尔作风：人单合一，速决速胜。

2005年12月26日，在海尔集团创业21周年之际，海尔开启了第4个发展战略阶段——“全球化品牌战略阶段”。全球化品牌战略阶段和之前3个阶段的区别是从“海尔的国际化”到“国际化的海尔”，海尔的世界品牌愿景是扎根当地用户，整合全球资源，创出当地主流市场认可的本土化名牌，一个个本土化的名牌汇集成全球化的海尔世界名牌。

美誉全球是一个宏大的愿景。这一历史时期，全球化和互联网两股力量交织在一起，新的机遇和新的挑战一样巨大而不确定。在全球市场上，中国市场本土的人口红利、成本红利以及改革红利失去比较优势，国际名牌维护既有格局的阻力越来越大，海尔人需要创造新的资源才能创造新的用户和市场。这一阶段，可以定义为“海尔世界造”的时代。

新时期的海尔精神跟上一时期相比是一次全新的版本迭代，相应的海尔作风也全面升级，人单合一、速决速胜，在保留快速敏捷风格的前提下，人单合一开启了新的管理纪元。对外是互联网带来的碎片化的用户需求，对内则倒逼组织结构和流程的颠覆。在这一时期，海尔的组织结构从以自主经营体为基本单元倒三角结构发展为扁平化，进一步又发展为以小微为基本单元的网状组织。海尔在重新定义管理的同时，正在一步步重新定义企业。企业变创业平台，员工变创客，海尔又一次走在时代的前列。

第三代：“海尔，网络造”（2016 年 12 月 26 日 ~2019 年 12 月 26 日）

海尔精神：诚信生态，共享平台。

海尔作风：人单合一，小微引爆。

当互联网已经为基础设施的时候，物联网时代加快到来，生态正在崛起。桌面互联网解决了信息不对称；移动互联网解决了速度；万物互联的场景商务要解决的则是诚信。

这一历史时期的海尔精神：诚信生态、共享平台，既是海尔创客的共同精神愿景，也是时代的殷殷召唤。

传统电商快速发展的同时更加凸显了诚信的重要性，诚信将成为下一个时代的核心竞争力。在创业初期，海尔就提出“真诚到永远”的宗旨，在当时的条件下，海尔只要自己坚守诚信就能做到，因为企业是封闭的，流程是线性的。今天则不可能，因为，每一个企业都必须从封闭的自成体系的组织变成开放的生态，只有整个生态具有诚信的能力，用户才能得到诚信的体验。诚信生态又构成共享平台的必要条件，在生态圈里，资源是开放的，只有生态中的攸关各方都做到诚信，大家才能实现共创共赢和共享。生态圈不一定能成为平台，而平台必须首先是诚信的生态。

这一历史时期的海尔作风：“人单合一、小微引爆”概括了海尔对生态创客的认知态度和行为风格，既是对新海尔精神的呼应，又构成对新海尔精神的支持。

人单合一是适应未来的管理模式，在这一理论指导下产生的自创业、自组织、自驱动的小微则是创造用户价值的基本单元。人单合一是用户驱动下的动态的平衡，小微并联成用户体验迭代的生态圈，持续实现用户体验的引爆。

第四代（2019 年 12 月 26 日至今）：

海尔精神是：诚信生态，共赢进化。

海尔作风是：人单合一，链群合约。

第四代海尔精神海尔作风与第三代海尔精神海尔作风区别在于，共享平台升级为共赢进化，小微引爆升级为链群合约。

共赢进化，就是和用户一起进化，这体现了区块链的一个很重要的特征——去中心化的用户自信任。去中心化之后，用户可以信任你，是因为他和你共赢进化，某种意义上说，用户也是一个创造者。

链群合约，体现了区块链的另一个很重要的特征——去中介化的价值自传递。因为在链群合约里，所有的价值，所有的节点，都是融合在一起的。

思考题：

1. 海尔进行企业文化变革的原因是什么？

2. 海尔若想取得第四次企业文化变革的成功，应该采取哪些措施？

第 8 章

企业责任文化

教学目的与要求：
掌握企业文化的人本责任、伦理责任与社会责任
教学重点： 企业为什么要建立责任文化
教学难点： 企业责任文化的落实

8.1 企业文化的人本责任

8.1.1 中国人本管理思想的演进

中国人本管理
思想的演进

简单地讲，人本管理就是在管理的过程中处处都体现出“把人当人看，而不是把人当成机器和工具使用”。“把人当人看”最基本的要求：首先人需要吃住，因此人需要合理的薪酬。合理的薪酬不仅仅是工作人员自己个人的吃住需要，还包括生儿育女的基本费用等。其次是安全的需要。即在工作的过程中应该是安全的，如果存在不可避免的安全问题，应该加强防护。最后是自尊和自我实现的需要。在管理的过程中要尊重每一位员工，尽量提供平台和机会帮助员工实现自我，以成就员工。

中国的人本管理理念源远流长，以实物形式体现“以人为本”先进理念的应该是在3000年前的西周，三龙相拥一人，就是“以人为本”最直接的历史记录和证明。以文字在我国古书中最早明确提出“以人为本”的是春秋时期齐国名相管仲。管仲是辅佐齐桓公九

合诸侯、一匡天下的杰出政治家、思想家。西汉刘向的《管子》记载："夫霸王之所始也，以人为本。本理则国固，本乱则国危。"

中国传统文化最能体现人本管理的是儒家。儒家的"以人为本"一般直接表现为以民为本，并且与现代意义上的"以人为本"还存在本质上的差别。儒家的"以人为本"思想基本上与国家政治、政权的稳定有关。主要表现为拥有人的数量多，聚集优秀人才多，国家就会税收多、财富多、兵源充足，国家政权就会稳固。而现代意义上的"以人为本"一般指人性化管理，要把人当人看，不要把人当成机器一样对待，更为重要的是指人的全面发展的问题。儒家的"以人为本"虽然存在历史局限性，但仍然显示着中国很早就重视"人"与"仁"而不是"神"的伟大光辉。

孔子的"以人为本"思想主要体现在他的"仁本"理念之中。孔子对"仁"的论述相当多，如"君子务本，本立而道生。孝悌也者，其为仁之本与!"（《论语·学而》）"泛爱众"（《论语·学而》）"樊迟问仁，子曰：'爱人。'"（《论语·颜渊》）其中，"仁者爱人"表现在执政者身上就是要有爱民之心，实施仁政和德政，为老百姓谋利益，使老百姓能够安居乐业，与民同忧，与民同乐。

孟子的"以人为本"思想主要表现为"诸侯之宝三：土地、人民、政事。""民为贵，社稷次之，君为轻"（《孟子·尽心下》）、"桀纣之失天下也，失其民也。失其民者，失其心也。得天下有道，得其民，斯得天下矣。得其民有道，得其心，斯得民矣。"（《孟子·离娄上》）孟子把"人民"当作诸侯国的三件法宝之一，认为老百姓比国家和君主都重要，并且举桀纣由于失去民心而失去天下之例，说明人民的重要性。

荀子反复强调重民、爱民、利民。认为："天之生民，非为君也，天之立君，以为民也。"（《荀子·大略》）"有社稷者而不能爱民、不能利民，而求民之亲爱己，不可得也。民不亲不爱，而求其为己用、为己死，不可得也。民不为己用，不为己死，而求兵之劲、城之固，不可得也。"（《荀子·君道》）"君者，舟也；庶人者，水也。水则载舟，水则覆舟。"（《荀子·王制》）晏婴非常重视民众的地位与作用，把是否"以民为本"作为衡量国家的根本标准。

晏婴说，有国者应该"以民为本也。苟持民矣，安有遗道？苟遗民矣，安有正行焉？"（《晏子春秋·内篇问下》）强调保护和拥有百姓是治国之道的根本所在；而脱离和抛弃了百姓，就谈不上有什么正确之处。晏婴指出："意莫高于爱民，行莫厚于乐民……意莫下于刻民，行莫贱于害民。"（《晏子春秋·内篇问下》）意思为作为执政者，最伟大、最高尚的品德是爱民乐民，最低下、最卑劣的品行就是刻民害民。执政者只要“诚于爱民”，则“天下怀其德而归其义。”（《晏子春秋·内篇谏下》）主张政府在谋划国事、制定政策时，“事必因于民”“不违民”（《晏子春秋·内篇问上》），即一定要依靠民众，顺应民众。

刘备作为一个儒家学说的践行者，也深刻体会到“以人为本”的重要性，作为儒家学说的践行者最早完整地提出了“以人为本”的思想。他说：“夫济大事必以人为本，今人归吾，吾何忍弃去！”①

儒家“以人为本”的管理理念，不仅成为中国封建统治者所圭臬，而且现代的领导者仍然继承并发扬了这一管理理念。在新民主主义革命时期，以毛泽东同志为主要代表的中国共产党人将“全心全意为人民服务”确立为我们党的根本宗旨，并依靠人民群众这一铜墙铁壁赢得了革命与建设事业的辉煌胜利。2002 年 11 月党召开十六届三中全会，提出“坚持以人为本”的治国原则。党的十七大（2007）报告明确指出：科学发展观，第一要义是发展，核心是以人为本。可见“以人为本”已经成为治国的核心思想。党的十八大（2012）报告强调“人民对美好生活的向往就是我们的奋斗目标”，初步形成了以人民为中心的发展思想。党的十九大（2017）报告将“坚持以人民为中心”确立为新时代坚持和发展中国特色社会主义的基本方略之一，这意味着不仅在经济社会发展方面要坚持以人民为中心的发展思想，而且在中国特色社会主义事业诸领域、各方面与全过程都必须坚持以人民为中心。

当今世界各国优秀的企业绝大多数都非常重视人本管理，这既是时代发展的需要，也是管理本质的基本内容。

8.1.2 企业人本管理责任及实现途径

简单地讲，企业人本管理责任就是在管理的过程中处处都体现出“把人当人看，而不是把人当成机器和工具使用”。“把人当人看”最基本的要求：首先人需要吃住，因此人需要合理的薪酬。合理的薪酬不仅仅是工作人员自己个人的吃住需要，还包括生儿育女的基本费用等。其次是安全的需要。即在工作的过程中应该是安全的，如果存在不可避免的安全问题，应该加强防护。最后是自尊和自我实现的需

企业文化的
人本责任

① （晋）陈寿撰，（南朝·宋）裴松之注．三国志·先主传［M］．北京：中华书局，1982：877.

要。在管理的过程中要尊重每一位员工，尽量提供平台和机会帮助员工实现自我，以成就员工。

实现企业人本管理责任的方法和途径有以下 3 方面：

1. 树立激励机制针对性观念，建立适合本企业特点的激励机制

在现代管理体制中，管理者越来越意识到，由于个人的素质、个性、生活习惯、思维方式、兴趣乃至生活背景的差异，决定了人最终需要的差异性。因此，在管理中注意分析员工的上述差异，有针对性地建立行之有效的激励机制，这无疑是管理的重大突破。建立激励机制作为人本管理的重要内容，其核心要以人为本。要在掌握员工不同层次、不同人群、不同需求、不同兴趣的前提下，制定激励有针对性、员工参与有积极性的激励机制。如：针对管理人员任用的公开选拔机制、针对技术人员的等级工程师评聘机制、针对操作员工的技师评聘机制以及针对一般员工日常工作的工资分配机制等。只有建立适合本企业特点，针对性强、员工认可的激励机制，才会使企业的员工活跃起来，他们的积极性、主动性才会被调动起来，企业就会充满活力、蒸蒸日上。

2. 尊重员工、关心员工，使管理充满人性和人情

（1）在管理中处处体现管理的人文精神。在企业管理中，要充分体现对人的关怀和人本位精神。在千头万绪的管理工作中，不论事情大小，处处蕴含着人性化，才会使员工心存感激之情，从而焕发出工作积极性。特别是一些对企业而言的“小事”，往往对员工来说却是“天大的事”。如员工伤病衰老时能够得到额外的照顾；员工家里遭遇灾祸时能够得到及时帮扶；员工遇到婚丧嫁娶时能够得到企业的关怀等。这些“小事”都是员工情感的需要，是人本管理的重要组成部分。

（2）建立良好的沟通渠道，培养员工的“主人翁”责任感。企业管理者与员工建立良好的沟通渠道，才能使管理者与员工相互理解、消除隔阂、避免对立。否则，企业管理就是一种“控制”，员工就会有一种被控制的感觉，就会对管理者的指令产生抵抗心理，从而打击员工的积极性和主动性。近些年来，许多企业都建立了良好的沟通渠道，及时听取员工意见，让员工参政议政。如职代会、恳谈会、征求意见、舆情互动等方式，都是很好的沟通渠道。这些沟通方式，能够使员工参与企业的管理，为企业发展献计献策。同时，能及时与员工沟通思想，交流感情，使管理者与员工之间关系更融洽。使员工感到企业对自己的尊重，产生一种企业“主人”的自豪，增强员工与企业同舟共济的“主人翁”责任感。

（3）关注员工的心理，实施有效的心理压力疏导。在当今社会，由于竞争的日益激烈、生活成本的日益增加，再加上社会环境的日益复杂，人所承受的压力也日益增加。企业要实现人本管理，让员工以愉悦的心情去工作，就必须关注员工的心理压力问题。人本管理，就是要使员工的心理压力、包括对企业的不满情绪，得以及时的疏导和释放，确保各项管理工作顺利进行。其实，现实中员工的心理压力和不满情绪的原因集中在3个方面：一是对企业的规章制度不认可、不理解，产生抵触情绪；二是对自己的工作、待遇不满意，思想上想不通、心理上不平衡；三是因社会和家庭的事情感到苦闷和压抑。针对上述问题，一定要从他们的实际情况出发，具体问题具体分析，有针对性地进行思想疏导，用最朴实、亲切的语言开导和说服，切忌讲大道理。同时，可以建立倾诉室、宣泄室等场所，使员工压抑的心理和情绪有地方发泄和释放。

3. 注重人才的开发与培养，为员工发展创造良好环境

企业要努力做到用事业造就人才、用环境凝聚人才、用机制激励人才。因此，企业首先要从选人用人机制上入手，为员工搭建平等竞争、展示才华的平台，创造人才脱颖而出的自由环境。要把品德、知识、能力和业绩作为衡量人才的标准，不唯学历、不唯职称、不唯资历、不唯身份，不拘一格选人才。其次，要树立人人可以成才、人人都是人才的理念，加强人才的培养。要有计划、有针对性地对各类人员进行培训，加强学习型组织建设，营造人人学知识、钻技术、搞创新的浓厚氛围。要建立相应的成才激励机制，对学有所成、学以致用、取得创新成果的员工，给予精神和物质的双重奖励，并根据其自身专长提拔重用，鼓励员工自学成才。

8.2　企业文化的伦理责任

简单地讲，企业文化的伦理责任就是企业文化建设一定要符合当地主文化和区域文化的伦理道德要求。具体表现为两个大的方面：一是企业人力资源管理制度符合伦理；二是企业文化的价值观要符合伦理。

企业文化的伦理责任1

8.2.1 企业人力资源管理制度符合伦理

为了确保企业人力资源管理制度符合伦理，应该注意以下两个方面的制度建设：

1. 招聘与离职管理制度中的伦理问题

（1）就业权——人为什么有工作权利？

关于就业权的问题主要有三种不同的观点。第一种观点认为，工作权利由生存权利派生而来；第二种观点认为，工作权利由发展权派生而来；第三种观点认为，工作权利由被尊重的权利派生而来。

现实生活中也存在一些问题。人有工作权利，可以不工作，也不一定能实际拥有工作；有些有闲阶层不愿意做具体工作；有些正常的劳动力可能长时间处于待业或失业状态；一些残障人士也难以找到合适的工作岗位。

（2）聘用自由的伦理问题。

什么是聘用自由？聘用自由指雇主可以在任何时间、任何地点甚至是没有理由的条件下雇佣和解雇员工；同样，员工也可以在任何条件下自由选择雇主。双方根据自身意志自由达成合同。

从伦理方面分析聘用自由主要存在3个方面的缺陷：①员工和公司之间固有的不平等关系。②外部条件的限制。如劳动力市场供不应求；扣押身份证；卡扣人事档案“挽留”人才等。③不道德的雇佣条件。如因性别、种族、信仰和其他与工作无关的标准而剥夺被雇佣机会。

（3）就业歧视。

就业歧视通常是指基于种族、肤色、性别、宗教、政治、民族血统或社会出身等原因而实行的，具有取消或损失就业和职业方面的机会和待遇平等作用的任何差别、排斥或优惠。

工作中常见的就业歧视有性别歧视、年龄歧视、健康歧视、户籍歧视、种族歧视、学历歧视等。

（4）员工离职中的伦理问题。

员工离职分为雇员自愿离职和非自愿离职，其中自愿离职包括员工辞职和退休，而非自愿离职包括辞退员工和集体性裁员。

离职中的不道德行为既可能是员工，也可能是企业。如员工以获利为目的带走或泄露商业秘密、企业非人性化解雇。

2. 职场管理中的伦理问题

（1）工作安全。

对员工工作安全的关注是雇主的基本道德责任之一。工作没有绝对安全。问题是，我们应该付出多少代价去减少风险？达到什么程度，我们才算是尽到了责任？

企业可以遵循一定的原则来处理工作安全问题。

具体做法如下：①提前告知工作中存在的危险；②至少提供员工最低安全保障；③培训员工识别和防范风险；④给予合理的经济补偿。

（2）电子监控和电子隐私。

企业电子监控和电子隐私主要形式有：电话监听、计算机监控、电子邮件与语音监控。学术界认为电子监控可能侵犯个人的隐私权。企业界则认为：电子监控是必要的。主要理由为：①避免滥用公司资源；②防止员工的盗窃行为；③解决技术上的问题。

解决这一问题的关键在于雇主与雇员之间确定恰当的界线，确保电子监控是适当行为。雇主应该通告雇员有关监控事宜。如通话被任何一方记录或监听，在线有信号提示或播放语音消息，以告知通话双方。或单位方面通过公司内部的备忘录、员工手册、工会条款、开会或贴在计算机上的便条使员工获知企业内部实行电子监控的政策。

（3）薪酬。

企业高管的薪酬始终是世人关注的焦点问题之一。对于最低工资，相对容易达成共识。是否要规定工资上限，或最低工资与最高工资之间的最大合理比率是多少，不是很容易回答。对于总经理高报酬的指责，不仅仅或主要集中在其工资是普通员工工资的多少倍上，还包括在公司利润下降或亏损以及在公司大量裁员以降低成本时，总经理的工资仍然增长。

（4）工作压力。

英国一项研究表明：不公正的上司会使雇员的压力增加、血压升高，使心脏病患者病症突发或者中风的风险增大。芬兰的一项调查表明：那些工作中被严格要求、待遇低、事业方面缺少机会的人死于心脏病的可能性是处于正常人群的两倍。心理学认为：压力是个体对外界刺激的反应过程，包括对威胁的感知和相应的身心反应；紧张是压力导致的消极后果之一，如自我评价降低、挫折、肌肉紧张、血压升高、心不在焉、工作绩效降低等，从长远角度来看，更严重的紧张状态还包括工作枯竭。适度的压力水平可以使员工精力集中，增强肌体活力，提高忍耐力，减少错误的发生。过度的工作压力将导致人的新陈代谢出现紊乱，心率、呼吸率增加，血压升高，头疼，易患心脏病等生理症状，出现工作满意度下降，紧张、焦虑、易怒、情绪低落等心理症状，还会出现生产效率下降、缺勤、离职、饮食习惯改变、烦躁、失眠等行为症状。英国一项研究显示，每年由于压力造成的健康问题通过直接的医疗费用和间接的工作缺勤等形式造成的损失达GDP的10%。

解决员工压力过大问题，可以从个人和组织两个角度进行应对。①个人角度压力管理的主要策略：生活方式管理：养成有规律的生活习惯、平时加强体育锻炼，增强体质，提高抵御压力的能力；工作方式管理：正确评估工作中的压力，摆正心态，积极学习消除压力的技巧与方法，主动出击消除压力。②组织角度压力管理的主要策略：角色定位：让员工准确了解自己的角色定位，明确自己的岗位和工作职责。设定目标：给员工设定合理的但具有挑战性的目标，让员工了解目标并及时反馈目标的进展情况。工作再设计：工作扩大化或工作轮换，给员工新的发展空间。设计更加人性化的工作。弹性工作制：给员工自由支配工作时间，满足员工的发展需求，提高他们的工作满意度和工作积极性。另外，参与管理，积极实施员工帮助计划等也是减少工作压力，提高员工健康水平的有效措施。

给员工心理减压有4种有效方法：①创造放松环境：典型的如受到欧盟资助的“让健康植物走入办公室运动”。②直接给员工进行心理减压：成立心理咨询中心，帮助员工解决家庭、工作、个人等遇到的问题，使员工有一个健康的心态上班；开设培训班，让员工的知识及时得到更新，避免知识技能落伍造成在工作上的压力。③企业提供福利，让员工快乐上班，是留住人才的好方法：福利待遇由物质给予+减压服务，定期给员工进行按摩、瑜伽、健身、娱乐。④给员工创造环境“放纵发泄”：允许上班时吃零食，或建立俱乐部、健身房等，可以给员工提供“放纵发泄”的环境。通过网络促进有效沟通，企业可以在内部局域网上建立员工的个人主页、BBS论坛、聊天室、建议区及公告栏等，这样员工的不满就有了发泄的地方，企业管理者也可随时了解到员工的心声。因为企业管理者不可能每天都巡查各个部门，但通过网络，可以随时了解到员工的需求，并及时排解矛盾。

（5）劳动关系。

世界范围内大量的企业之间兼并重组，有的企业经营绩效下降，有的企业关门破产。企业已经不再承诺永久雇佣员工，短期雇佣造成雇主与雇员之间劳动关系紧张，甚至威胁员工生存，随之带来很多伦理问题。

企业文化的伦理责任2

一方面，竞争加剧，经营压力变大。为了降低成本提高利润，雇主不得不延长员工工时，降低员工待遇，甚至解雇员工，极大地降低了员工的满意度与积极性，缺乏安全感的员工的忠诚度受到很大影响。另一方面，尊重员工的呼声愈来愈高，工会力量的强大和员工自我意识的加强使雇主不得不采取回应措施。

目前，企业新型雇主雇员关系主要特征有以下3方面：

①公司虽然不能保证永远不解雇员工，但可以为员工提供学习新技术和新知识的机会，提供施展才华的空间，客观上为以后寻找其他工作做好准备，缓解员工对未来的不安全感。

②员工必须对自己的技能方面的优势与劣势有清醒的认识，并有计划地强化自己的业绩表现和长期的可雇佣性，随时准备发现自己的潜质以保持与环境的同步。

③员工关注企业的目标和经营情况，在满足自身需求的同时尽可能帮助企业实现经营目标。强调可雇佣性，意味着员工必须不断学习，避免知识老化和知识面过于狭窄造成的岗位转换“刚性”。

（6）工会问题。

工会是保护职工权益的重要组织。《工会法》第三条规定：在中国境内的企业、事业单位、机关中以工资收入为主要生活来源的体力劳动者和脑力劳动者，不分民族、种族、性别、职业、宗教信仰、教育程度，都有依法参加和组织工会的权利。任何组织和个人不得阻挠和限制。

在华跨国公司和中国工会组织在建立工会问题上各持己见：没有建立工会的在华跨国企业认为，不建立工会并没有违背中国的相关的法律，因为《工会法》第一章第二条明确规定，工会是职工自愿结合的工人阶级的群众组织。所谓自愿结合，就是指员工根据需要结合，而不应该是强制性的。中国工会组织认为，成立工会是工人的权利，企业有义务支持工会组织的成立与活动。

（7）职业道德。

职业伦理规范的建立有两个原因：第一，专业化职业的从业者掌握了专业化的知识，而这种知识不容易为行业以外的人士掌握。例如，医生的专业知识不但种类繁多而且难度很大。第二，专业化职业的人员为自己设立了较高的标准。既然行业为自己制定了比普通工作高得多的标准，这意味着他们需要在社会一般道德的基础上附加别人所期望的特殊行业道德要求。例如，医生不仅为了赚钱而行医，同时也是为了救死扶伤，即使有的人无力担负相应的费用，医生也应当为他们服务。

职业伦理规范应该具备以下5方面特征：①职业伦理规范必须具

有强制性；②职业伦理规范应该能维护全社会的利益，尤其是该行业所服务的对象的利益；③职业伦理规范不能是损人利己的，如限制行业内部竞争的各种条款显然损害了公众的利益；④职业伦理规范应该是具体的行业应当对于可能引起的不道德行为做出防范和限制。行业拥有更多自主权是因为行业自身清楚这些道德问题；⑤职业伦理规范必须易于执行，并且确实在该行业内执行了。

职业伦理规范必须有相关的惩罚规定，才不会流于形式。最严厉的惩罚是开除出行业并将其所犯错误公之于众，通常的惩罚手段是批评和警告。

（8）性骚扰。

性骚扰原指男上司或者男雇员用淫秽的语言或者下流的工作挑逗、侵犯女雇员，甚至强行要求与其发生性关系的行为，后引申为社会上以各种性信息侮辱异性（主要是妇女），或者向异性提出性要求的行为。常见的性骚扰行为包括身体接触、语言接触、非语言行为、性贿赂与性要挟等行为。

性骚扰是性伤害的一种形式和性暴力延续的一部分。性骚扰会在生理、心理和感情上给对方造成极大的伤害。

员工不受性骚扰的规定不但对其他雇员和主管规定了义务，同时也给雇佣企业规定了应该提供一个没有性骚扰的环境义务。

8.2.2　企业文化的价值观要符合伦理

1. 企业文化冲突

企业文化价值观是否符合伦理的问题的探讨，主要目的是为了减少文化冲突。所谓文化冲突是指不同形态的文化或者文化要素之间相互对立，相互排斥的过程，它既指跨国企业在他国经营时与东道国的文化观念不同而产生的冲突，又包含了在一个企业内部由于员工分属不同文化背景的国家而产生的冲突，企业文化冲突在跨国公司和企业并购时表现特别突出。

跨国和企业并购时企业文化冲突的主要表现有以下 4 个方面：

（1）经营理念冲突。不同企业具有不同的经营理念，优秀企业往往着眼于长远，制定适宜的远景战略规划；在激烈的市场竞争中，诚信经营，追求“双赢”或“多赢”。而有些企业只注重短期利益，忽视长期发展；生产经营过程中，热衷于一次性博弈，目光短视，较少顾及企业信誉，更谈不上企业品牌的创建。因此，企业并购后，可能在经营理念上并不统一，从而产生冲突。

（2）决策管理冲突。由不同的经营理念导致企业决策机制的迥异。有的企业长期以来习惯集体决策、集体论功过以及集权管理；有的企业则强调分层决策、独立决断和个人负责，以适应市场快速多变的要求。这种决策机制的冲突在来自不同的管理体制的领导层中表现得尤为突出。

（3）价值观冲突。共同的价值观是企业文化的核心。价值观方面的冲突往往表现为更深层次的更广泛范围的矛盾。价值观具有极强的主观性，它决定着人们的行为准则，构成企业文化的核心内容。不同国家和民族有不同的价值观体系，每个人也会在长期的生活实践中形成独特的价值观。企业并购时，企业文化冲突首先集中反映在员工个体不同的价值观上。具有差异性的价值观接触在一起，必然会相互摩擦、相互碰撞，每一个体都出于本能，极力维护自己长时期形成的价值观，轻视别人的价值观，使之不能形成统一的行为准则。

（4）劳动人事冲突。基于经营理念和价值观的差异而导致用人制度的不同，也会成为冲突的前沿。一些企业在选人、用人方面长期习惯于套用行政机关的衡量标准，片面强调政治素质、职务对等、个人历史、人际关系等。因而选拔的企业管理者不一定有管理才干。而优秀企业已经打破这种用人制度，更多地强调创新素质，强调贡献、成就和企业管理能力，认为只有这些素质才是企业发展所需要的。由此双方形成的观念冲突，不仅给企业重组后的管理本身带来矛盾，也给员工带来巨大的心理压力和困惑。

2. 企业价值观如何才能符合伦理

判断一个企业价值观是否符合伦理，主要有两个方面的依据：一方面是判断企业价值观要符合企业所在地区的主文化价值观；另一方面是判断企业价值观是否抵触世界各地区文化价值观。

山东京博控股集团有限公司实行“仁孝”模式，强调“仁孝”价值观念，为了践行“仁孝”价值观企业制定了“孝工资”制度。公司从2007年起，就在高管层开始实行“孝工资”，到2010年推广到全公司，企业根据员工的工作年限和工种，每月额外给职工父母发放200~500元的“孝工资”。具体做法是，人力资源管理部为每位员工的父母办理“孝工资”银行卡，公司每月10日左右将钱直接打到卡上。该公司董事长马韵升说：“企业不仅要招得进员工，更要用心留得住员工，‘孝工资’是企业替职工表‘孝心’，让职工工作得更‘舒心’，让职工父母更‘放心’，也让中华民族的传统美德得到发扬光大，一举数得。”山东京博这种“仁孝”价值观是和中华大地传统儒家文化完全吻合的，也是文化自信时代的具体表现。①

宗教文化在世界上有着重大的影响，企业价值观不能和宗教价值观抵触。少数民族也有自己独特的文化，企业文化也不能和少数民族的文化相抵触，等等。

8.3 企业文化的社会责任

企业文化的社会责任

企业的本质是为社会服务，通过社会服务来营利。企业在整个经营过程中除了营利这个中心思想之外，应该还能够起到促进社会全面发展的作用，绝对不能对社会产生“恶”，这就要求企业还应该有利他精神和社会责任感。

8.3.1 社会责任

就目前的学术研究来看，企业社会责任有两种比较典型的定义：

所谓企业社会责任（corporate social responsibility，CSR），是指企业在创造利润、对股东利益负责的同时，还要承担对员工、对社会和环境的责任，实现企业和社会的双赢。企业的社会责任是企业的一种自觉行为，这种责任是企业的社会行为引起的必然结果。广义的社会责任包括对员工、消费者、交易对象、竞争对手、社区以及政府机构等各种利益相关主体承担的责任。狭义的企业社会责任主要是相关劳动法和社会保障法规定的责任。

欧盟目前的官方定义为“企业社会责任（CSR）是指企业在自愿的基础上，将对社会和环境的关注融入其商业运作以及企业与其利益相关方的相互关系中”。

2010 年 11 月 1 日，国际标准化组织（ISO）在瑞士日内瓦国际会议中心举办了《社会责任指南标准》（以下简称《标准》）的发布仪式。在《标准》中，社会责任（social responsibility）被定义为：是指“通过透明和道德行为，组织为其决策和活动给社会和环境带来的影响承担的责任。这些透明和道德行为有助于可持续发展，包括健康和社会福祉，考虑到利益相关方的期望，符合适用法律并与

① 张凯、孙蕊：《公司给员工父母按月发“工资”》，载于《齐鲁晚报》2012 年 3 月 28 日，略做整理。

国际行为规范一致，融入整个组织并践行于其各种关系之中”。

8.3.2 社会责任的内容

企业社会责任的内容到底是什么？其实，对于这个问题，与企业社会责任的定义一样，一直也是理论界争论的焦点，即使占主流地位的现代企业社会责任理论学派到目前为止也没有对企业社会责任的内容做出明确界定，这主要是由于企业社会责任本身就是历史的产物，处于不同的社会历史发展时期的企业社会责任的内容不同，不同类型的企业承担企业社会责任的具体内容显然也不同，即使是同类型企业在不同企业生命周期承担的企业社会责任也不尽相同。所以，我们不能机械地以静止的方式界定企业社会责任的内容，而应该以发展的、辩证的、动态的方式来研究企业社会责任的内容。这里我们仅仅用卡罗尔的社会责任金字塔模型进行介绍。卡罗尔的企业社会责任金字塔模型（见图8－1）概括了企业社会责任中的多个维度，对企业社会责任理论研究尤其是企业社会责任内容的界定有着明显突破，因此被学者们广泛引用。

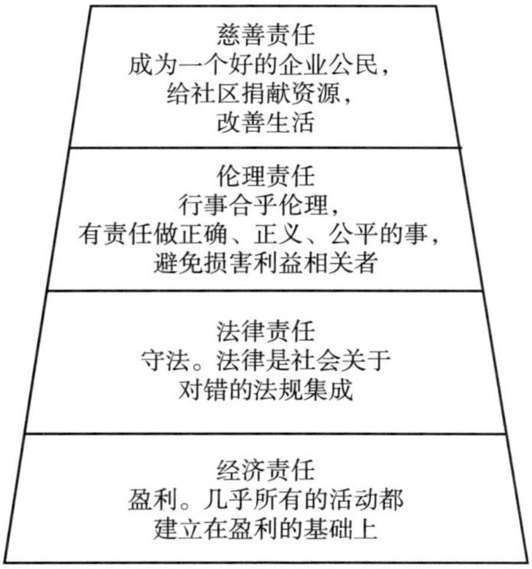

图8－1　企业社会责任金字塔模型

卡罗尔的企业社会责任金字塔模型对企业社会责任的具体内容并没有具体展开。一般认为企业社会责任的具体内容不是一成不变的，而是随着历史条件和客观环境的变化而变化的。不同类型的企业承担社会责任的具体内容不同，企业自身所处的发展阶段也会影响其实力与战略目标，进而影响其对各自社会责任定位的不同，所以不存在一个适用于所有企业的社会责任模式。企业承担社会责任，并不否认其追求经济利润的价值取向，因为企业首先是一个具有强烈利润动机的经济组织，其承担社会责任的能力和意愿还需要建立在一定的经济基础之上，企业的表现也以经济标准来衡量。所以，机械地用静止的方式来界定企业社会责任的内容不尽科学，需要坚持动态性、多元化、差异性、开放性的原则，要以辩证、动态的方式来研究企业社会责任的内容①。本书以上述界定企业社会责任内容的模型为依据，结合企业社会责任概念的演变，认为企业社会责任的具体内容应该包括以下4个方面：

1. 经济责任

企业的经济责任主要有：

（1）创造和积累利润，回报股东的投资，并为企业的发展积累财力；为社会创造财富，提供物质产品，改善人民生活水平。

（2）提供平等的就业机会、晋升机会。

（3）提供安全可靠的产品和优质的售后服务，保护消费者权益。

（4）节约资源，改变经济增长方式，发展循环经济，调整产业结构，提高社会资源的利用效率。

2. 法律责任

企业的法律责任主要有：

（1）遵守国际公约。

（2）遵守国家的法律和法规。

（3）执行国际通用标准。

（4）遵守行业标准和行业规范。

（5）带动企业员工、所在社区等共同遵纪守法，共建法治社会。

3. 伦理责任

企业的伦理责任主要有：

（1）保障股东的资产安全和收益，企业从事任何活动必须以能给企业带来利润为前提，并力争给股东以丰厚的投资回报；保障股东的知情权，提供真实、可靠的经营和投资信息，保障股东对企业经营管理进行监督的权利。

（2）为顾客提供安全可靠的产品，保障产品质量和安全，履行在产品质量和服务方面的承诺，尊重消费者权益，不欺诈消费者和牟

① 黎友焕．企业社会责任［M］．广州：华南理工大学出版社，2010：109－110.

取暴利，在产品质量和服务质量方面自觉接受政府和公众的监督。

（3）以人为本，关心员工、尊重员工，促进员工的积极性和创造性，给员工提供健康安全的工作环境，提供平等的就业机会、晋升机会和受教育机会，为员工制订合适的职业生涯发展规划，提供自我管理企业的机会，保障员工的各项福利政策。

（4）积极参与社区建设，支持发展社区文化教育事业，关心和赞助社区慈善事业，参与社区有关社团活动，同当地政府和居民以及公共团体建立良好的关系，为社区提供更多、更好的就业机会，促进社区发展，促进当地经济和社会发展。

（5）尊重自然，保护生态环境，降低消耗，减少污染破坏，积极开发和采用高新技术，加速产业技术升级和产业结构的优化，大力发展绿色企业，促进企业的可持续发展和社会的可持续发展。

4. 自愿性慈善责任

企业的自愿性慈善责任主要有：企业应视自身发展水平和经济实力，重视扶贫济困工作，发展慈善事业，比如发展医疗卫生、教育和文化建设事业，救助无家可归人员，帮助失学儿童，为社会弱势群体提供就业机会或直接给予经济帮助等。

8.3.3　社会责任管理

1. 什么是企业社会责任管理

企业社会责任管理可以从管理的一般属性和自身的独特属性两个方面来理解：企业社会责任管理的一般属性是符合企业管理 PDCA 循环理论，它是一种有目标、有计划、有执行、有评估、有改进，系统性地展开对企业社会责任实践活动进行管理的过程。企业社会责任的本质属性是企业有效管理其决策和活动所带来的经济、环境和社会影响，是一个提升责任竞争力，最大化地为利益相关方创造经济、环境和社会综合价值的过程，是对企业管理理念、管理目标、管理对象和管理方法等进行重新塑造。

2. 企业社会责任管理的内容

企业社会责任管理内容就是要把社会责任和可持续发展理念完全融入一个企业的运营过程之中，融入每个管理职能中，融入每个员工的日常工作中，直至融入公司文化、公司使命和公司的核心价值观中，提升企业经营理念，转变企业经营管理方式，实现企业可持续发展，促进企业与社会的共同可持续发展。由此，我们初步可以考虑企业社会责任管理 3 方面的内容：即企业社会责任理念管理、生产运营过程社会责任管理以及职能部门社会责任管理。

（1）企业社会责任理念管理。企业使命、愿景和核心价值观，不仅仅是一种口号和宣言。企业使命定义了企业存在的理由和价值，也定义了它的一些发展原则，运营和决策过程当中的原则。愿景定义了它希望成为一个什么样的组织，实际上是指导公司管理和运营的哲学角度的原则。企业社会责任理念有可能带来企业使命、愿景、核心价值观、治理理念等一系列的变化。企业社会责任理念管理首先可形成企业社会责任理念或者社会责任观，然后逐步融入企业使命、愿景、核心价值观等企业核心理念中。社会责任融入企业的使命、愿景和价值观当中，实际上改变或者优化了企业存在的理由，以往公司存在的理由就是为了股东利益最大化，现在我们很少看到这样的表述，更多的是考虑利益相关方。

（2）企业生产经营过程社会责任管理。企业生产经营过程社会责任管理就是将社会责任理念、目标、方法和绩效融入企业的研发、设计、采购、生产、销售和售后服务等管理、生产、运营全过程，确保企业实现负责任的生产运营，不断提升自身的可持续发展能力。

①研发环节社会责任管理。研发环节社会责任管理就是将社会责任理念融入研发环节，也就是对企业的研发理念、行为、目标和成果进行重新塑造的过程。比如，以前企业在研发一种产品时，核心理念都是利润最大化，以最小的成本投入，创造最大的经济价值，这是企业研发过程中要追求的终极目标。但是，融入社会责任思想之后，企业研发不能只考虑经济价值，还要同时考虑社会和环境价值。企业的研发核心理念转变为可持续发展、和谐共生的理念，追求的目标是经济、社会、环境效益的综合价值，最终的研发成果也是对企业及利益相关方都有益的产品。

②采购环节社会责任管理。采购环节社会责任管理就是从理念—目标—方法—绩效 4 个方面融入社会责任的理念，最终促进经济、社会、环境效益综合价值最大化。一是在采购理念、方法、目标、绩效上都考虑到社会责任因素；二是责任采购管理不仅仅是对供应商的约束，同时也是对企业自身的约束，如果企业为追求利润最大化，采购价格低廉、不负责任的产品，那么这也是不负责任的行为。此外，企业在采购过程中，也有责任向供应商提供相应的社会责任培训、咨询服务，帮助供应商提升履责能力。

③生产环节社会责任管理。生产环节社会责任管理是指在生产环节，从理念—方法—目标—绩效 4 个方面，都要考虑社会责任的因素。也就是说，企业在产品生产过程中，有没有遵循社会责任或者可

持续发展的理念？生产工艺和方法上，有没有考虑到社会和环境因素，企业的生产行为会不会给社会及消费者带来健康、安全等方面的威胁？有没有破坏环境？此外，企业的最终目标是否实现经济、社会、环境共赢的局面？这些都是融入社会责任理念后，企业在生产环节会考虑的问题。

④销售过程社会责任管理。销售过程社会责任管理是指将社会责任理念融入企业销售环节，从而改变企业的销售理念、目标、行为。

⑤售后服务环节社会责任管理。售后服务环节社会责任管理是指企业将社会责任融入售后理念、目标、行为等过程中。

（3）职能部门社会责任管理。无论是企业社会责任理念管理（企业社会责任融入核心价值观、使命与愿景），还是企业生产运营环节社会责任管理（研发、采购、生产、销售以及售后），都离不开职能部门承担起相应的社会责任管理（战略管理部门、人力资源部门、财务部门、公关品牌部门等）。这里面既包括明确牵头的社会责任管理部门，更重要的是各个职能部门根据社会责任的要求，分析本职能部门的职责，优化相关流程和制度，建立相关社会责任管理指标和考核指标，将社会责任要求真正纳入本部门的日常管理中，保证社会责任真正融入生产运营各个环节，以及落实到每个员工日常工作中。职能部门社会责任管理考虑 3 个要点：

第一，建立组织机构。一般通过新建社会责任部门，或赋予原有职能部门社会责任管理职责的方式明确社会责任管理部门。同时还可设立由中高层管理者组成的社会责任工作委员会等协调机构。

第二，赋予职能部门相关社会责任职责。首先，我们要明确社会责任管理不是凌驾于企业管理之上的，也不是独立于企业管理的，它是企业职能管理新的重要组成，是将社会责任的理念和工具融入原有企业管理内容中，使得原有体系或制度更丰富、更优化、更科学、更符合企业发展规律。社会责任管理职责与现有的质量、环境管理等，并不是相互排斥、不相容或者取代的关系，这些管理体系各有管理侧重、各有管理地盘，但有机地融入在现有的职能管理中。

第三，建立社会责任指标体系。职能部门社会责任管理最终要落到社会责任管理指标上，这些管理指标，一方面是企业社会责任管理的方向，另一方面也是衡量职能部门以及企业社会责任管理成效的尺度，同时也是考核相关业务部门和员工的重要指针。

本章练习题

一、简答题

1. 简述中国传统人本管理思想。
2. 企业人本管理责任是什么？并简述实现的方法和途径。
3. 企业文化的伦理责任是什么？
4. 如何看待企业对员工进行电子监控行为？
5. 如何解决员工压力过大问题？
6. 企业新型雇主雇员关系主要特征有哪些？
7. 判断一个企业价值观是否符合伦理，两个主要的依据是什么？
8. 企业社会责任是什么？
9. 简述企业社会责任管理的内容。

二、论述题

1. 论述企业人力资源管理制度中的伦理问题。
2. 结合卡罗尔的企业社会责任金字塔模型论述其内容。

三、案例分析题①

山东京博控股集团有限公司实行“仁孝”模式，强调“仁孝”价值观念，为了践行“仁孝”价值观企业制定了“孝工资”制度。公司从2007年起，就在高管层开始实行“孝工资”，到2010年推广到全公司，企业根据员工的工作年限和工种，每月额外给职工父母发放200元至500元的“孝工资”。具体做法是，人力资源管理部为每位员工的父母办理“孝工资”银行卡，公司每月10日左右将钱直接打到卡上。该公司董事长马韵升说：“企业不仅要招得进员工，更要用心留得住员工，‘孝工资’是企业替职工表‘孝心’，让职工工作得更‘舒心’，让职工父母更‘放心’，也让中华民族的传统美德得到发扬光大，一举数得。”

思考题：

如何从企业文化的角度看待山东京博控股集团有限公司的仁孝价值观念？

① 张凯、孙蕊：《公司给员工父母按月发“工资”》，载于《齐鲁晚报》2012年3月28日，略作整理。

第9章 中国传统商业文明与现代企业文化发展

教学目的与要求：
了解中国传统文化的基本内涵；了解中国近代企业文化传统；掌握现代中国企业的特征与发展状况

教学重点： 中国传统文化的基本内涵与近代企业文化传统

教学难点： 当代中国企业的特征

文化本身是一个动态的概念，是一个历史的发展过程，因此，中华传统文化既具有地域特征和民族特征，又具有时代特征。在历史性意义上，中国文化既包括源远流长的传统文化，也包括中国文化传统发生剧烈变化后所演变形成的近代文化与现代文化。

9.1 中国传统文化的特征

一种文化的产生是基于特定的区域和特定的民族而产生的。中国传统文化是生活在长江和黄河区域的华夏民族，在长期的生产生活中而逐渐发展并延续的特定产物，并在其漫长发展周期中，融合并吸收了周边民族的文化特征而形成的一种独具特色的文化形态总和。这种文化不仅对中国人在思想意识、价值观取向、道德观念、礼仪习俗、行为准则、生活方式、艺术表现等诸多环节带来深远影响，而且还对其周边国家甚至世界文化的形成都产生了积极的影响因素。中国传统文化也是中华民族得以维系、发展、壮大的最为重要的内在因素。

9.1.1 中国传统文化的类型

中国传统思想及流派

一种文化的存在必须依附于一种特定的文化类型。中国传统文化类型在学术界主要有以下 3 种认识：

1. 河谷文化

按照文化产生区域划分，中国传统文化属于河谷文化。中国最远古的人类起源基本都是以长江和黄河流域为中心而产生的，在长期的发展历程中，以华夏民族为核心的中华民族依附于特定江河自然环境，形成了以农业为主体的混合型文化。在其发展过程中，通过特有的内聚力和容纳性，逐渐吸收并融合了周边的草原文化、山川文化和海洋文化，使其自身的内涵逐渐丰富多元，最终形成了特征鲜明的文化形态，并构成了中国传统文化的主要类型。

2. 农耕文化

按照生产生活方式划分，中国传统文化属于农耕文化。由于中华民族基本是依附于长江和黄河而生存繁衍，优越的地理位置为发展农业经济提供了便利条件，因此，中国传统文化是孕育在农业宗法的社会母体下而诞生的。农耕经济一直是中国古代社会的主体经济模式，并在封建制度和重农抑商思想下得以持续发展。长期的农耕文化使中国传统文化呈现出安土重迁、团队协作、安逸保守的民族性格，而这种民族性格又反过来为中国传统文化提供了生存的土壤和基础。

3. 伦理政治文化

按照思想意识形态划分，中国传统文化属于伦理政治文化。作为世界四大文明古国之一，在悠久的发展周期内，中国传统文化孕育了多种哲学思想体系。从根植于本土的儒家思想、道家思想、兵家思想，到后期引进的佛教思想，历经不同统治阶层，逐步形成了中国传统文化的核心内容。这些不同的思想体系在发展中相互借鉴、互为补充、相互关联，对中华民族的思想意识、行为准则、道德伦理等产生了深刻影响，形成了中华民族共有的理想人格、价值观念和思维定式，也成为治理国家和指导人生的重要依据。因此，中国传统文化也被认为是一种伦理政治文化类型。

从中国传统文化的类型划分，我们可以看出，中国传统文化在其形成和发展过程中，不是单纯基于一种类型而形成，而是在多种类型共存的状态下，历经漫长的适应和发展过程逐渐发展并确立的。河谷文化孕育了中华民族的性格，农耕文化促进了中华民族的行为准则，而伦理政治文化则影响到中华民族的思想意识。因此，中国传统文化是在三种文化类型相互作用、互为弥补下形成了一种综合性文化类型。

中国传统文化是一种综合文化，是以华夏民族为核心，在融合吸收了其他少数民族和外来文化的基础上所形成的一种独具特色的文化。它不仅影响了中华民族的思想意识、行为准则和价值观，还对周边的东亚、南亚诸国文化的形成带去积极的影响，形成了东方文化的代表性文化。不仅如此，中国传统文化在吸收其他文化的同时，也对世界文化的发展产生了积极作用。

9.1.2 中国传统文化的流派及思想

中国传统文化是伴随着中华民族的产生而出现的。在远古时代，人们通过饰品、舞蹈、图腾、绘画等艺术形式来体现对美的认知，展现其所推崇的价值观。文字的出现为文化的传播提供了便利条件。春秋战国时期，礼崩乐坏，诸子百家各执己见，是中国历史上第一次思想解放运动，也成为中华传统文化在思想意识形态确立的标志。

春秋战国时期的百家争鸣，为中国传统文化种子的萌发、开花、结果提供了丰沃的土壤，这些思想通过文字的形式得以延续和传播，成为中国传统文化的最宝贵的财富。在这一时期，儒家、道家、兵家、法家等诸多思想流派在其统治阶级的支持下得以发展，引导了人们意识形态、价值观和行为准则，为中国传统文化的形成提供了理论支持。东晋末期，佛教文化从印度传入中国，并经过南北朝和隋唐时期的发展，也逐渐融入了中国的传统文化，形成了以儒、道、释三教并存的现象，成为唐宋之后中国传统文化的主要流派。

1. 道家文化

道家文化是中国最悠久的思想流派，由老子创办而形成。他的哲学思想深邃而思辨，其内容涉及政治、经济、文化、军事等诸多领域，对中国传统文化的形成及发展意义重大。

老子的思想体系以“道”为核心。道家文化崇尚自然，认为“人法地，地法天，天法道，道法自然”，将自然放到最高地位，认为万物万事都应该遵循自然之道，既“道法自然”。而实现“道法自然”的途径则是要“清静无为”，实行“无为而治”，提出“我无为而民自化，我好静而民自正，我无事而民自富，我无欲而民自朴”的思想。当然老子的“无为”不是无作为，而是不妄为，不乱为，顺应客观规律。“无为而无不为”是一种立身处世的态度和方式，做到“为而不恃”“为而不争”，其结果是“天之道，不争而擅胜”。老子的思想为中国传统文化提供了“遵循规律，顺应自然”的思想，也成了中华民族为人处世的重要理论依据与行为准则。

老子之后的庄子在继承老子思想的前提下，又对道家文化加以发展。他更加注重哲学思辨，其思想体系更加深邃且富有哲学道理。在“道”的体系下，老子认为“天生有道”，人应该存在敬畏之心，采取顺应、服从的方式；而庄子则认为可以“后天得道”，通过后天努力普通人同样可以得道，为道家思想带来了新意。

道家文化是中国最悠久、最传统的文化，是中华民族认识世界、为人处世的最根本的理念。虽然在唐宋之后，道家文化地位有所下滑，但其所蕴含的哲理却始终影响着中华民族的发展。特别是当今社会，道家文化中的修身养性、循轨守常的思想对现代人的日常生活与经济活动具有重要的指导意义。

2. 儒家文化

儒家文化的创始人是鲁国人孔子。在他的思想体系中，“仁”为核心，“礼”为准则，“和”为目标。“仁”是一种精神品质，通过伦理道德原则达到一种良好的人际关系状态；“礼”是一种维持政治和社会秩序的准则，对人的言行举止有规范作用；而“和”则是最终将达到的目标。

在孔子的思想体系里，提倡“为政以德”治国，通过道德和礼教，而不是以严格法律作为治国手段，认为“重教化，轻刑罚”；他提出了“性善”和“仁政”的观点；孔子认为，“信”是做人和治国的根本，做人应“言必信，行必果”，治国应“民信强于兵足”；孔子思想中“和”为目标，而达到“和”的方法就是“中庸”，通俗而言，即正确掌握事物发展的“度”。

孟子作为孔子的嫡派传人，被后世尊称为“亚圣”，宋代之后把孔子思想和孟子思想称之“孔孟之道”。孟子延续了孔子的“仁政”思想，并发展了“王道”政治学说，提出“保民而王”，“得其民，斯得天下矣”的主张，认为“民为贵，社稷次之，君为轻”的民本思想。同时孟子发展了“性善论”，认为人的不善行为，与外界环境和自身主观意识有关。

在汉代“独尊儒术，罢黜百家”的思想统治下，儒家思想确立了在中国封建社会意识形态下的核心地位，并在宋代朱熹的发展下，成为中国传统文化的最核心内容。其儒家文化中的“格物、致知、诚意、正心、修身、齐家、治国、平天下”的思想，也成为指导中华民族的行为准则，其目的是要实现“天人和谐”。

儒家思想作为中国受众最广、影响最大的思想流派，在中国历史发展中发挥了重要的作用，对中华民族的思想意识、道德准则、行为规范等日常生活和伦理政治都产生了积极的指导意义。不仅如此，儒家思想还对亚洲诸国文化的产生与发展带去指导与推动，并以此为中心形成了东方文化的核心内容。在当代社会，随着中国日益强大，儒家思想在世界范围内也备受关注和认可。

3. 佛教文化

与道家文化、儒家文化、兵家文化所不同，佛教文化是一种外来文化。佛教最早起源印度，是一种具有浓厚伦理道德色彩的宗教。佛教在东晋末期开始传入中国，发展于南北朝，成熟于隋唐时代，是在特定的历史条件下，中国封建社会上层建筑的产物。

佛教文化注重众生平等、出离家庭和超越当前社会秩序的观点与当时的儒家文化注重伦理道德，强调“礼数”的观点有着尖锐矛盾，并引发了摩擦。在后期的发展中，佛教文化逐渐与儒家、道家等传统文化相调和，以大慈大悲、利己利他作为伦理道德的出发点，与儒家文化的“恻隐之心”和“性善论”相吻合，受到统治阶层和民众的认可，为中国传统文化做出了重要的补充。

佛教文化作为一种外来文化，在与中国传统的儒家、道家思想体系融合的过程中，对中国传统文化也是一种批判、修正和补充，是对中国传统文化的一次发展。佛教文化在艺术、文学、建筑上对中国传统文化产生巨大影响的同时，还在思想领域对中国传统文化进行了唯心主义思想补充，使中华文化更加多元。另外，佛教文化也在日常生活和习俗中对中国传统文化展开修复，提出了除恶积善和扩展孝道的思想，对于千百年来中国民心社会的安定与影响无法估量。

9.1.3　中国传统文化在商业文明中的表现

东西方传统文化比较、中国古代商业文明特征

中国传统文化不仅对中华民族的思想意识、价值观、伦理道德产生了深远的影响，同时也在社会生活、经济活动制约着中国人的行为选择和价值判断。古代中国重农抑商，但是依然以城市为中心形成了自身的商业文明，其中传统文化以及主流思想体系在其中发挥了重要作用，呈现出独特的中华民族的商业文明和管理特色。

通过对中国传统文化和中国古代思想流派的介绍，可以发现中国古代的商业文明存在以下7个特征：

1. 重视人，将人作为管理的重心

“以人为本”的思想在中国古代的思想体系中始终占据主导地位。一方面，把人才作为管理和商业的核心力量，强调“爱人贵民”，认为民心所向是关系国家和社会安定的关键因素，统治阶层应该体恤民众、爱惜民众。另一方面，认为国家的安危、社会的稳定、事业的成功在于如何“用人”。认为国家兴衰和事情成败关键在如何用人，强调用正确的人做正确的事，用人所长、避人所短。

2. 强调组织完善与分工

远在氏族社会，中华民族就形成了完善的组织结构，形成了层次分明的组织体系，建立了以家庭为基础的最基层的组织机构。儒家文化和法家文化中的富国富民理念都把家庭作为最基本的单位，进行赋税、兵役、劳役的征收，并以此巩固了上层的统治。

在建立完善的组织前提下，分工也成为中国传统文化中重要的管理理念，《左传》中就提到“君子劳心、小人劳力”。指出无论是国家的统治，还是军队的建设，都是以精细的分工作为保障。商鞅就曾经将职业分为士农工商四大类别，并指出应该各安其位才是社会稳定的基础。即便是在最基层的家庭组织，“男耕女织”的分工也是组织最基本的形式，也是“齐家”思想的体现。

3. 提倡农本商末的治国之道

中华民族是农耕民族，中国传统文化也属于农耕文化。因此，农业在中国古代一直居于主导地位，倡导以农富国，认为农业生产是富国富民的本事、本业，而将商业活动视为副业，进行一定的限制和干预。这是因为，农业生产需要长期在同一区域生产生活，更便于国家集中管理，而商业活动强调是流动，虽然可以增加税收，但不利于控制。因此，儒家思想认为：“轻田野之税，省商贾之数，罕兴力役，无夺农时，如是，则国富矣。”

4. 突出情和义在人际关系中的作用

农耕民族的一个主要特点就是重视人际关系，这也是东西方文化的一个显著差异。中国传统文化中充满着浓厚的重情重义的思想，倡导“见利思义”“义然后取”“兼相爱、交相利”“舍生取义”。不仅如此，重情义的思想也直接影响到国人的价值评判和商业文明，民间推重“义薄云天”的关羽，并将尊为“武财神”。在商业文明中注重“买卖不成仁义在”的商业行为。

5. 重视集体意识

儒家文化中的“中庸之道”是中国传统文化中的核心思想，把“中庸”作为道德标准和决策准则，主张“适度”。这种思想也成为商业文明的重要特征之一，其表现为，在商业决策的时候重视集体利益和意识，采用集体决策，是中国商业文明的显著特点。

6. 提倡谋略为先的思想

“上兵伐谋”是中国兵家思想的核心，也是中国传统文化的智慧与聪颖的体现。谋略为先的思想提倡通过战略和计谋获取目标，而不是期望通过你死我活获得“单赢”局面，提出“上兵伐谋，其次伐交，其次伐兵，其下攻城”，认为最好的作战是智谋，然后是外交，最后才是武力攻城。这样迎合了传统文化中“攻人以谋不以力，用兵斗智不斗多”的思想。

谋略为先的一个具体表现就是“兵无常势、水无常形”的思想，认为两军作战应该“知己知彼”，依据自身的优势而展开不同的作战选择，不能拘泥于特定的形式。这种思想在现代的管理思想中正是权变理论的核心体系。

7. “求同”思想是商业文明的重要价值

中国地大物博，一直倡导大国而治，在“自给自足”和“重农抑商”的理念下，形成了一个天然的“隔离机制”。在这种制度下中华民族强调稳定，不推崇冒险，通过“克己复礼”来维持安定生活和国家的长治久安。

中国传统文化是中华民族得以生存和发展的根本所在，它不仅带来昌盛的唐宋繁荣，也是中华民族抵抗外族入侵的精神支柱，更是当代中华民族实现“复兴之路”和“中国梦”的关键所在。

9.2 中国近代企业的文化传统

中国近代企业的文化传统

漫长封建主义统治下的中国，虽然历经朝代更换，但其国力水平一直领先于世界。1840 年，鸦片战争打破了中国相对富足安定的生活状态，在外来武力入侵的同时，西方文化也随之而来，中华民族开始了历经百年的“沧桑岁月”。鸦片战争揭开了中国近代史的序幕。

为了抵抗外族入侵，原本以农业为主的中国也开始向西方学习，创办了一些近代工业企业。这些在中国封建主义和西方资本主义双重压力下艰难生存的民族企业，一方面继承延续着中国传统文化中管理理念，另一方面也积极向西方先进诸国学习管理方式。在这种局面下，中国近代工业企业中形成了具有时代特征和中国特色的企业文化。虽然这些企业文化具有鲜明时代特征和政治色彩，但它确实在一定时期提升了企业的管理水平和生产效率，推动了企业发展和社会变革。

为了梳理和认知中国近代企业中的文化传统，我们将这一时期的企业依据时代性和企业特征划分为官僚资本企业、民族资本企业和公营企业三大类别。

9.2.1 早期官僚资本企业中的文化传统

1. 早期官僚资本企业的类型及历程

外族入侵，让清政府认识到农耕经济所存在的弊端以及与西方先进各国在工业上的差距。为了改变这种状况，当时的清政府开启了“洋务运动”。官僚资本企业是由清政府的洋务派发起并创办的企业，主要有官办企业、官督商办和官商合办三种形式。

当时清政府的洋务派官僚集团，在军事、经济等主要方面与西方各国政府和企业展开合作，开办采用机械生产的新式军事和民用企业。这类企业就是中国真正意义上的第一批企业，从其所有权形式分析，可以称为官办企业。其中具有一定规模的企业有江南制造总局、天津机械制造局、福州船政局等。这些企业的经营费用由政府提供，产品大部分拨归军队使用，经营管理依然保有封建衙门的形式，其生产技术却被外国人所控制。

19 世纪 70 年代起，晚清政府在洋务运动中有采用了官督商办和官商合办的方式，兴办了一大批工矿企业。官督商办企业是由洋务派官僚发起，商人出资，政府管理的一种企业形式。这类企业，政府不出资，但控制企业经营权，并获取相应利润。由于政府参与，企业通常享受减税、免税、专利等特权。而官商合办企业是由官方和私人资本共同出资创办的企业。无论是官督商办还是官商合办企业，经营权都是由官僚掌管，其所得利润也多数落入官僚或其亲属手中。

早期官僚资本企业是在特殊的时代背景下所诞生的特定企业模式，具有一定的时代性和民族自省意识。它虽然融入了民间资本，但实质的控制权依然被以官僚为代表的政府所掌控。官僚资本企业所涉及的行业基本为军用和工矿企业，民生类企业涉及较少。在技术上，官僚资本企业积极学习引进了西方的先进技术，但是在管理上依然沿用了传统封建管理模式。由于经营不善，20 世纪初期，大多数企业逐步通过破产、转让等形式退出了历史舞台。

辛亥革命之后，少数存留的官僚资本企业在官僚军阀和帝国主义的扶持下得到发展，最终构成了以蒋、宋、孔、陈四大家族为核心的官僚资本集团。

2. 早期官僚资本在企业中的文化传统

早期官僚资本企业虽然生存周期较短，但作为中国近代史上真正意义的第一批企业，在其经营中还是展现出其独特的文化传统。主要表现在以下 4 个方面：

（1）封建传统文化的束缚。中国传统文化是一种伴随着封建制度所逐渐发展的文化，具有明显的阶级性和目的性。无论是传统的道家文化，或是外来的佛教文化，还是历经演变的儒家思想，其目的是劝民众循规蹈矩、各就其位。这种“忠孝”意识已经在中华民族内心根深蒂固。而官僚资本企业是在特定的时代下被动所创建的企业，其经营理念依然具有浓厚封建意识。特别是官督商办和官商合办企业，在其经营过程中，不是以所有权为依据开展经营，也不是按照所有权进行利润分配，其结局是民间资本的财富多数流向官僚买办或其亲属囊中。在时代转变的特殊期，在外来文化与中国传统文化冲击与融合中，封建传统文化束缚了企业向现代化模式发展的进程。

（2）敢于创新的意识。从早期官僚资本企业的发展历程来看，虽然官僚资本企业以失败而告终，但是洋务运动却对当时封建制度的转变产生了积极意义。首先，官僚资本企业在管理中注重了技术在企业经营中的作用，提出“师夷长技以制夷”的思想；其次，在管理模式上勇于探索、创新，官僚资本企业虽然失败，但在模式选择上，却积极学习西方理念，结合当时中国国情进行了尝试；最后，在资本融资方面，可以积极接收吸纳民间资本，缓解了当时政府财政紧张的局面。洋务派主持的早期官僚资本企业在中国历史上是一种积极的尝试，体现出中华民族危难时期的创新意识。

（3）自强不息的民族精神。“天下兴亡，匹夫有责”。官僚资本企业的创办是一种被动的行为，是在西方列强的剥削与凌辱之下的一种民族气节与精神的反映。外族的入侵，让中华民族看到农耕经济与工业经济的差距，认识到工业实体在国家经济中的重要作用与意义。“实业救国”的理念不仅仅是一种经济制度的变迁，也成为一种精神在经营活动中得以体现。众多的民间资本的融入不单纯是一种商业模式的选择，更是一种民间自发的救国行为，体现了中华民族自强不息、团结奋斗的民族精神。

（4）关系导向的行为方式制约了企业发展。农耕民族的一个重要特征就是在行为方式选择上更加注重人际关系导向。早期官僚资本企业在经营过程中，虽然认识到技术的重要性，但在商业模式选择中依然把东方文化中的关系导向作为了行为选择的标准。在早期官僚资本企业中存在着多种人际关系导向：官僚与政府的君臣关系；官僚资本与国外技术的合作关系；官僚与买办之间的亲属裙带关系……这些错综复杂的关系在经营实践中在很大程度上制约了企业的健康发展。而这种现象，也是东西方文化在碰撞、融合的一种表现。

洋务运动中的早期官僚资本企业在中国近代早期工业发展中占有重要的地位，建立起一批具有资本主义性质的企业，是对封建制度的一种抗争与自救行为。投资于洋务业务的官僚、地主、买办和商人成为中国早期资本家的重要组成部分，积累了一些管理经验和教训，对民族资本企业有借鉴作用。

9.2.2 民族资本企业中的文化传统

随着外国资本主义的刺激和中国资本主义萌芽的成长，一部分地主、商人和官僚开始投资新式工业，逐渐形成了中国的民族资本，并创办了民族资本企业。中国民族资本企业是近代形成的民间投资的私人资本主义经济成分，是在官僚资本主义影响下所出现的一种资本形式。

1. 民族资本企业的发展历程

中国早期的民族资本是源于封建地租和买办收入的转化，具有资本带动原始积累的性质。在辛亥革命的推动下，民族资本主义开始投资创办民族资本企业。在早期的投资行为中，主要以面粉、纺织、卷烟等轻工业为主，同时工矿、银行、铁路等行业也有所涉及。这一时期的企业特点是企业资金少、规模小，技术设备依赖进口，生产效率低下。

第一次世界大战时期，西方列强忙于战争，在工业品价格上涨和爱国反帝运动的推动下，中国民族资本企业进入了短暂的“黄金时代”。政府颁布了相关法规维护和改善了经营环境、拓展了融资渠道，对企业发展起到了一定的作用。民族资本企业开始涉足钢铁、煤炭等重工业领域，技术设备、产品质量、工作效率都得以提升。

第一次世界大战结束后，西方列强卷土重来，民族资本企业陷入萧条阶段。在连年内战和以四大家族为核心的官僚资本的压制下，虽然民族资本企业纷纷倒闭，但依然有很多民族资本在努力坚守，为中华民族抗击外来侵略做出自己的贡献。新中国成立后，众多民族资本企业更是投身国家经济建设中，为新中国经济发展奉献了自身力量。

2. 民族资本企业中的文化传统

民族资本企业的兴衰，是伴随着中国近代屈辱的历史而展开的，也是中华民族的一种救亡图存的责任和义务的体现。在其发展中，很多大规模的企业在经营活动中运用了一些较为先进的管理理念和技术，也创建了中国第一批知名品牌，展现出与早期官僚资本企业不同的文化传统特征。主要有以下 3 个方面：

（1）提倡关注民生、服务社会的经营理念。很多近代民族资本企业深受儒家文化“经世致用、入世为国”的思想影响，将关注民生、服务社会作为企业经营理念。首先，在行业选择上，民族资本更加关注切合民生需求的纺织、日用品、食品等轻工业，其目的是满足正处于战争中的国民生存需求。在注重民生的同时，还兴修铁路、水电、银行等服务设施，体现了服务社会的理念。在经营实践中，民族资本企业还提出了发展目标和企业精神。例如，民生实业的“服务社会、便利人群。开发产业，富强国家”；被誉为“中国民族化学工业之父”的范旭东提出了“我们在精神上以能服务社会为最大的光荣”的企业信条。

（2）树立品牌意识。由于长期受到西方列强的凌辱，中华民族表现出强烈的自强不息的民族精神，在“抵制洋货，支持国货”的时代背景下，中国民族资本主义企业非常重视品牌建设，并且塑造了一大批可以与外来品牌相抗衡的民族品牌，以此来达到提升民族荣誉感的目的。这些品牌主要分布在烟草、纺织、日用品等与国计民生相关的行业，如容氏企业的“兵船”面粉、东亚公司的“抵羊”毛线、三友实业的“三角牌”毛巾等民族品牌。这些民族企业在打造品牌的同时，在生产上也十分重视产品质量，保障原料来源；在销售中采用灵活机动的销售策略，确保品牌的市场份额。至今被国人所喜欢的“王老吉凉茶”也是这一时期的代表品牌，并于 1925 年参加在英国伦敦举办的展览会，正式走出国门。

（3）重视人才，建立人才培育机构。“以人为本”是中国传统文化的主要内容，受“人为万物之灵”观念的影响，近代民族资本和企业家始终把人视为社会经济活动与发展的主体，不仅十分重视人才在企业中的作用，而且还注重对人才的训练与培育。民族资本家范旭东提出“劳于用人，逸于用事”的观点；纺织大王张謇也认同“夫立国由于人才，人才出于立学”的观点。基于这些认识，近代民族资本家都在实践中大力选拔人才，重用人才。不仅如此，民族资本家还投资兴建了一系列学校，为国家和企业培育了大量的专业型人才。例如，民族实业家张謇，一生创办了 370 多所学校，为近代民族工业的兴起和教育事业的发展做出了宝贵贡献，被称为“状元实业家”。

中国近代的民族企业大都集中于大城市，以轻工业为主，不可能形成独立的工业体系，又由于在技术、设备、资金等方面依赖帝国主义，造成了它的先天不足。民族资本企业采用大机器生产和较为科学的管理方式，尽力摆脱封建主义和帝国主义的束缚，建立了许多具有中国特色的企业管理制度和方法，形成了一些初具萌芽状态的中国企业文化。

9.2.3 共产党领导下的公营企业中的文化传统

1921 年，中国共产党的建立，在中国历史上具有划时代的意义。

中国大规模的现代工业是在中华人民共和国成立后发展起来的，由于中国的社会主义政权是在中国共产党领导下，经过 20 多年长期革命战争建立的，所以，在新中国成立后相当长的时期内，政府管理部门、企业、银行学校等商业模式都受到源自军队和革命根据地公营企业管理模式的影响，所以，认识和了解中国共产党领导下的公营企业是十分必要的。

1. 革命根据地公营企业的发展历程

在 20 世纪 30 年代的土地革命战争时期，苏区开始创办小型修械所，并相继建立了被服、印刷、兵工、织布等工厂，生产与革命战争和人民生活迫切需要的物资。这些工厂在管理上重视行政管理，贯彻官兵一致、民主管理原则，吸收职工参与管理，教育职工自力更生、艰苦创业。由于受到国民党政府的残酷镇压，企业规模小、效率低、设备简陋，生存环境极其艰难。即便在艰苦的环境下，苏区公营企业还是表现出一定的特征：建立规章制度，制定产品检验体系；注意开展劳动竞赛，提升员工工作积极性；强化政治思想工作在管理中的重要性。从某种意义而言，苏区的公营企业不具备现代企业特征，但为中国共产党的成长和壮大奠定了坚实的物质基础。

抗日战争时期，以陕甘宁为主的抗日根据地在军民“自己动手，丰衣足食”的方针指导下，开展了大规模的生产运动，公营企业在这一时期也得到进一步发展。在工作中，企业开始实行经济核算体制，进一步完善了成本核算和产品质量检验体制；改革工资制度，由以前的供给制改为工资制；在工作中，精简机构，开展劳动竞赛，生产效率得到提升；开始关注技术在企业中的重要性，奖励创造发明。抗日战争时期是中国共产党日益壮大的关键时期，其公营企业也在探索中得以进一步发展。

解放战争时期，各解放区的公营企业迅速发展壮大，成为支持前方战事、安定后方生产的核心力量，也为中国共产党夺权政权提供了经济保障。在这一时期的公营企业中，注重强化民主管理，形成了职工代表大会制度；进一步改革工资制度，实施按劳分配原则和计件奖励工资制度；在工作中，实行严格经济核算制度，形成一些奖励体系，生产效率提升；进一步加强思想教育在工作的意义。解放战争时期，也是革命根据地公营企业开始由自给自足模式向企业化转变的关键时期，并为新中国成立后工业企业发展打下了人才和物质基础。

2. 革命根据地公营企业的文化传统

中国共产党领导下的革命根据地公营企业从无到有，从弱小到强大，从最初的自给自足到决定战争走向，是在不断探索与尝试下逐步发展起来的。一方面，它与中国共产党特殊的成长环境与执政理念相融合，另一方面，它也传承了中国传统文化。可以说，中国共产党领导下的革命根据地公营企业是在特殊的历史条件下，中国传统文化与新的执政理念的一种结合，它不同于当时的官僚资本主义企业和民主资本主义企业，是适合当时中国国情的一种新模式。这种模式与其他模式比较也呈现出以下 4 方面特色：

（1）发挥了艰苦奋斗、勤俭节约的民族性格。中华民族以农立国，形成了勤劳勇敢、吃苦耐劳、忍辱负重、勤俭节约、自强不息的民族性格。而中国共产党是以农民为基础而日益壮大并最终夺取政权的党派。与以城市为中心的国民党政府不同，中国共产党是以农村为中心，其核心力量是中国千千万万的劳苦大众。在公营企业运营中，中国共产党结合自身时代特征与民族性格，充分发挥了艰苦奋斗、勤俭节约的传统美德，不仅在生产中就地取材，还在工作中注重成本控制，在生活中艰苦朴素。这种理念也适应广大农民的需求与当时时代特征。在艰苦条件下生存，在勤俭环境中发展，是中国共产党最终取得胜利的根本。

（2）强调军民合一的集体意识与人本思想。中国传统文化中，集体主义是建立在等级制度基础之上的。在一个整体内，集体的利益重于个人，个人条件服从整体需求是组织和谐稳定的基础。中国共产党领导的革命队伍源于人民、为了人民，以实现人民利益为己任，充分体现了军队与民众利益一致的集体意识。公营企业首先考虑是民众需求，以满足根据地民众生存为根本，而不是以经济利益为目的，彰显了军民一致的集体意识。在革命根据地公营企业中，对集体意识加以改变，保留了军与民的和谐关系，增强了公营企业与人民军队的整体观念，有利于企业内部形成团队凝聚力和竞争力，有利于重构以整体利益为重的团队精神。

（3）体现讲人和、重亲和、以人为本的管理方式。中国传统文化中“民本”思想也是革命根据地公营企业得以发展的核心理念。中国儒家思想中的“民为贵”和“得民心者得天下”思想在特殊的时代下也与公营企业的经营理念充分融合。首先，将人看作天地万物的中心，深信价值之源在于人心所向。在生产经营中重视人、发挥人、为了人。这一点与当时的国民政府下的官僚资本企业有着本质不同。其次，是“爱人”。中国共产党是人民的军队，从最初军队“八项纪律”到公营企业中的规章制度，无不体现出“爱人”思想，而儒家思想“仁”的内涵就是爱人。

在公营企业中，“人和”“亲和”精神进一步得到升华，坚持以人为本，提倡集体主义精神，成为企业的追求。公营企业中的职工以强烈的主人翁意识，把企业的事情当成自己的事情，把共产党的存亡视为自己的存亡，是企业得以发展的基础所在。

（4）注重求索和开拓的创新精神。中华民族虽然是一个相对保守的民族，但是在中国的传统文化中也有“不慕古、不留今，与时变，与俗化”的创新思想。中国共产党领导下的革命根据地长期在国民党与日本侵略者的军事与经济双重压制下艰难地生存着。在资金短缺、技术不足、设备陈旧、人才短缺等客观条件下，公营企业与反动势力抗争、向命运挑战，展现出因地制宜、敢于求索、勇于开拓的创新精神。在生产经营中，提出“自力更生”理念，利用一切因素“艰苦创业”。依据当时生产力条件和特殊经营环境对产品质量、工资制度、组织结构进行积极探索与尝试，不仅为新中国的建立提供了物质与经济保障，更为新中国成立后企业发展积累了大量的经验。

中国近代发展过程中，在继承自身传统文化的基础上结合当时特定的时代背景，在企业经营中开始新的探索。这种探索与时代的发展以及民族诉求紧密结合，呈现出鲜明的时代特点。可以说，这一时期企业在经营中所呈现的文化特色是传统文化与西方先进理念的一种冲突与融合，它或许存在诸多的问题，但却萌发了中国企业文化的最初状态。

9.3 中国现代企业的文化特征与发展

1949 年 10 月 1 日，中华人民共和国成立，标志着中国进入了一个崭新的时代。从此，中国结束了 100 多年被侵略被奴役的屈辱历史，真正成为独立自主的国家。纵观新中国成立后的 70 多年发展历程，中国从“一盘散沙”到民族空前团结、国家高度统一，从“一穷二白”到世界第一大农业生产国、第一大工业生产国、第二大经济体，中国用短短70余年时间，达到了西方发达国家200多年的现代化成就，走出了一条完全不同于西方现代化模式的中国特色社会主义现代化之路。

中国企业文化发展历程与模式

9.3.1　当代中国企业发展历程

中华人民共和国是以工人阶级为领导、以工农联盟为基础的人民民主专政社会主义国家，是代表广大人民的根本利益的人民民主政权。因此，在相当长的时期内，中国的企业运营是在国家统一计划与安排下展开的，延续了革命根据地时期的公营模式。这种模式虽然在特定时期发挥了一定的作用，但也存在诸多问题，中国企业始终处于较低水平。1978年，党的十一届三中全会召开，全党的工作重点转移到社会主义现代化经济建设上来，开始全方位的改革开放，历经40余年，中国企业取得了令世界所瞩目的成绩，在世界经济舞台上扮演着越来越重要的角色。

因此，中国企业的发展之路，可以大致分为改革开放前的中国企业和改革开放后的中国企业两个阶段。

1. 改革开放前的中国企业发展历程

在中华人民共和国成立初期，基本沿用了革命根据地公营企业的管理模式和思想，对当时没收的官僚资本和公私合营企业进行改造和管理。在新中国成立最初的10年间，中国企业在管理中全面引进了苏联的管理制度和方法，实行计划统一管理体制，建立“各尽所能，按劳分配”的等级工资制度等方法。这种方法的推行，在特定时期内，使我国国营工业企业的管理工作基本走上了科学管理轨道，企业管理水平也得到相应提升。但是在学习中，由于没有充分考虑到我国实际情况，也出现了诸如强调行政命令，忽视民主管理的弊端。

1958年的“大跃进”严重背离了“实事求是”的原则，片面强调精神的作用，否定了前期的企业管理经验，其结果造成了国民经济的比例失调和企业管理的极大混乱，给国家在经济上造成了巨大的损失，也使企业步入全面倒退的局面。

从1966年开始的10年“文化大革命”，是我国政治大动乱、经济大衰退的10年，也是企业管理极为混乱的10年。在此期间，全盘否定了新中国成立以来在实践中总结出来的管理经验和制度方法，以

“阶级斗争”代替企业管理，使中国企业遭到严重破坏，整个国民经济发展到崩溃的边缘。

1976年，“十年动乱”结束，中国进入了一个新的历史转折时期，工业生产得到较快恢复，荒废10年的企业开始运营。但是，计划经济模式和落后的管理方式严重影响着企业健康有序发展，因此，制度和观念的转变成为当时迫在眉睫的紧要问题。

2. 改革开放后的中国企业发展

改革开放不仅是一次理念上的转变，更是一种机遇和挑战。改革开放的最初10年间，中国以经济改革的蓬勃发展带动了企业的发展。这一时期成长起来的企业，基本上是采用机会投机的发展模式，虽然抓住了市场机会，但在经营活动中并未形成合理规范的管理制度，更未形成明确的管理经验。企业呈现出品牌意识薄弱、产品质量参差不齐、生产技术落后、持续发展能力不足的局面。这种局面的形成与国家所处的历史阶段及资源配置有着必然的联系。

20世纪90年代至21世纪初，改革开放的步伐加快，在全球经济一体化和跨国公司冲击下，机会投机发展模式已经不再适应时代的需求，企业逐渐认识到实力、技术、管理在企业中的核心地位。随着中国市场经济和竞争机制的逐步完善，中国企业开始调整经营策略，寻找可以发展自身核心竞争力的途径。中国企业在相对良性竞争的环境下，充分发挥自身优势，涌现出海尔、联想、长虹等一大批世界知名企业。在构建成功管理模式的同时，也形成了独具特色的企业文化。

进入21世纪，随着互联网技术的到来和全球金融危机的冲击，企业之间的竞争不再是产品本身的竞争，而是价值链之间的竞争。产业与技术、知识与资本的整合为企业带来了巨大挑战和冲击。

刚刚成长起来的中国传统制造企业承受了前所未有的生存压力。企业要想在激烈的环境中生存和发展，就必须要转型、融合和超越。与此同时，中国市场历经20多年的发展，也日趋成熟，成为世界全球市场的中心，中国企业也迎来更多全球优秀企业和全球资源整合所带来的挑战。所以企业要发展必须要探寻新的经营模式以及管理方式。这一时期中国涌现出阿里巴巴、华为、腾讯、京东等一批新型企业，它们不仅拥有品牌、成功的管理模式，还拥有自己成功的企业文化，并塑造了马云、任正非、马化腾、刘强东等优秀企业家。

回首改革开放40余年的经历，我们可以简单概括出一个结论：企业的成败在于决策制定和实施的过程，在于企业设法用自己特有的文化推动策略展开的方法。

9.3.2　中国企业文化模式与变迁

中国企业历经40余年的发展，在走向世界的同时，其管理模式和企业文化也发生着明显的变化。从最初的封闭式企业文化，开始积极向世界先进企业文化学习，最终形成了具有中国特色的企业文化。这个过程是漫长的，也是令人欣慰的。

1. 中国企业文化融合的模式

（1）封闭式企业文化。

中国式企业文化的形成，是源自对传统文化的固守。在新中国早期的管理实践中，一些大型国有企业在工作中充分继承了中国传统文化的特点，逐渐形成一套独具特色的经营管理理念，如“鞍钢宪法”、大庆铁人精神等。当时虽未冠之以企业文化的概念，但实际上却发挥着企业文化的价值和整合功能。这种早期的企业文化由于还很粗浅和缺乏规范性，未被大多数企业所重视，因而未能形成成熟的企业文化管理模式。

这些具有企业文化特点的管理理念，更多是中华民族所倡导的民族精神在实践中的具体表现，虽然起到了提升士气、鼓舞干劲的作用，但是由于受到计划经济体制的制约，观念和制度无法全面更新，企业经营始终没有摆脱困境，其企业文化的功能及作用相对有限。

（2）引进式企业文化。

20世纪80年代中期，随着我国改革开放深入开展，西方发达国家在理念上对中国企业乃至中国社会的影响是更广泛、更深刻，也是更复杂的。

中国企业于1984～1988年期间，经历了第一次企业文化建设热潮。许多企业对西方的企业文化理论进行热烈研讨，对企业文化有了一定的认识，并积极学习引进世界知名企业的企业文化，开始树立商品经济观念、竞争观念、追求利润观念、效率和效益观念、市场营销观念等，极大地推动了中国改革开放和企业生产力的提升。但这一时期也存在着一些明显的问题：盲目学习发达国家的企业文化，没有结合中国国情与企业的实际状况；过于注重口号、着装、标识等外在形式，忽略了企业文化内涵建设；把企业文化建设作为一种时尚，而不是作为一种经营理念等。

进入21世纪，特别是中国加入WTO后，第二次企业文化建设热潮也悄然而至。越来越多的企业管理者学习企业文化理论，将企业文化策划和企业文化更新列上议事日程，越来越多的学术团体和政府部门也举办了丰富多彩的企业文化研讨会。随着中国特色市场经济的初步完善，更多的中国企业在“请进来，走出去”的实践中，慢慢破除了对西方经营理论、西方文化的迷信和盲目崇拜，开始结合国情和企业现状，从企业国际化经营之路、全球化竞争应对、人才资源培育、规范市场运作等环节入手，展开有目的性的学习。这一时期企业文化引进，其目的性较强、目标企业选择日趋合理，开始从形式学习到内涵研究过渡，形成了海尔集团等一批有特色的中国企业文化。

（3）特色式企业文化。

2008 年北京奥运会的成功举办，向世界展现了中国独具特色的文化魅力和经济实力，在震撼世界的同时，也极大提升了中华民族的自信和荣誉感。同时，源于 2008 年的全球性金融危机也为正处于上升时期的中国经济带来了消极影响：经济增长放缓，企业就业形势严峻，实体工业压力巨大，中小企业纷纷倒闭。面对这种情况，中国政府一方面扩大内需，另一方面出台政策扶持企业发展。经过短暂的阵痛，一大批新兴企业应运而生。这类企业不同于传统制造企业，形成了以互联网经济为依托，具有自主品牌、自主技术、自主经营理念的现代企业。这些企业在积极学习发达国家先进管理理念的同时，更注重对中国传统文化的深度挖掘，形成了具有中国特色的当代企业文化。例如，联想集团的“发动机文化”，腾讯公司的“通过互联网提升人类生活品质”的经营理念，华为企业的“华为基本法”等。

这一时期的新型企业在企业价值观中具有鲜明的时代特征，具体表现为：体现中国传统文化的积淀，诸如忠诚、守信、正直、仁爱、和谐、共赢；吸收西方企业文化的营养，诸如成就客户、创业创新、业绩导向、科学管理、提高效益；继承中国企业的优良传统，诸如精诚服务、拼搏创新、相互尊重、团结奋斗等。

通过对中国企业文化模式的研究，可以看出，中国企业模式的发展也是中国企业文化形成的过程。在这个过程中，从最初的固守、坚持，到后期的学习、引进，直至当代的继承、融合，它不仅仅是企业经营理念的改变，更是文化与时代的融合。因此，中国企业文化的根本，还是对传统文化的继承与意识上的融合、创新，这也是未来中国企业文化建设的关键所在。

当代中国企业文化的变迁与内容特征

2. 中国当代企业文化的变迁

文化变迁是企业文化研究的一项重要内容，学术界有“企业行为方式变革”和“集体价值观念的变革”等多种解释。纵观中国企业文化的变迁，主要呈现出 4 个显著特点：第一，改革开放是中国当代企业文化变迁的根本动力；第二，现代化制度建设是中国当代企业文化变迁的直接动因；第三，中国企业的崛起是中国当代企业文化变迁的时代背景；第四，融入全球化的企业管理是当代中国企业文化变迁的必然要求。

在时代背景和理念转变的过程中，中国当代的企业文化也在经营价值和文化融合上发生着重大变化。

（1）市场竞争机制促使经营管理价值观的改变。

企业经营价值观作为企业文化的核心内容，具有普遍性和广泛性、主导性和支配性、客观性和现实性等特征，对企业生存与发展具有重要的意义。企业经营价值观由企业所处的社会生产力水平和市场经营环境所决定，反过来又对企业的经营行为产生重大影响。从我国企业发展历程分析，市场竞争机制对企业经营价值观产生积极影响。在新的时代背景下，新的经营价值观也呈现出变化趋势。

其一，强调效率的经营价值观。在市场经济中，效率是企业成功的基石。在计划经济时代，国家统筹安排生产、经营、销售，企业没有自主权，效率低下是企业普遍现象；随着改革开放的深入，企业开始引进技术、生产设备和管理经验，效率意识开始体现；在市场经济形成以来，体制限制被逐步打破，个体经济活跃，产品市场日益丰富，消费需求不断增长，买方市场出现。企业开始围绕买方市场需求，注重产品设计、研发、生产、销售过程，强调投入和产出的效率。

其二，注重质量的经营价值观。产品质量不仅是特指产品本身的使用功能，还泛指外部包装、服务可靠、高感知等产品性能。在计划经济时代，由于供需关系不平衡，企业产品质量意识淡薄，产品“粗牢笨重”，只强调产品“经久耐用”，不重视产品质量与服务。在市场经济时代，企业对产品质量的理解发生转变：由客观质量转向主观质量，由生产者视角转向消费者视角，由显性质量转向隐性质量，由单一质量转向多维质量。越来越多的企业将质量作为企业生存的关键要素，从消费者生理和心理需求入手，对质量属性展开深度开发与利用，满足消费者对质量、功能方面的需求，从而保持在激烈竞争中立于不败之地。

其三，提升服务的经营价值观。企业服务意识主要包含内部服务和外部服务两个方面。内部服务是通过调节企业与员工、领导与员工、员工与员工之间的关系，提升员工工作积极性、培养企业归属感。而外部服务则是树立企业形象、提升服务质量、满足顾客期望、建立企业与顾客良好关系。计划经济时代，中国企业只关注生产和销售，服务意识普遍淡薄。随着市场经济的到来，企业间竞争加剧，企业也开始由以往产品竞争转向服务竞争。对内，协调关系、重视激励，提升员工满意度与忠诚度；对外，严控产品质量、完善服务体系、关注顾客需求。这些变化使企业凝聚力加强、社会美誉度提升，成为企业得以发展的基石。

其四，强化创新的经营价值观。对于企业来说，创新的内容包括了技术创新、体制创新、思想创新、经营创新和结构创新等内容。技术创新可以提高生产效率，降低生产成本；体制创新可以使企业的日常运作更有秩序，便于管理；思想创新能够保障企业沿着正确的方向发展，可以增强企业的凝聚力，发挥员工的创造性，为企业带来更大的效益。基于民族特性和文化传承，我们在创新意识方面曾经相对较弱。但在中国经济高速增长的今天，在技术更迭、知识增长、全球渗透等因素下，创新成为历史进步的动力、时代发展的关键，位居中国“五大发展理念”之首。越来越多的中国企业已经认识到，故步自封只能被市场淘汰，勇于创新才是生存之道。

（2）时代变迁促进文化融合的发展与吸收。

文化具有延续性和发展性。对于企业而言，企业中的文化总是在不断适应环境，吐故纳新，淘汰落后因子，吸收先进因子，遵循着文化的积累、传播和变革的规律，自发演进与成长。当今世界正朝着经济全球化、信息网络化、知识社会化、人才国际化、货币虚拟化发展，转型经济时期的中国企业所面临的压力与挑战将更加严峻。在此背景下，中国企业应该以现代企业制度为基础，树立正确的经营理念，同时，更应该学习传统文化，吸取精华，提升中国经济发展水平，增强企业竞争力。

从中国企业管理实践分析，在新时代下，中国企业的文化融合主要体现在以下 3 个方面：

其一，对忠孝文化赋予新的含义。忠孝文化是儒家思想核心内容，强调在封建制度下，民众对君主的忠诚，对父母的孝敬。在新的时代背景下，中华民族对忠孝文化有了新的认识：忠孝是一种传统美德和理想化人文伦理的体现，也是建立和谐社会、提升企业管理水平的保障。因此，当代中国企业应该弘扬忠孝文化，将传统亲情与西方理性文化结合，在管理中重情、重理、重法，在平等的基础上利用忠孝文化，将国家、企业、个人利益相结合，发挥员工积极性、主动性，增强组织的向心力和凝聚力，使企业充满活力，健康发展。

其二，对利义观的重新认识。儒家思想认为，在义和利的权衡中，义是衡量利之取舍的标准，有“舍生取义”的价值标准。在中国古代商业文明中，义也在人际关系及价值判别中发挥着重要作用。

但实际上，义和利在本质上并不是对立，而是一个整体，即公利。在我国企业发展过程中，一些企业也曾存在过义利失衡、见利忘义的错误观念，出现过假冒伪劣、以次充好的商业行为。但是，随着市场机制、监管体系的不断健全，这类企业必将会被市场所淘汰。企业追求利润，是商品社会中的必然选择，但是这种利不应该是私利，而是代表国家和组织的公利。基于这种认识，越来越多的企业开始注重义利为先，强调在符合公利的前提下追求企业利润，合法经营。这种认识的转变赋予了传统文化新的生命力，是一种符合时代特征的价值认知。

其三，对文化多样性的综合。文化本身就是一种多元复合体。儒家思想主张“和为贵”，倡导“齐家先修身，治国先齐家”的整体思想和人本思想；道家文化主张“顺其自然”，提倡“无为而治”，符合授权和自主管理理念；法家思想主张“法治”，反对“人治”，强调制度的约束，是西方管理的核心思想；兵家文化则重视领导、环境、方法的运用，是管理理论中的权变思想。这些看似冲突的文化，在西方管理实践中得到完美融合。这种现象的出现，让中国企业界认识到，对于传统文化认知，不能以单一的视角，片面地理解，而是应该以多元的角度综合对待。所以，现代中国企业的经营理念是在借鉴西方先进的企业文化理论的同时，更要深深根植于中国传统文化的沃土之中。通过对文化多样性的综合，创建出适合中国国情、企业特点的中国式企业文化。

管理是以文化为转移的，并且受其社会价值观、传统与习俗的支配。当代中国，社会、经济、文化等各方面都发生着剧烈改变，中国企业文化也必将跟随时代的变革产生整体转变。从中国企业文化的变迁可以看出，一方面，市场经济体制对企业经营价值观产生重大影响，促使以效率、质量、服务为核心的经营价值体系在企业中占据主导地位，并逐步演化为企业文化的重要组成部分。另一方面，立足传统、面向世界的中国企业，在注重对中华五千年文明吸收、传承和发展的同时，更加重视对西方管理理念的学习、借鉴。这种文化模式的转变，帮助中国企业快速成长，涌现出一大批具有中国特色企业文化的优秀企业。

9.3.3　当代中国企业文化特征及内容

日本战后经济的迅速崛起让世人瞩目，这其中，日本的企业文化功不可没。事实上，在日本企业文化的形成过程，中国传统文化，特别是儒家思想发挥了重大的作用。

与西方国家相比，中国企业文化的形成与发展的历史相对比较短暂。在形成的过程中，中国的传统思想对中华民族的文化心理、风俗习惯、道德伦理、价值观都产生了极大影响。这种影响发展至今，必然会渗透到中国现代企业的管理实践中，并在企业文化中得以反映。因此，当代中国企业文化是中国传统文化与当代时代特征的集合体，具有自身鲜明的特征，主要表现为：

1. 具有产业报国、服务社会的理念

“以天下为己任，关心社会，奋发有为”是儒家思想的精华，也是中华民族的优良传统，几千年以来已经深深地植入中国人心中。在当代中国，几乎所有的企业，都在努力营造出具有“产业报国、服务社会”理念的企业精神，并期望员工和社会认同这种精神，鼓舞员工与社会以创造社会价值为荣，从而实现中华民族伟大的“强国梦”。事实证明，这种理念符合了中华民族的文化传统，又遵循了当代企业成长的经济规律，必将为企业的经营和发展带来极大推动。

四川长虹集团就是以“产业报国”文化理念，凝聚员工的智慧与力量，赢得民众的支持和信赖，被誉为“民族品牌”，成为当今世界成功的企业文化典范。而华为集团将企业的责任定义为：“为产业报国，科教兴国，作不懈的努力。”也体现了“中华民族大有作为”的企业理念。除此之外，海尔集团的“敬业报国，追求卓越”，同仁堂的“同修仁德，济世养生”以及三一集团的“自强不息，产业报国”都属于这一类。

这种企业文化是中国传统文化的历史积淀，也是传统与时代的结合，更是中华民族复兴的民族心声。

2. 重人和、讲亲情的人本主义管理模式

在中国传统文化中，强调重视人的价值和人格，提出“民为贵”的思想，同时，正确把握人性的本质，推己及人，倡导“己欲立而立人”。因此，中国企业文化中一个显著特征就是传承并发展人本主义思想，将“物”的管理和“人”的管理有机结合，形成以“人”为管理核心的管理理念。在管理实践中，通过关心人、理解人、重视人、依靠人、尊重人、凝聚人、培养人，最大限度地开发企业的人力资源，将其作为企业的生存之本。

在中国传统文化中，中国人有“家”和“情”的理念，“家”不仅指家庭之小家，还特指企业之大家，所以，中国人自幼便接受“爱家”的教育。企业领导者自然以“家”为理念，引导员工树立集体主义价值观，在企业内外追求和谐统一，建立和谐的人际关系。

"情"则包含着尊重员工人格，促进心灵沟通，相互激励的含义。在中国，企业的领导风格基本上是协商型，领导不突出个人地位和自我价值，注意同下属与员工建立起相互信任的关系。企业实行的是集体决策，在决策方法上强调集体讨论，重视广泛听取和探讨下属人员的各种意见。例如，山东京博控股集团有限公司公开提出企业文化就是"家"文化，提出了家道、家德、家法、家业、家根、家风、家本等文化理念。提出作为管理者，一定要像对待自己的孩子一样管理下属，反过来，管理者都要当"母亲"，管理者要用母亲的心态管理员工和下属。这淋漓尽致的将"家"和"情"融入企业的家文化当中。

3. 重视传统伦理道德的价值观念

中国企业文化的形成与发展，受到中国传统思想，特别是儒家思想"仁、礼、和"影响较深。它期望利用"仁"维护人与人的伦理规范，主张通过"礼"的教化而非法律惩戒约束人的行为，最终实现"和"的目标。所以在中国企业文化中，处处会表现对"义利""忠孝""诚信"等伦理道德的价值表现。例如，山东京博控股集团有限公司企业文化的核心就定义为"仁孝"，直接体现了对中国传统道德伦理的继承与弘扬。

中国企业在企业文化建设中，将传统伦理道德与时代特征结合，从实际出发，赋予了新的含义："义利"，是以民族大义为先，在民族存亡、国家危难之时，企业"重义轻利"，在商业中提倡"守信重义""修身报国"，主张"君子爱财，取之有道"；"忠孝"，是以国家和人民利益为先，在处理国家与个人的关系上，提倡"舍小家为大家"，在企业经营中倡导"知恩图报"的价值观、"恪尽职守"的责任心，以及"众志成城"的集体意识，主张企业家在管理中应做到"忠不忘国，公不忘民"；"诚信"，是以社会和消费者为核心，倡导形成"民无信而不立"的诚信体系，在经营中主张"诚信无价、德行天下"，以诚信为本理念服务社会与民众。

4. 将和谐思想视为企业终极目标

儒家思想将"和为贵"视为目标，提出"中庸"是实现"和"的手段，强调社会安定、国富民强是和谐的保障。在当代中国，更是将建立"和谐社会"作为国家使命，也成为中国企业所追求的终极价值观。山东六和集团企业文化提出了"善、干、学、和"四大核心价值理念，其中"和"包括和自己、和员工、和用户、和供应商、和同行、和政府（社会）6 个方面，企业的名称也因此而来。

在当代的管理实践中，中国企业文化的和谐思想主要体现在：领导班子通过统一思想，统一判断标准达到价值观的和谐一致；上下级关系则通过领导以身作则、关爱体恤员工、了解员工需求达到目标与思想的和谐；企业与客户关系，则要将顾客利益放在首位、提供质量可靠、价格合理的产品，树立互惠互利的和谐体系；在企业竞争层面，以“双赢”为目标，实现适度竞争、良性竞争、公平竞争的和谐局面；在企业与社会层面，企业积极承担社会责任，树立良好企业形象，规避和化解冲突，与社会和谐共处，共同繁荣。

此外中国企业文化中还有讲究用人之道和锐意进取、开拓创新的优秀方面。与此同时，中国企业文化也存在一定的缺陷：员工凡事讲面子，缺乏理性；喜欢追求安逸稳定，缺失变革精神；政治性强，容易将政治准则与经济准则相混同；社会性强，容易把社会职能与企业职能相混合等弊端。

中国企业文化是具有中国民族特色的，传承了中华文化，适合中国当代国情，体现企业家价值观，具有时代特色的企业文化。它在形成过程中，体现了民族、国家、企业、个人的诉求，同时也存在一定的缺陷。中国企业应该不断发扬其优势，也要敢于承认、勇于改变自身的不足，只有这样，中国企业文化的生命力才会更加持久而强大。

本章练习题

一、简答题

1. 中国传统文化的流派及其思想表现。

2. 中国传统文化在商业文明中的表现有哪些？

3. 比较分析民族资本企业与革命根据地公营企业中在文化传统中的异同点？

4. 中国传统文化的类型及其产生的影响？

5. 当代中国企业文化的特征有哪些？

二、论述题

1. 从东西方传统文化的形成渊源分析东西方传统文化的特征与表现的差异？

2. 中国近代企业中的文化传承对当代中国企业文化形成产生了哪些影响？

3. 结合你对儒家、道家、兵家以及佛教思想的认知，谈谈中国传统文化在中国当代企业文化建设中的意义与作用。

三、案例分析题

同仁堂——百年老店的奥秘①

北京同仁堂是中药行业闻名遐迩的老字号，创建于清康熙八年（公元1669年），创始人乐显扬。清雍正元年（公元1723年）同仁堂开始供奉御药房用药，享受皇封特权，历经八代皇帝，长达188年。300多年来，同仁堂把“炮制虽繁必不敢省人工，品味虽贵必不敢减物力”作为永久的训规，始终坚持传统的制药特色，其产品以质量优良、疗效显著而闻名海内外。如今同仁堂集团已成为国有大型一类企业，在国务院确定的全国120家企业集团试点单位中，同仁堂是全国唯一的中药企业。

1. 诚实守信是核心理念

北京同仁堂是有着300多年悠久历史的中医药行业的著名企业。300多年来，同仁堂人继承中华民族优秀传统文化，严格遵守“炮制虽繁必不敢省人工，品味虽贵必不敢减物力”的古训和核心理念，树立“修合无人见，存心有天知”的自律意识，在经营过程中坚持“德、诚、信”的优良传统，创制出了许多令广大消费者放心的精品良药，确保了同仁堂金字招牌熠熠生辉。

同仁堂不断发展壮大，很重要的一个原因就是：能继承传统文化的精髓，坚持诚信为本的药德思想，并随着时代的发展，不断融入新的内涵。这种优秀的企业文化与诚信思想伴随着同仁堂人，不断在实践中加以落实，才使得同仁堂在市场竞争中立于不败之地。

同仁堂的创业者尊崇“可以养生、可以济世者，唯医药为最”，把行医卖药作为一种济世养生、效力于社会的高尚事业来做。以后，历代继业者，始终以“养生”“济世”为己任，对求医购药的八方来客，无论是达官显贵，还是平民百姓，一律以诚相待，童叟无欺，一视同仁。几百年过去了，创业者恪守诚实敬业的品德，一直深深影响着同仁堂历代经营者，并升华为同仁堂职业道德的精髓而代代相传。在市场经济的新形势下，诚实守信是对一个企业最基本的职业道德要求，讲信誉是商业行为最根本的准则，也是同仁堂历经300多年昌盛不衰的秘诀之所在。在实践中，同仁堂运用多种教育手段，采取有效措施，通过整章建制、规范员工行为，把讲信誉提高到适应市场经济激烈竞争需要的高度，要求员工做到“一言一行顾着集体荣誉，一

① 边东子：《同仁堂：传承与发展》，东方出版社2014年版，结合相关资料，由蔡亚南汇总、编制而成。

思一念为了企业兴衰”，从维护企业形象，珍惜同仁堂金字招牌，关注企业兴衰的大处着眼，从言行举止、音容笑貌的小事做起，使企业信誉弘扬光大。

同仁堂把诚实守信概括成以下内容：

诚，即诚实，内涵为货真价实，绝不弄虚作假。同仁堂绝不出假药，在服务中强调童叟无欺，一视同仁；第二个含义为诚心，即诚心诚意，不虚不伪，讲求周到服务，不讲分内分外；第三个含义为诚恳，即以恳切的态度倾听顾客意见，不计较顾客身份。

信，即信念、信心和信誉。所谓信念，就是同仁堂人要有一种坚定的信念：服务同仁堂，献身同仁堂，立志岗位成材。同仁堂开展过岗位练兵、以师带徒、主题教育等许多活动，目的都是强化同仁堂人的信念，为同仁堂作贡献。所谓信心，就是在困难面前，要敢于迎接挑战，善于排除各种障碍，在工作岗位上做出出色的成绩。几年来，同仁堂公司树立了几个典型，在他们身上都体现出了克服困难、勇攀高峰的信心。所谓信誉，集中体现在“同仁堂”三个字上，它是同仁堂各项工作成果的凝聚，是300多年历史的结晶，是同仁堂金字招牌的最好体现。

同仁堂诚实守信的道德规范，已经成为企业的经营观，体现在以德兴企的各项工作之中。如今，同仁堂在继承古老创业宗旨的同时，更汇入了新的具有社会主义时代特征的“全心全意为人民服务”的精神，提出了“建名牌，争一流”的奋斗目标，即同仁堂要创建具有国际地位的医药企业中的知名品牌；争创一流的职工队伍，一流的药品质量，一流的营销服务，一流的企业文化，一流的工作作风。为了企业的这一目标，同仁堂全体员工在日常的生产经营中，都在自觉地实践着企业的经营宗旨和道德规范。

2. 亲善仁爱、团结和睦的企业文化

同仁堂传统文化的突出特色，是讲礼仪、重人和，具有浓郁的“人情味”，创造了一种亲善仁爱、团结和睦的企业氛围。中国是礼仪之邦，历来倡导“天时不如地利，地利不如人和”“和为贵”的伦理道德。古老的同仁堂明显突出了“人和”的色彩，“和气生财”成为众人的行为准则：在内部，不讲师徒，皆称伙计；店堂的管理人员到乐家内宅办事，乐家人迎进送出，谦和温良，沏茶备饭，热情款待；众伙计之间也相互敬重，和睦相处，形成了和谐的氛围。这些尽管带有一定的封建色彩，但都充满了人情味，使人感到心情舒畅，萌生为同仁堂尽力的情感。

现在的同仁堂，继承了“人和”的老传统，并融入了社会主义时代的新内容。特别是在市场经济条件下，企业面临激烈的竞争，同仁堂把“人和”的老传统，用树立团队精神来代替。同仁堂十分重视内部的小环境建设，形成良好的“人和”氛围。明确要求各级班子成员之间、各单位之间、同事之间、上下级之间都要把团结放在第一位，形成团结和谐的人文环境。通过发扬同仁堂讲礼仪、重人和的老传统，建立相互之间良好的人际关系、合作关系，使员工团结友爱，相互敬重。

以塑造企业形象为重点，形成良好的企业环境。通过导入企业形象战略，逐步统一了企业的外部形象，规范了企业的理念行为，使员工为一个共同的目标而奋进，增强了员工的归属感和自豪感。

通过不断努力，在集团公司内推广理念行为规范，逐渐形成了以“德、诚、信”为核心的职业道德；以古训、堂训为基本内涵的经营理念；以创新发展为基础的时代精神。现在“以义为上、义利共生”的经营哲学，“同心同德、仁术仁风”的管理信念，“同修仁德、济世养生”的企业精神，“讲实话、用实学、鼓实劲、办实事、拓实业、见实效”的工作作风，“热心、耐心、恒心、公心”的服务精神，以及“下真料、行真功、讲真情”的工作信条，已经为同仁堂的干部员工共同遵守，在社会上赢得了用户及消费者的广泛赞誉。

思考题：

1. 为什么说诚实守信是同仁堂的核心理念？

2. 同仁堂在企业文化建设中传承了哪些中国传统文化？你认为传统文化是否符合当代中国企业文化的发展需求？请简单说明。

3. 同仁堂是如何贯彻亲善仁爱、团结和睦的企业文化的。

第 10 章 企业跨文化管理

教学目的与要求：

了解文化差异对管理的影响；了解世界典型国家企业文化的特征；掌握跨文化管理的相关理论；掌握跨文化管理模式

教学重点：跨文化管理相关理论

教学难点：跨文化管理模式

在经济全球化背景下，企业的经营理念已经发生了根本性变化，现代企业已经将其经营视角由单纯的区域经营向跨国经营发生着变化，以求从世界范围内寻求资源的合理配置。伴随着跨国经营的崛起，文化差异与企业管理的关系也成为当代企业不得不面对的话题。以此为背景，跨文化管理已经成为现代企业管理关注的热点问题。

跨文化管理又称为“交叉文化管理”，即在全球化经营中，对子公司所在国的文化采取包容的管理方法，在跨文化条件下克服任何异质文化的冲突，并据此创造出企业独特的文化，从而形成卓有成效的管理过程。其目的在于，在不同的文化氛围中设计出切实可行的组织结构和管理机制，在管理过程中寻找超越文化冲突的企业目标，以维系具有不同文化背景的员工共同行为准则，从而最大限度地控制和利用企业的潜力与价值。全球化经营企业只有实现成功的跨文化管理，才能使企业的经营得以顺利运转，竞争力得以增强，市场占有率得以扩大。

跨文化管理作为一种全新的管理理念，是经济全球化所带来的跨国经营活动，但从其本质而言，它是一种文化的交融与冲突的产物，是一种基于不同文化背景对人、事、物的认识。

10.1　区域文化差异对管理的影响

文化的形成是一个漫长而综合的过程。在世界文化体系中，一个民族在一定的特殊区域中长期生存繁衍，势必会受到区域的影响，逐渐产生固定的民族心理、民族风貌、道德风尚、宗教信仰，并在其民族发展中形成特有的伦理意识和价值观。而生存区域的不同，文化的认知和表现也大相径庭，其文化的差异性也造就了不同民族独特的个性文化。企业文化作为文化系统下的亚文化，不可避免地受到区域文化和民族文化的影响与制约，呈现出一定的区域特征。

区域文化差异对管理的影响

10.1.1　区域文化差异与管理表现

区域不同造成的文化差异是一种普遍的现象。以中国文化为代表的东方文化长期遵循“大国而治”的理念，追求万物的“和谐”；而西方各国在历史发展中一直处于“邦域而治”理念，追求自身的“卓越”。即便是同属于一个体系下的西方各国，也存在明显的区域差异。荷兰管理学者赫夫斯特曾举例说：“在德国，除非获得允许，否则什么事情都不可以做；在英国，除非受到禁止，否则什么都可以做；在法国，即便是受到禁止，什么事情也可以做。”这种现象的形成，与其区域、制度、信仰、民族有着直接的关联。

随着生产力的发展和世界经济一体化的加快，市场不再是某一个国家的内部市场，顾客也不再是某一个国家的内部消费群体，所有的一切都以世界为核心，呈现出跨越国界的现象。所以企业只有在世界市场上获得成功，才能是真正意义上的成功，也只有走向世界，才能够谋求更大的发展，获得更大潜能的发挥。而实行跨国经营必将面临诸多区域文化的差异，这也是企业跨文化管理的一个现实背景。一般而言，跨国经营企业所面临的经营环境包含了经济环境、政治环境、法律环境、社会环境、文化环境等诸多因素。而其中文化因素对企业而言，它的影响力是全方位、全系统和全过程的，是诸多因素中最为关键的因素。

从文化的产生背景和现状来看，当代的文化主要按照区域划分，分成了东方文化和西方文化两大类。西方文化信奉个人主义，崇尚分析思维和制度导向的文化与价值观的国家，如美国、德国、法国、英国等西方各国，它们重视个体价值与自身利益；而东方文化则主张集体主义，崇尚整合思维和情感导向的文化与价值观国家，其代表为中国、日本、韩国、东南亚诸国，它们强调团队精神和集体意识。

东西方文化在各自形成过程中，由于区域文化、政治体系、法律制度的差异，而在其行为方式、经营理念、思维意识上也表现出明显的不同。具体体现在下列5个方面：

1. 人性认知的差异

东方文化受到中国儒家思想的影响，基本上以“人之初性本善”作为对人性的认知，而将其人性出现“向恶”则主要归结于环境的影响。基于性善论，所以在东方文化中常常体现出“重教化、轻责罚”的现象，认为人的主观意识是向善，有主动向好的行为，所以在企业管理中重视通过自我管理代替严格的制度束缚。

而在西方文化体系中，由于受到西方宗教“原恶罪”的影响，基本上呈现出“人之初性本恶”的人性观。基于性恶论，西方文化认为人的欲望是罪恶的源泉，所以，要从根源入手，通过法律和制度来抑制人的欲望，呈现出重法律的现象。在企业管理中，力求从法律法规的严谨与严格入手，在根源上制止不良行为的发生，强调的是权威与制度的健全。

2. 人与自然认知的差异

在东方文化体系中，东方文化是一种“敬天”思想，其传统哲学观认为“天人合一”。认为上天赐予人类丰沃的生存环境，对大自然产生崇拜与顺从，主张人与大自然的和谐统一。这种思想在企业管理中必然导致了集体主义取向。所以，在东方的管理体系中注重集体奖励，强调集体的利益高于个人利益，在决策中也更多采用的是集体决策。

而在西方文化体系当中，西方文化是一种“胜天”的思想，其传统哲学观认为“天人相分”。认为人只有通过自我努力才能生存，对大自然采取对立与抗争，主张“人定胜天”的思想。这种思想在企业管理中导致了个人主义取向。所以，在西方的管理体系中注重个体奖励，强调个人的展现和自我的展现，认为个体利益高于一切，在决策中则多采用个体决策。

3. 稳定性认知的差异

东方文化的核心价值观是追求稳定。中庸之道要求人们安分守己，强调温和、渐进，顺其自然，希望社会稳定，国泰民安；希望家庭稳定，实现安居乐业；“安土重迁”的思想根深蒂固。寻求在稳定中得到发展，使自身文化得以延续和保存完整。这种思想在管理体系中体现为强调传统与继承、注重保守，然而其开创精神缺失。

而西方文化的核心价值观是创新精神。西方文化强调“变化”，核心思想是“无物不变”，认为变化永无停顿。他们喜欢另辟蹊径、标新立异，不断创新。这种价值观源于海洋文化和基督教教义。这种思想在管理体系中体现为，重视创新，不循规蹈矩。

4. 权力距离认识的差异

东方文化崇尚权威。注重下级服从上级，尊敬长辈，宗族意识强烈。东方文化是以血缘为纽带而组建的家庭，服务于这种宗法制度的是伦理。权势在东方文化中起到了重要作用，其等级制度森严，每个人在社会中都有固定的身份、地位、权利和义务。所以在东方的管理体系中注重集权，高层管理者拥有较大的权力，而低层管理者的权力相对较小。

而西方文化崇尚平等。注重契约关系，强调关系平等。西方文化是以法律为纽带而治理国家，强调的是制度。主张众人平等，甚至要爱自己的敌人。所以在西方的管理体系中，强调分权与授权，高层管理人员与低层经理人员之间的权利距离明显低于东方文化。

5. 人际关系认知的差异

东方文化是以农耕文明为主。在长期的生产劳作中，重视对土地的依附，强调团队合作意识，形成了以家庭为基础，依靠血缘来维持的宗族体系。受到儒家思想的影响，人际关系呈等级性。在人际交往中，“重感情、讲关系”是其价值取向的特征。所以在东方的管理体系中，重视人性管理，强调人际关系的和谐稳定是管理的核心所在。

而西方文化源于游牧文明和海洋文明。在长期的商业贸易中，重视人员的流动，强调契约精神，注重通过法律来保护个人利益，强调个人利益高于一切。受到宗教众人平等思想，以及文艺复兴时期的个性解放、个性自由的影响，对人际关系和谐稳定相对淡漠。所以在西方的管理体系中，重视制度化，强调制度与法律的完善是管理的核心所在。

10.1.2 区域文化差异对跨国经营的影响

不同国家文化的差异直接影响到企业管理的过程，在一个特定文化的环境中行之有效的管理，可能在另一种特定文化环境中是无法运行的。特定区域中不同价值观，导致了不同文化背景中人们所采取的行为方式也不尽相同，也将导致成文化的冲突与摩擦。当人们以一国文化对待另一国文化进行要求时，文化的差异就明显得显现出来。如何在不同的文化背景下实施管理活动，认知文化差异对跨国经营带来的影响与作用，就成为跨文化研究的主要原因。

1. 文化差异对跨国经营的正面影响

（1）通过对文化差异的认知可以帮助企业提升解决问题的能力。不同的文化造成了员工在对于学习知识、运用知识中存在着差异。基于传统的认知与文化的习俗，对待相同的问题，文化的差异性往往造成思考角度不同、理解方式不同、行为选择不同等问题。通过对文化差异的了解，在多元文化共存的跨国经营环境中，可以从多个角度展开分析，从不同方面进行理解，从多种层次进行研究，可以把问题理解得更为全面、深刻、透彻，并依据问题寻求多种解决方案，提升解决问题的能力。

（2）通过对文化差异的认知可以增强企业的创新意识。文化的差异造就了对传统文化的继承或摒弃意识，虽然东方文化重视传承，缺失创新意识，但是创新思维首先应基于对传统的认知，并在其基础上加以改变。因此，继承与创新本身就存在必然关联，没有继承的创新是不具备生命力的。在多元的跨国经营环境中，东西方文化的差异可以改变单一的思维模式，开拓管理者的思路，在全球文化背景下，有利于新观点、新方法、新思想的产生，从而增强企业的创新意识。

（3）通过对文化差异的认知可以拓展企业的群体意识。群体意识是基于社会一致性及促使群体成员顺从和达成共识的压力。在单一文化背景下，群体意识往往呈现出相同的惯性思维，不利于创新的形成。而随着跨国经营环境的多元化，文化的冲突虽然会形成一定的认知不同，但是在更多的情况下，会引发不同文化背景下各成员的思考。在思考方式的多元化作用下，主流文化会对其他文化形态的产生顺从压力，在讨论、争辩中阐述相反观点和建议，进而开拓企业的躯体意识。

（4）通过对文化差异的认知有助于跨国经营的开展。同一种产品在不同文化背景下，消费者对于产品本身的功能、消费习惯、服务也存在着明显的差异。企业员工通过对文化差异的认知，可以帮助他们在不同的文化中应对消费者不同的需求，可以在跨国经营环境中展开有差别的营销行为，并根据文化的差异，设计、制定符合文化习惯的市场战略，开发迎合当地文化的特色产品和服务，使企业的跨国经营呈现多样性。同时，在日常的经营活动中，了解不同文化背景下客户的需求、从而加强与客户的沟通，有助于跨国经营活动的开展与完善。

2. 文化差异对跨国经营的负面影响

一种文化的形成是一种长期的行为，而这种文化一旦形成，会让员工的意识与行为形成固定的模式。当多种文化共存时，势必会形成不同文化间的相互作用，当不同质、不同层次的文化处于同一时空环境当中，容易产生文化的冲突与碰撞，从而给跨国经营环境带来负面的影响。其主要表现在：

（1）文化差异容易引发管理者和员工的紧张关系。由于文化差异，来自不同文化背景的成员，通常存在不同的价值观信念和文化传承，并由此而决定了他们在需求和期望上的差异。在满足员工需求和期望时，文化差异容易造成认识上的不一致，进而形成两种文化的冲突，造成上下级关系的紧张。例如，东方文化强调集体意识，所以人际关系的和谐稳定是他们的主要需求，而这种需求往往会通过集体奖励而得到满足；西方文化重视个体意识，展现自我、体现自我价值是员工的需求，只有有差别的奖励机制才会使他们得到满足。这种文化的差异在多元文化环境中容易造成员工在人际关系方面的紧张，对管理产生直接性影响。

（2）文化差异容易引发员工在沟通中的错误认知。在不同的文化体系中，因为习惯或风俗的差异，对于同一事物的认同或否定也表现的各不相同，主要表现在语言或肢体动作的表现环节。不同的文化群体在面对异文化环境时，由于理解和习惯的差异，往往会造成交流障碍，员工各行其是，直接影响到工作的有效展开。例如，在美国文化中，点头是表示肯定，而在英国文化中，点头仅仅表示是在听别人讲话，并不意味着对言论的认可；在美国文化中，摇头表示对事物的否定态度，而在中东文化中则通过猛烈摇头来表示否定。这些习惯在多元文化下容易造成沟通障碍，导致错误认知的产生，进而影响到企业的经营活动。

（3）文化差异容易引发决策困难、目标难以统一。在多元文化的背景下，企业的决策方式选择也不相同。例如西方文化中强调个体决策，而东方文化则注重集体决策。在决策过程当中，不同文化背景下的员工存在着对决策方案和管理制度的理解差异，因而在行为选择及表现上也大相径庭。例如西方文化强调的理性思维和公平意识是通过企业制度和法律的完善作为保障；而东方的传统管理思维则是希望以“人治”为主，因而在决策执行中强调等级和人际关系。同时文化的差异也会造成不同文化背景下对于经营目标认知的差异。比如美国、德国的管理者，他们的经营观念是围绕市场的需求展开，从消费者的角度出发来考虑需求，强调营销；而中国传统的企业管理者往往在经营上谨小慎微，缺乏创新意识。文化差异造成了决策困难与目标难以统一，这可能会导致多元文化下效率低下的局面。

（4）文化差异容易引发在管理意识和行动上的不统一。在跨国经营环境中，文化的因素也直接影响到管理意识，造成管理理念不一致的现象。西方文化强调法律与权威，其表现为通过严密的制度和法律来约束人的行为，并通过合理的组织设计保持企业的正常运转。因此，西方的管理理念注重实证分析和逻辑推理，善于做定量分析。而东方文化则追求整体和谐与集群的依附，注重家的实质，并特别尊重权威特性，将忠诚与信用作为衡量员工的道德标准。因此，东方管理强调经验的重要与伦理道德，喜欢定性研究，容易产生与实践相脱节的管理理念。

如上所述，文化差异所造成的多元化经营环境对企业的跨国经营产生积极因素的同时，也会给人际关系、沟通等环节带来不利影响。在全球化背景下，企业如何利用文化差异帮助企业开拓市场、解决问题是跨国企业经营的取胜之道，同时，也应该认真面对、高度重视文化差异所带来的负面影响，这也是跨文化管理的关键所在。

10.2 典型国家的文化特征与企业文化

文化的差异，使得企业文化也呈现出千姿百态的现象。可以说，有相似的企业文化，但不会存在完全相同的企业文化。然而，同一区域的文化，基于相似的社会历史背景、社会风俗传承以及独特的民族文化，会呈现出一定的区域特色。这些特征对相同民族在同一国家或地区的企业在企业文化建设中也表现出共性，并在经营活动中展现出相似的价值观和行为特征。

在当今经济全球化的背景下，企业在跨越国界的经营中，势必会受到因文化差异而产生的文化摩擦和碰撞，会直接影响到企业文化的形成与建设。因此，基于文化特征对当代典型国家的企业文化做出梳理、认识、归纳是非常必要的。

从世界经济发展格局入手，本节主要通过对美国、日本、德国三个国家的文化入手，分析各国的企业文化的特征，帮助我们更加深刻地理解文化与企业文化的内在联系。

10.2.1 美国文化与美国企业文化

1. 美国企业文化的渊源——美国文化

典型国家文化分析–美日德文化比较

美国是一个年轻的国家，只有200多年的历史，所以，美国文化根基较浅。同时，美国还是一个移民国家，来自世界各地的移民带来了各国的文化，并与当地文化相结合，历经200多年的融合，逐渐形成了具有鲜明特征的美国文化。

具体而语言，美国文化的特征主要有以下3个方面：

（1）个人主义价值观，崇尚冒险和创新精神。

美国早期的居民是来自世界各地的“冒险家”，他们背井离乡，在自然条件恶劣的北美洲开启了他们致富之路。由于当时的美洲区域地广人稀，这些冒险者往往单枪匹马与恶劣的自然环境相抗争。为了谋求发展，这些早期的移民相信自己的能力，具有明显的流动性和主动性。他们注重独立的个性和与众不同的个人能力，厌倦传统习俗对个性的束缚，逐渐形成了以个人主义为核心的价值体系。

在这种个人主义价值观的引导下，他们强调“胜者为王”的能力主义，不循规蹈矩，敢于尝试新鲜事物，具有冒险精神和猎奇心理。他们虽然相信天命，但并不是宿命论者，认为只有勤奋努力、把握机遇才是成功之道。在新移民进入前，美国文化处于真空地带，在继承本民族文化的同时，移民者将个人意识融入与环境的对抗中，期望创建新家园。于是在制度、文化等方面也勇于创新、开拓进取。美国人的这种信念在开疆拓土中扎根繁衍，在创造了经济繁荣的同时，也改变了美国文化的面貌。

（2）实用主义哲学，强调物质主义的追求。

美国文化信奉“有用、有效、有利就是真理”。在冒险精神和创新意识的驱使下，早期移民认为开发新大陆就必须要打破一切常规，从实际出发去解决问题。在这种观念的影响下，美国人不喜欢思辨哲学，不喜欢形而上学的哲学思考，在美国人眼里，有用的就是真理，成功的就是真理。他们立足于现实生活和经验，把确定信念当作出发点，把采取行动当作主要的手段，把获取效果当作最高的目标，一切都是为了效益和成功。

在实用主义哲学体系下，美国文化崇尚物质生活，认为生活舒适是理所当然的人生追求。在美国文化中，衡量一个人的价值，主要是看其物质价值。由于受到基督教新教价值观的影响，财富的多少是衡量一个人社会地位的关键依据。所以在美国社会里，人们是奋发向上的，他们通过努力工作来实现自我价值。在这种观念的支配下，在美国社会里，企业家受到尊敬，创业受到国民的认可。实用主义和物质主义至上理念，是美国经济长期处于高速增长的关键要素。

（3）崇尚个性，注重自由、平等精神。

“个人至上、追求个人利益，强调通过个人奋斗、个人自我设计，追求个人价值的最终实现”的理念是美国文化的核心内容之一。这种刻意塑造自我，对追求个性化的个人主义有着积极的意义，它调动了个人的积极性，使许多人的智慧和潜力得以充分发挥，从而促进整个民族与国家的振兴和发展。

与中国文化中长期受到封建秩序影响所不同，封建制度在美国民族形成过程中从未出现。欧洲移民带来了资产阶级的自由思想，与新大陆的独立、自由自然环境相结合，形成了美国民族热爱自由、追求自由、崇尚自由的性格。在美国除了法律明文规定以外，任何机关和个人不得非法掠夺、限制他人自由。民主自由的氛围，为才能和机会营造了环境，所以，美国人相信机会，崇尚能力，认为在机会均等的条件之下，人的才能决定了其富裕的程度。

综合而言，美国的文化可以概括为：个人主义、清教主义和自由主义。个人主义是美国民族文化的基本特征和主要内容，它赋予了美国文化倡导个人的生命和幸福是终极价值的内涵；清教主义是美国文化的根，它赋予了美国文化倡导道德、民主平等的内涵；自由主义是美国文化的核心，它构成了美国政治文化的基础，它赋予了美国民族文化倡导言论自由，发展自由市场经济的内涵。

典型国家企业文化分析——美日德企业文化比较

2. 美国企业文化的内容

美国作为世界上最大的经济强国，也是现代管理理论的发源地之一，在管理的实践和理论研究推动下，美国企业根据自身的状况，培育和发展了独具特色的企业文化。

当前美国的企业文化主要有以下 4 个特征：

（1）创建共同价值观。

共同价值是一个企业的基本概念和信仰，它为企业员工规定了成功的标准和方向。美国企业的领导者认识到企业的生存和发展是最重要的因素，是要打造企业的共同价值观和共同信念。共同价值观作为企业文化的核心和基石，激励着企业员工，为个人利益和企业利益去奋斗。美国企业的价值观主要表现在下面 3 个环节：

①崇高的目标，是一个企业成功与否的关键要素。企业管理者通过目标来激励和领导员工，使员工愿意为企业的崇高目标而努力和奋斗。

②尊重员工，注重发挥员工的个人才能。在企业当中形成一种合作文化，促使员工从事创造性的思考、学习和参与，让员工感到自己与企业成为一个有机体。

③追求卓越，这是美国企业文化的核心内容。其表现为永无止境、永不满足、求新求变的一种精神和一种信念。

（2）倡导个人能力主义。

美国文化中注重个人能力主义的特点直接影响到了美国企业文化的表现。在美国企业的文化中，形成了尊重个人、崇尚个人自由、追求个人发展的精神；不害怕风险失败、勇往直前的开拓精神；鼓励自由贸易、自由竞争，任何人要凭才智和工作而致富的精神。在管理实践中主要表现为：

①尊重个人尊严和价值，承认个人努力和成就。企业在管理中对员工给予充分的信任，在工作中采取目标管理和弹性工作制度，给予员工更多的自由，并对员工的个人成就给予表彰和鼓励。因此企业竞争气氛浓烈，人们乐于求新求变，敢于冒险。

②个人决策和个人责任。在美国企业中，决策以个人为主，较少采用集体决策。在决策执行过程中，事事有人负责，做到恪尽职守，工作不相互推诿，重视分工与协作。

③奖励个人，而不是集体。由于崇尚个人能力和个人责任感，所以美国企业更加注重对于个人的奖励。通过对个人能力的认同，对个人起到了激励的作用，同时也激发了其他员工的竞争意识和创新的精神。

（3）提倡管理中软硬管理模式相结合。

美国企业在其发展过程中继承了泰勒的科学管理思想，在组织设计中，注重组织结构的严密、制度的合理规范、强调领导的权威性；在工作中，重视标准化作业、强调责任、明确分工；在理论上，注重定量决策，强调理论的逻辑性和适用性，通过先进的管理理念和管理手段进行科学管理。因此，美国企业比较重视硬性管理。

但是，过分强调制度量化的硬式管理，容易造成人与人之间的关系淡漠，形成了单纯的契约关系，在企业中逐渐形成了只注重经济指标不注重企业人性管理的现象。管理者的目光较为短浅，忽视了企业文化的建设，与社会相互脱节。伴随着日本经济的崛起，通过和日本企业的比较，美国企业开始注重企业文化的建设，把企业文化放到了企业核心的地位。逐渐形成了重视人、尊重人的理念，不再将追求经济利益视为企业唯一的目标。这种软硬相结合的管理模式也是美国文化中融合与创新的体现。

（4）务实精神，质量第一、顾客至上理念。

在美国企业中注重实际效果，少形式主义，崇尚行动，强调执行力。这些都是美国企业中务实精神的集中体现。务实精神也导致了美国企业喜欢用数量来评价事物，关心效益指标，为了获得更高的效率和竞争优势，员工拼命工作、相互竞争。同时，美国企业不太重视学历和资历，更加强调的是经验和业绩，当某种能力一旦被认可，就会在企业中被委以重任。

美国企业中的务实精神，也直接导致了企业中重视质量、坚守顾客至上的经营理念。主要表现在：一方面在科学理论的指导下，建立严格的质量保证体系；另一方面最大限度地维护顾客的利益，坚持顾客总是对的，千方百计地维护消费者的利益。在很多美国企业的理念中，顾客始终是首位的，而利润只是副产品，只有更好地服务顾客，利润才会源源不断。

10.2.2 日本文化与日本企业文化

1. 日本企业文化的渊源——日本文化

日本地处欧亚大陆东侧，是由四大岛屿板块所组成的列岛国家，独特的地理环境是日本文化形成的重要原因。首先，由于日本疆土狭小，资源匮乏，在与大自然的抗争过程当中需要凝聚集体智慧与力量才能获得生存，所以，整体意识和团队协作是日本文化的“源”。其次，由于日本地处亚欧板块，自然灾害频发，国民危机意识严重，造就了日本的不断进取、积极学习的危机意识，这构成了日本文化的“核”。另外，日本是一个单一民族国家，在漫长的发展历程中，皇权制度世代相传，从未改变。这种现象，使日本文化呈现出家族意识、忠诚精神以及强烈的民族意识，构成了日本文化的“魂”。

日本文化在其漫长的发展过程中，一方面积极学习吸收了中国的儒家思想和西方先进理念，另一方面继承发扬了本民族的宗教思想、民族风俗、传统文化，逐步形成稳定的民族文化。这种独具特色的文化对日本人的思维方式、行为规范、经营理念都产生了深远影响。概括起来，日本民族文化主要体现在以下 3 个方面：

（1）集体意识强，重视团队精神。

有学者认为：日本文化发源于森林，成长在田间。远古时代的日本人生活在森林深处，长期过着群体狩猎的生活。当日本人走出森林后，成为“农耕民族”，在长期的生产生活中，日本人依附土地而居，形成了以血缘关系为纽带的集体社会制度。在生产劳作以及与自然的抗争中，他们只有紧密合作、协同作战，才能在艰苦的条件下得以生存和繁衍。在日本文化中，个人的荣辱、尊严被弱化，集体的目标和利益被优先考虑，当个体与集体出现冲突时，往往会牺牲自我成就集体。日本人认为，个人的成功不是依赖于自身的努力和个体的聪明才智，而是依靠集体的力量和群体的智慧，所以，国家、社会和家族的利益永远高于个人的利益，个人脱离了集体就失去了存在的意义。

也正是因为这种强烈的集体意识，在日本文化中始终保持着良好的团队精神。在日本文化中，各个等级的人员安于本分、各司其职。主要表现在：在社会中等级秩序严明，上级关怀下级，晚辈尊重前辈；在家庭中，实行家长制，尊老爱幼、和睦共处；在工作中，员工以企业为家，积极主动、团队协作。

（2）危机意识强，重视学习借鉴。

由于地理位置的原因，日本地处欧亚板块交界区域带内，地震火山等自然灾害发生概率较大，同时除了茂密的森林资源和丰富的水力资源之外，日本国内的矿产资源贫瘠。这些现象，使得日本文化中具有强烈的危机意识，这一点在日本的文学、艺术中所表现出的“物哀美学”中可以得到验证。正是基于这种认识，日本文化中有较强的“敬天”思想，期望通过上天和祖先的庇护得到生存和发展的机会。在祈求神灵保佑的同时，日本国民也意识到只有民族和国家不断地壮大才能战胜外来的威胁，因此，只有不断学习，才能使国家立于不败之地。这种理念，促成了日本文化中永不满足、积极借鉴的学习精神。

日本学者内田树在《日本边境论》一书中这样写道：“与世界上任何其他民族相比，日本人更加游移不定、东张西望。”认为正是由于日本的边境地缘因素才造就了日本国民不断学习而且善于学习的民族特性，这种特性是日本文化中的鲜明特点。从隋唐时期的对中国文化、制度的全面学习，到明治维新时代的积极学习西方先进理念，日本文化始终保持着“东张西望”的学习态度。而这种危机意识所形成的学习态度是日本得以发展的核心所在。

（3）民族自尊强烈，形成“大和”精神。

日本的危机意识，让他们认识到只有发愤图强，才能振兴经济，赢得民族独立，受到周边国家的尊重。在这种民族自尊的驱使下，日本人产生了一种强烈的愿望和感情——赶超发达国家。事实上日本从弱小的过去成为今天的强者，这种愿望和自尊一直经久不衰。特别是在第二次世界大战结束之后，在美国和世界各国的多方制裁下，日本从战败国一跃成为世界第二大经济强国的事实就是最好的写照。

这种强烈的民族自尊感的根源，是源于日本世代相传的天皇制度所带来的影响。日本文化将天皇制度作为国家的象征，是国家的尊严所在。天皇制度所带来的影响力也在文日本文化中逐渐形成了日本的“大和”精神。这种“大和”精神主要体现在以下 3 个层面：

其一，忠诚精神。日本文化中的忠诚，是涵盖一切伦理道德标准的最高美德。它不仅要求国民对于天皇的效忠、员工对于企业的忠诚、个人对于家庭的忠诚，还包含了对每个有恩于自己的恩报。

其二，家族意识。日本民族渗透着一种特殊的家族精神，这是一种家庭式温情和能力主义原则相结合的共同发展精神。日本文化认为，“家”是日本文化的基质，社会只不过是“家”的放大体。所以。在生活中日本人要爱家庭，爱学校，爱企业，爱民族。而这种爱的表现就是忠诚。

其三，亲和一致的精神。日本文化中崇尚集体的力量，认为要发挥集体的力量就必须以和为贵。所以在日本文化中，日本人非常珍惜和谐一致，提倡自我约束，宽厚待人的精神风貌。

2. 日本企业文化的内容

日本的民族文化对日本的企业文化的影响要远远高于其他国家，这也是企业文化得以认可的原因之一，日本企业文化的表现多种多样，通常通过“社风”“经营哲学”“社训”等形式进行表达。具体而言，日本企业文化具有下列内容：

（1）坚持家族主义，强调民族精神。

日本文化中的家族主义被企业很好的继承下来，渗透在企业管理的各种制度、方法、习惯之中，形成企业与个人的“命运共同体”，即家族主义。在日本的企业文化中，将家庭的伦理道德植入到集团当中，企业的经营活动的目的和行为，是为了保持集团的协调，维护集团的利益，充分发挥集团的力量。在家族主义思想影响下，集团被看成社会的一个组成，而不再是一个单独的个体。在这种家族式的“命运共同体”中，族长具有至高无上的权威，是企业的精神领袖，而员工就像家族成员，与企业存在着浓厚的血缘关系。

在“命运共同体”中日本民族的精神则成为联系国家、企业和个人的纽带。日本企业在经营中很好地利用了家族主义，提倡从业人员忠于企业，强调人际关系和谐稳定，进而实现民族自尊和民族昌盛。

（2）倡导团队意识，体现忠诚精神。

日本民族文化中的家族主义观念在企业中普遍表现为“团队精神”，是一种可以为集体牺牲个人利益的意识。很多日本企业认为，企业不仅是一个盈利实体，还是一个满足员工需求的场所。因此日本企业管理中十分强调员工对企业的认同感和归属感，要求员工以厂为家，与企业共存共荣。这种理念，在日本的经营哲学中也得以体现。

被誉为日本经济成长时期的三件法宝："终身雇佣制""年功序列制""劳动组合制"就是这种意识和精神的表现。终身雇佣制，通过长期稳定的职业保障使员工获得安全感，可以安心为企业奉献自己的一生；年工序列是将员工的收入和晋升与企业的服务年限所挂钩，增强了员工与企业之间的联系，体现了对企业的归属感；劳动组合淡化了企业管理职能和执行职能之间的距离感，增强了团队意识，体现了员工的认同感。这三件"经营法宝"都是紧紧围绕着以人为中心，三者相互联系，密切合作，从不同的侧面来调整企业的生产关系，缓和劳资矛盾，使企业员工的忠诚感得以加强，推动企业经营管理和改善。

体现民族自尊和民族精神也是日本企业文化中的具体表现。日本企业的核心理念是重视企业的社会责任，为社会生产优质的产品，提供周到的服务，为社会做出贡献，从而获得社会的好评。日本企业强调追求经济效益和报效国家的双重价值，认为国家与企业、政府之间不仅是一种税收关系，更是一种合作关系。因此在日本企业文化中，企业经营哲学和民族尊严、民族精神往往是相一致的。

（3）重视学习与借鉴，提倡"综合即创造"的经营哲学。

日本是一个非常善于学习的国家和民族，从隋唐时期全面学习中国文化到近代照搬欧美政治、经济制度，日本民族在实用主义的驱使下，用世界最先进的文明体制积极地改造传统的文化，在新的环境下赋予传统文化以崭新的生命，这是日本文化得以发展的原因之一，也是日本企业得以成长的关键所在。

日本学者内田树在《日本边境论》一书中指出："只有在和其他国家作比较的过程中，日本才会阐述自己心中理想的国家形象，才能拟定出自己的国家战略，而当独自想到这个主题时，就会自动停止思考，这就是日本人显著的民族性格。"这种特殊的性格，导致了日本人在学习的过程当中不再单纯地模仿，而是在借鉴和融合的过程中加以融汇和提炼，最终成为己用。这种观念就是日本经营哲学中的"综合即创造"。

日本的企业成功的表现之一，就是善于在世界范围内对各种优质资源进行综合，在综合中进行创造，在综合中得以提高。在管理理念学习过程当中，日本将自身已经形成的管理经验与西方先进的管理理念相互结合，形成了"和魂洋才"。成为日本企业文化中的核心思想。在这种经营哲学的指导下，日本企业引进、吸收、消化了大量的欧美技术，并在此基础上进行改造创新，创造了远远超过其他发达国家大得多的资本增值。

伴随着日本经济的由盛转衰，日本企业文化中的家族主义和团队精神也受到了社会、企业和员工的质疑。特别是在日本经济进入“零增长”时代以后，年功序列制度和终身雇佣制度引起了企业员工的不满。但是日本的团队文化、民族意识、学习精神等企业文化源于日本民族文化，对促进生产力的发展起着重要的作用，这一点是不能够轻易被否定的。

10.2.3　德国文化和德国企业文化

1. 德国企业文化的渊源——德国文化

德国是欧洲诸国中最为典型、最具代表性的国家，其文化的形成受到欧洲文化价值观的深刻影响。欧洲文化在其发展过程中受到了古希腊文化和宗教文化的影响，形成了注重科学与民族、强调理想人格的价值观，成为欧洲各国文化的基础。而德国文化在传承了上述因素之外，结合了欧洲文艺复兴运动及本国传统文化，将德国文化进一步发展，形成追求精神自由、注重人文主义、强调理性与民主的文化传统。其具体表现为以下内容：

（1）追求民主自由精神。德国是现代科技文明的发源地，其生产力水平在18～19世纪已经领先其他国家。伴随着商品经济的发展和生产力水平的快速提升，使国民内心深处的民主意识和独立意识被唤醒。在基督教博爱思想的影响下，向往民主自由的精神深深扎根在德国人的内心深处，直接影响到了德国国民性格和处事风格，成为德国文化的基础。

（2）提倡人文主义。人文主义更加倾向于对人的个性的关怀，强调维护人类的尊严，提倡宽容的世俗文化，反对暴力与歧视，主张自由平等和自我价值。伴随着欧洲文艺复兴潮流的兴起，人文主义观念渗透到欧洲文化的每一个角落。人文主义作为文艺复兴时期的核心思想，是新兴资产阶级反对封建阶级的社会思潮，也是人道主义的最初表现形式。它肯定了人性和人的价值，要求享受人世的欢乐，要求个性解放和自由平等，推崇人的感性经验和理性思维。

（3）强调科学和理性。重视逻辑推理和理性分析，在德国有着悠久的历史和坚实的基础。也造就了严谨理性，遵规守纪的国民性格。在生活中他们崇尚理性和智慧，重视观察和推理，对一切事物抱着严谨科学的态度，不断完善法律体系和管理制度，做事一丝不苟，注重细节。这种科学而理性的思维方式对德国人的行为选择以及企业管理产生了深远的影响。

2. 德国企业文化的内容

德国文化源于欧洲文化，是欧洲文化的代表和缩影。欧洲诸国民族众多、文化各异，民族冲突和国家战争的频繁发生，也导致了欧洲文化的多样性。但是长期以来，德国在经济、政治、制度等诸方面都在欧洲诸国中占有核心位置，因此，其文化在继承欧洲文化的同时，也影响到其他欧洲国家文化的构建。特别是在企业文化构建中，由于其国家经济和企业经营规模长期处于领先地位，企业文化的表现也呈现出自身鲜明的特点，并对欧洲各国的企业文化产生了积极影响。

严谨的日耳曼民族重视科学和理性，注重人文思想，追求民主自由的国家文化在企业经营实践中也得以表现，并形成了理性管理、重视研发、强调战略的管理特征的企业文化。

（1）重视员工培训，鼓励员工参与管理。

德国文化中的追求民族、倡导人文主义的文化实则是一种尊重人、重视人的人本理念。德国企业认为，企业的强大与员工的自身素质、能力和工作的意愿有着密切关联，所以德国企业非常重视对员工的职业培训、能力开发。德国是世界上最重视职业培训的国家之一，并通过法律保障和完善职业培训机制，从而造就了高素质的员工队伍。他们坚持“自己培养和造就人才”的理念，从工作技能、潜能开发、内部进修等环节入手，培养高素质的员工。德国产品的精湛设计、严谨的工艺造就了高质量的产品，而这一切其根源是德国高素质员工的工匠精神。

重视员工技能培训是高素质员工的保障，但良好的企业氛围则是企业成功的核心。德国企业在重视员工技能提升的同时，更加关注员工之间的人际关系和谐稳定、劳资关系的融洽，鼓励员工积极参与管理，进而提升员工责任感，打造良好的企业文化氛围。尊重人格、强调民主的价值观，使得企业更加重视员工参与管理，鼓励员工的合理化建议，通过民主化管理理念让企业文化呈现出民主、和谐的企业氛围。

（2）重视质量、精益求精的经营理念。

高素质的员工是高质量产品的保证，而严谨的民族风格和注重科学的国家文化精神则是高质量产品的核心所在。德国企业对产品和服务质量的重视程度可以说是“世界之最”，强烈的质量意识已经深深植入德国企业和员工的意识中，成为企业可以立于不败之地的关键因素。在经营实践中，注重在员工培训中灌输质量意识、提升专业技能；在生产中，倡导精工细作、一丝不苟的工作态度；在制度上，严格检查、层层把关，严控质量体系。

在重视质量的前提下，德国文化中的理性和严谨科学的特征也促使德国企业特别强调精益求精的理念。德国企业普遍重视产品的研发与创新，通过技术更新完成产品的更新，满足顾客需求；而产品的更新又进一步推动了技术的进步，也成为德国企业得以占领和开辟新的市场。

高质量的产品和精益求精的理念是德国产品称雄世界市场的关键因素，也是德国企业文化的核心内容。

（3）注重品牌意识、树立企业形象。

德国企业文化建设注重围绕企业的具体实际而展开，他们以精湛的技术，务实的态度和忠诚的敬业精神作为经营理念，将企业文化建设融入企业管理，注重实际内容，不拘泥于形式。除此之外，德国企业还特别重视品牌和企业形象的树立，“奔驰”“西门子”“大众”等具有国际竞争力和时代气息的国际品牌，已经成为德国企业的象征。

总之，德国企业文化是规范、和谐、负责的文化。规范就是强调理性与科学，从培训中树立遵纪守法的意识，杜绝随意性和灵活；和谐就是管理体制的顺畅，人际关系的稳定；负责就是一种企业与职工双方互有的责任心。

美国、日本、德国三个国家的文化各有特色，具有明显的区域特征、民族特点和宗教特色，并在长期的发展中不断融汇，形成了具有鲜明特征的民族文化。日本文化是以传统的东方文化为基础，在坚持儒家思想、大和民族、佛教理念的同时，又吸收了西方近代思想，体现了集体意识、学习精神和民族追求；德国文化是西方文化的典型代表，在其发展过程中，结合区域环境、民族意识和宗教信仰逐渐演变而形成，展现出民主自由、人文情怀和严谨科学的区域特点；美国文化则是一种融合性文化，它以西方文化中的个体主义、民主自由为核心，融合了移民文化的冒险、实用的价值观，形成了崇尚自由平等、强调能力至上、尊重个性的国家文化。而这种国家文化在思想、行为、意识形态上给当地企业文化的形成与建设带来了深远影响，并在企业经营活动中发挥着积极的作用。

10.3 跨文化的相关理论

跨文化理论－六大价值理论

跨文化管理并不是一个新的事物，它起源于古老的国际间的商贸往来。

早在古代，古埃及人、腓尼基人、古希腊人在从事海外贸易时，就懂得了在不同文化背景下通过文化差异进行贸易往来。进入文艺复兴时期，一些欧洲国家的商人更是建立了世界范围的商业集团。当他们与自己文化环境以外的人们进行贸易时，他们就会对与他们不同文化背景下产生的语言、信仰以及习惯保持敏感，以避免发生冲突并顺利实现交易。这事实上就是在从事跨文化的经营与管理活动。

基于时代原因，当时的国际间贸易往来是依据商人的经验而展开，并未形成统一的管理模式。与之相关的区域文化差异研究也相对局限，并未成为一门独立的科学。20 世纪 50 年代后，伴随着越来越多跨国企业的兴起，企业在跨国经营中因文化差异而出现的矛盾和纠纷日益凸显，逐渐成为制约跨国公司成长的主要因素。针对这一现象，20 世纪 70 年代后期以来，在通过对美国和日本企业的比较研究后，学者发现以目标、价值观、宗教信仰等“软性”要素在企业经营活动中所占的地位以及作用越来越明显。结合这一现象，以美国学者为主体开始了跨文化研究，并在世界范围内掀起了跨文化管理研究的热潮，涌现出一系列的理论成果。

跨文化管理研究的是在跨文化条件下如何克服异质文化的冲突，进行卓有成效的管理，其目的在于如何在不同形态的文化氛围中设计出切实可行的组织结构和管理机制，最合理地配置企业资源，特别是最大限度地挖掘和利用企业人力资源的潜力和价值，从而最大化地提高企业的综合效益。

10.3.1 克拉克洪与斯乔贝克的六大价值取向理论

美国哈佛大学的克拉克洪，曾作为太平洋战争期间美国战争情报处组建的专家团的一员，对当时日本民族的心理和价值观进行分析，开启了跨文化的研究。1961 年克拉克洪和斯乔贝克在《价值取向的变奏》一书中提出了六大价值取向理论，成为较早进行跨文化管理理论的研究学者。

克拉克洪和斯乔贝克从人类所面临的六大问题入手，即对人性的看法、对自身与外部自然环境关系的看法、对自身和他人关系的看法、人的活动导向、人的空间观念和人的时间观念，发现不同文化背景下的人群对于这些问题的观念、价值取向和解决对策都不尽相同。这种基于不同文化而呈现的跨文化特征，使他们认识到不同的民族对于六大问题所表现的不同观念，直接影响到不同文化背景下各民族的生活和工作态度。

1. 对人性的看法

克拉克洪和斯乔贝克通过研究认为，不同的民族由于受到自身传统文化、习俗、宗教信仰等因素的影响，在人性认识方面存在很大的差别，主要分为性善论、性恶论、善恶混合论三大观念。例如，以中国为代表的东方文化，由于长期受到儒家思想的影响，“人之初，性本善”的思想成为中国人的主流思想；而在西方文化中，由于崇尚基督教的“原罪说”，认为“人性本恶”；而美国文化由于受到多种文化的影响，对人性的看法不单纯认为人性“善恶分明”，而是认为人性可善可恶，是善恶的混合体。

不同文化对于人性看法的不同，也直接对文化群体的行为态度产生了显著的影响。持“性善论”观点的民族对人性呈乐观态度，认为人本善良，所以重教化而轻法律；持“人性本恶”观念的文化群体，认为“欲望是万恶之源”，对人性呈悲观态度，认为只有通过忏悔和行善方能洗脱罪孽，升入天堂；而“善恶混合”观点则强调通过严格的法律和规章来制约人性向恶，事先采取干预手段防止坏行为的发生。

2. 对自身和外部自然环境关系的看法

不同的文化对于文化群体与自然环境的关系存在明显的认识差异：主要有自然主宰万物、人定胜天以及人与自然和谐相处的三大观念。

自然主宰万物论主要分布在美洲的印第安文化中，他们认为，一切的灾难是大自然对人类的惩罚，是天意，归结于命运的安排。所以，当灾难发生时应该坦然接受，而不是奋力抗争。

人定胜天的理论是西方思想体系的核心内容，认为人类是万物的主宰，人类可以通过自身的努力去改变自然环境，进而实现自己的意图和目标。当灾难发生时，持这类观念的文化群体会通过自我救赎的方式与自然对抗。所以在西方文化中经常出现“救世主”和“超级英雄”的形象。

人与自然和谐的理论是中国文化的重要标志，认为“顺应自然”“和谐共处”，通过人类行为的选择和干预来实现人与自然的和谐，进而达到人丁兴旺、生意兴隆的目标。所以，在中国人讲究“风水”，在建房时强调朝向、形态；婚丧嫁娶则要选在良辰吉日，以求与自然环境相和谐。当灾难发生时，中国文化则认为灾难有“天灾人祸”的意思。

3. 对自然与他人关系的看法

不同文化在对待人与人关系时主要有集体主义和个人主义两种观念。集体主义将个体看作是社会和整体的一员，个体不能脱离整体而独立存在，应该依附于整体，并呈现群体的特征。当个人利益与整体利益发生冲突时，应该牺牲个体保全群体利益。个人主义则将个人视为独立个体，崇尚个性，展现个体的独到之处。每个个体应该对自己负责，当个人利益和集体利益冲突时，先考虑个人利益再保全整体利益。

东方文化更加强调集体主义意识，特别在中国文化中，中国人会把个体看作群体的一员，在行为选择中要呈现出群体意识和行为特征。中国文化推崇集体意识，重视合群、赞扬左右逢源；不提倡个性突出、格格不入、特立独行。而以美国文化为代表的西方文化则恰恰相反，他们认为人作为独立个体，应该与众不同。每一个人都有自己的独特之处，否则上帝没有创造你的必要。两种意识的不同造就了处事态度的差异：美国人认为，灾难发生时“先救自己，再救他人”；而中国人的观念是“舍小家、为大家”。

4. 关于人的活动取向看法

人的活动取向主要是指在一个文化中，个体的行为是否倾向于动态和静态的选择。主要分为“崇尚行动”和“以静制动”两种观念。“崇尚行动”强调通过运作和行动来达到目的的实现；而“以静制动”则重视当时的状态，崇尚淳朴自然，行动受到的情感的支配。

“崇尚行动”是美国文化的特色，这种文化强调人必须不断地做事，不断地处于动态的活动中才有意义，才能创造价值。而“以静制动”是中国文化的特点，这种文化将安然耐心作为一种美德，崇尚“静观其变”，提倡“无为而治”。

5. 关于人对空间的看法

不同的文化在空间观念上所表现的文化差异型也非常明显，基本可以分成“空间开放型”和“空间私密型”两类。“空间开放型”倾向于把空间看成公共的东西，没有太多的个人隐私；而“空间私密型”则倾向于把空间看成个人的私密之处，其他人不能轻易进入，非常注重个人隐私的保护。

中国的文化属于“空间开放型”，中国人常常把空间视为公共空间，不注意个人隐私。例如，在公共场所，朋友之间聊天和打电话时往往声音很大；阳光明媚的日子，各家各户都会门户大开，采集阳光，在空地晾晒衣物。而美国文化则注重个人隐私，属于“空间私密型”文化。在这类文化中，聊天和电话都会选择相对闭塞的空间；居民区门窗紧闭、窗帘时刻处于关闭状态。

6. 关于对时间的看法

对时间的看法主要分为两个层面。一个层面是关于时间的导向，是一个民族和文化是关注过去、现在还是展望未来；另一个层面是对时间的利用，也就是时间是在线性状态下，按照时间逐件去完成各项工作，还是在非线性状态下，同一时间内，灵活机动安排事情。

从时间导向层面分析，中国文化关注过去和现在，而较少注重未来；美国文化中则很少关注过去，基本着眼现在和未来。这种导向可以从中美两国的文学、影视作品中得到清晰体现：中国有悠久的历史，在文学和影视作品中，历史题材的作品层出不穷；而美国则历史较短，文学、影视作品注重科幻题材，擅长描写未来社会、幻想机器人和外星人世界。

从对时间利用的层面来看，美国人、德国人把时间看成线性状态，事情是一件接着一件去完成，而且会事先规划，做好时间安排。而意大利人、中东文化则把时间看成非线性状态，在一段时间内可以做多件事情，不需要按部就班、循规蹈矩，会随机应变视情况而安排时间，改变计划。

克拉克洪和斯乔贝克的研究可以帮助我们认识到一些文化差异现象，并对这些不同行为做出解释。但是由于该理论属于早期理论，没有对产生差异的原因及其价值取向的判断做出深入探讨和解释。

10.3.2 赫夫斯特的文化维度理论

文化维度理论是由荷兰学者赫夫斯特在 1980 年出版的《文化的后果》一书中首次提出，并在 1991 年出版的《文化与组织》中进一步完善而形成的。该理论是通过对 IBM 公司分布在 40 多个国家和地区的 11.6 万员工实际的调查研究后总结分析得到的结论，是跨文化理论当中最具有影响力的一个理论。在这个理论中，赫夫斯特提出了 5 个跨文化维度，分别是：个体主义和集体主义、权力距离、不确定性规避、事业与生活、长期导向和短期导向 5 个因素。

跨文化的相关理论－文化维度与文化架构

1. 个体主义和集体主义

赫夫斯特将个体主义与集体主义定义为“人们关心群体成员和群体目标（集体主义）或者自己和个人目标的程度（个体主义）。”他通过实地调查研究发现，美国人在个体主义上的得分居全世界之首，其数值是92%。而在中华文化背景的群体，如新加坡人、中国香港人，中国台湾人在个体主义上的得分则是很低的，其数值仅为29%。这种个体主义与集体主义的不同的文化差异，表现在对目标和独立性的认识不同。注重于个体主义的文化群体强调个人目标和个人的独立性，而崇尚集体主义的文化群体则提倡人与人之间的相互依存与不可分割的关系。

以不同国家的朋友聚餐为例可以清晰表明个体主义和集体主义的文化特征。在个体主义文化中，朋友聚餐一般为事先预约时间、参与者和餐厅；在点餐时，每位参与者依据自己的口味自行点餐；就餐实行分餐制；结账时各自承担自己的费用或实行AA制。而中国人聚餐则是在集体主义文化背景下进行。朋友聚餐往往是突发性的行为，在时间、参与者和餐厅选择上存在很大的随意性；点餐时，每位就餐者参与菜品的选择，期间要涉及每位就餐者的饮食习惯和口味；就餐时，实行合餐制，边吃边聊，推杯换盏，尽量做到不忽略每一个参与者；结账时，往往会出现“争先恐后”抢着付账的混乱场景。

2. 权力距离

权力距离指的是一个社会中的人群对权力分配不平等这一事实的接受程度。接受程度高的国家，社会等级分明，权力距离大；接受程度低的国家和民族，人与人之间相对平等，权力距离较小。如果把中国文化与美国文化相比较，很显然，中国的权力距离比美国要大很多：受中国儒家思想的影响，中国注重君臣之道、强调三纲五常，要求在家听父母的话，在单位、在学校尊敬领导、尊敬师长，要求的是社会秩序和人与人之间的距离与等级。

权力距离的大小在组织结构中也有比较明显的表现。在权力距离大的文化体系中，组织一般层次鲜明，呈高耸式金字塔型结构；而权力距离较小的文化体系中，组织结构通常呈现扁平化结构。同时在决策方式中也有不同，权利距离大的国家，倾向于自上而下的决策方式，体现领导的权威与等级差异；而权力距离较小的国家，一般倾向于自下而上的方式，善于吸纳底层员工的建议。

3. 不确定性规避

不确定性规避是指不同的文化背景下，人们所承受模糊（低不确定性规避）或是感到模糊和不确定性的威胁（高不确定规避的程度）。在低不确定规避文化体系中，人们敢于冒险，对未来充满信心；而高不确定性规避文化体系中，人们则表现出谨小慎微的心态。

在美国文化中的冒险精神就是低不确定性规避特征表现。美国是世界上最盛产创业者的国家，而创业者无疑都是具有冒险精神的人。具有冒险精神的人对未来充满信心，所以美国人存钱意识非常淡薄，他们崇尚借钱消费，贷款买房，逍遥度假。谨小慎微的心态在中国的文化中则体现出高不确定性规避的文化特征。中国人在寻找工作时，往往将工作稳定性作为首要的选择，会尽量规避一些高风险的工作。在生活中，中国人有非常强的存钱意识，在有了一定积蓄的时往往通过购房来达到规避风险的目的。

4. 男性气质与女性气质

男性气质与女性气质，表示人们对男性和女性社会角色如何分配的认识。这个维度主要是看某一文化群体中代表男性的品质如竞争性、独断性更多，还是代表女性的品质如谦虚、关爱他人更多，以及对男性和女性职能的界定。男性度指数的数值越大，说明该社会的男性化倾向越明显，男性气质越突出；反之，则说明该社会的女性气质突出。男性气质社会的文化成员赞扬成就、雄心、物质、权力和决断性，而女性气质社会的文化成员则强调生活的质量、服务、关心他人和养育后代。

在男性气质和女性气质这个维度，各种文化差异不如其他维度那样明显。在美国文化中，虽然重视权力、地位等男性气质特征，但也十分在意生活质量、家庭等女性气质。在努力工作的同时，自己的家人共处的时间不容侵犯也成为美国企业中不成文的规定。在这一维度上，虽然中国和其他亚洲国家的文化与欧美各国的文化差异不大，但这些国家更加注重人际关系在男性气质和女性气质表现中的存在价值，也就是说，亚洲各国家文化群体在选择男性气质或女性气质时，更加关注的是家人和朋友对其行为选择的接受程度。

5. 长期导向和短期导向

长期导向与短期导向这一维度是赫夫斯特在20世纪80~90年代通过调查发现的，并于1991年在《文化与组织》一书中提出。赫夫斯特在研究中发现，20世纪80年代以来，以新加坡、中国香港、中国台湾、韩国为代表的亚洲新兴经济体发展迅猛，它们都具有一个相同的文化特征，就是对传统的重视。在经营活动中，这些地区更加关注的未来的发展而不是当前的得失，这一特征，就是对长期导向和短期导向的选择。

长期导向和短期导向表明一个文化群体对长远利益和近期利益的

价值观。具有长期导向的文化和社会，主要面向未来，要关注对未来的考虑，对事物以动态的观点去考察，注重节约、节俭和储备，做任何事情时，需要留有余地。而短期导向的文化与社会则面向过去和未来，着重眼前的利益，注重对传统的尊重，注重承担社会责任，在管理上最重要的是当前的利润，上级对于下级的考核，周期较短，要求立见功效，急功近利，不容拖延。很明显，中国文化中对长期导向十分关注，“买卖不成情义在”就是这种导向的表现。在商务谈判中，中国文化通常不是直奔主题，而是通过宴请、座谈、观光等活动加深双方的认识和感情。对于这种现象，美国商人往往迷惑不解，因为他们是短期导向的文化，他们认为生意就要谋求价值最大化，至于未来，那不是他们现在所需要考虑的事情。

赫夫斯特的文化维度理论提出之后，引起了管理学界的极大反响，同时也掀起了文化研究的热潮。赫夫斯特在文化纬度理论中告诉我们，了解一个国家的管理文化，不仅要了解这个国家的知识，还要对他的文化有一个完整的概念，即便是在处理最基本的问题环节中，一个国家人们的思想、感受以及行动都会和其他国家存在很大的差别。

10.3.3 特姆彭纳斯的文化架构理论

荷兰管理学者特姆彭纳斯在 1993 年出版了《跨越文化浪潮》一书，提出了文化架构理论。与赫夫斯特的文化维度理论相比，文化架构理论虽然没有严谨的实证研究作为支撑，但依然在学术界引起轰动，为跨文化管理工作者提供了理论建议和指导。1997 年，特姆彭斯纳与汉普顿—特纳联手展开研究，对理论进行了完善与补充，并再版《跨越文化浪潮》一书。文化架构理论从国家与民族文化差异角度提出了 7 大维度，分别是：普遍主义—特殊主义、个体主义—集体主义、中性—情绪化、关系特定—关系散漫、注重个人成就—注重社会等级、长期—短期导向以及人与自然的关系 7 个维度。在之前的理论介绍中，本书对个体主义—集体主义、长期—短期导向和人与自然关系已经做出了相关介绍，所以，在此仅针对余下的 4 个维度展开分析和介绍。

1. 普遍主义—特殊主义

普遍主义和特殊主义并非是特姆彭纳斯的原创研究，而是由社会学家帕森斯在 1951 年所提出的。普遍主义强调用法律和规章指导行为，提倡“法律面前人人平等”。普遍主义者认为对所有事物应采取客观的态度，世界上应该只存在一个真理，只存在一种正确解决问题的方法。相反，特殊主义则强调“具体问题具体对待”，认为不应该用单一的方法去解决不同情况下的问题，应该“因人而异、因地而异”。特殊主义认为世间没有绝对的真理，也不存在唯一的方法，而是“条条大路通罗马”。

2. 中性—情绪化

中性—情绪化维度是又一个能帮助我们区分文化差异的重要指标。这个维度主要指人际交往中情绪外露的程度。情绪表露含蓄微弱的文化被称为中性文化，而情绪表露鲜明夸张的文化被称为情绪文化。最典型的中性文化国家为日本、中国和其他亚洲国家；最典型的情绪文化国家为意大利、西班牙和其他南美国家。美国处在两极之间。在中性文化里，人与人之间很少有身体的接触，人与人之间的沟通和交流也比较微妙，因为情绪表露很少，需要用心领会才行。相反，在情绪文化里，人与人之间身体的接触比较公开自然，沟通交流时表情丰富，用词夸张，充满肢体语言。

3. 关系特定—关系散漫

关系特定—关系散漫这个维度可以用来很好地描述和解释生活于不同文化中的人们在人际交往方式上的巨大差别。这个维度的提出源自已故著名社会心理学家卢温的圆圈拓扑理论。卢温出生并成长于德国，到美国后，发现美国人的人际交往方式与德国人的相差很远，于是开始对此进行研究，并在 1934 年发表了《拓扑心理学的原理》一书。他提出了两类交往方式，一类被称为 U 类方式（即特定关系类型），另一类被称为 G 类方式（即散漫关系类型）。

U 类交往方式（见图 10－1）是一种美国人的人际交往方式。中间的实线小圆圈代表个体的私人空间，很小而且封闭。外面的虚线大圆圈与小圆圈之间的空间代表个体的公共空间，即允许普通他人进入的地方。

如图 10－2 表示的是 G 类交往方式，亦即德国人的一般交往模式。此图与图 2 的不同之处在于：首先，大圆圈是实线，表明即使是公共空间，一般人也不能轻易进入；其次，公共空间要狭窄很多，许多在 U 类文化中被视作公共空间的地方如书房、冰箱或汽车在这里被视为私人空间；再次，私人空间相对要大，不封闭，说明已经进入公共空间的人要进入该个体的私人空间相对比较容易；最后，生活的不同领域之间用虚线相隔，表明彼此的界限不是绝对分明，而是互相渗透。

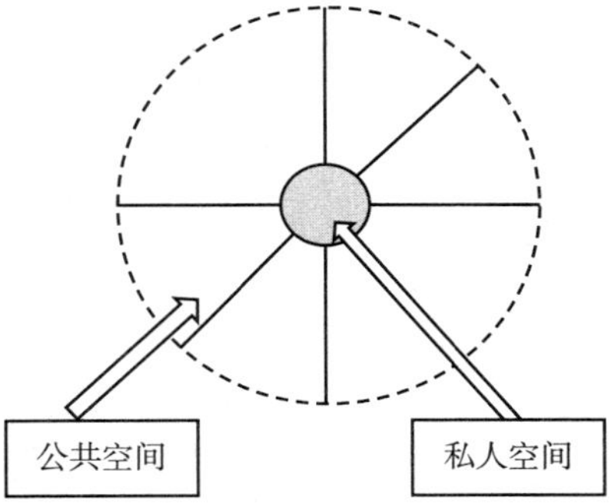

图 10－1　U 类交往方式

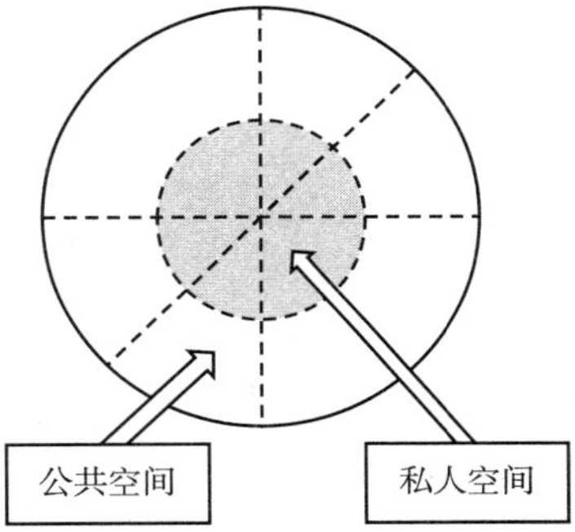

图 10－2　G 类交往方式

4. 注重个人成就—注重社会等级

注重个人成就的文化是指在这种文化中，一个人的社会地位和他人对该人的评价是按照其最近取得的成就及其业绩记录进行的。注重社会等级的文化则意味着一个人的社会地位和他人对该人的评价是由其出身、血缘关系、性别或年龄决定的，或者是由其人际关系和教育背景决定的。

跨文化理论的研究可以帮助我们理解文化之间的差异，解释文化差异背后的逻辑与理性。这些理论基本上将文化等同于价值观，它们之间具有很强的相似性，更存在相互的补充与弥补，虽然这些理论大多是定性研究，具有很强的个人感觉或直觉，但是这些理论多数是建立在实证的基础上，因此有很强的现实指导意义和价值。

10.4 跨文化管理实践

跨文化管理实践

文化的不同，直接影响着管理的实践。不同文化背景下的群体，因价值观取向的差异导致行为方式迥异，造成文化摩擦。随着当今世界经济一体化进程加剧，跨国经营中受到源自文化差异所形成的经营风险愈发明显，如何认识、理解、应对跨文化管理，也是跨国经营中所必须面对的核心内容。

20 世纪 70 年代以来，在跨文化理论的指导下，跨文化管理受到学术界和企业界的普遍关注。跨文化管理就是要克服在跨国经营中所面临的文化冲突，并逐步形成独特的企业文化，从而更好地利用世界市场实现企业的目标。因此，跨文化管理不仅要遵循理论的指导意义，更为重要的是要在实践中不断探索与尝试，力求找到一条适合企业特点的管理之路。

由于跨文化管理具有多元化、综合化和动态化的特征，所以，在实施的过程中要明确跨文化管理的任务，认知跨文化管理的模式，并结合实际情况采取相应的对策。

10.4.1 跨文化管理的任务

跨文化管理是以企业为主体，在多元文化条件下，跨越国界与民族的界限，以消除文化差异为目的的经营活动。因此跨文化管理的首要工作就是要明确跨文化管理的任务。跨文化管理的任务主要包括以下 4 个方面的内容：

1. 识别文化差异

包括区分文化差异的维度和程度，预测和评估文化差异可能产生的积极作用和消极影响，预测和发现可能产生的文化冲突因素。

2. 控制和利用文化差异

一方面是协调和控制文化差异，避免和减少文化差异而带来的负面作用。另一方面则是要适度利用文化差异，并对企业管理产生积极的促进作用。

3. 防范和化解文化冲突

通过防范措施可以规避可能产生的文化对立，应对和消除已经存在的文化冲突因素，以防止和避免文化冲突所导致的企业管理失控状况。

4. 通过文化整合，实现文化的融合

明确企业的核心价值观，并将其作为员工的共同价值观，对文化进行分层整合，通过文化融合形成独具特色的企业文化。

10.4.2　跨文化管理的模式

在跨文化管理实践中，虽然企业在跨国经营中的目的不同，其采取的方式也不尽相同，但是在管理实践中又存在着内在的逻辑和规律。因此在跨文化实践中，也存在不同的模式选择，主要有以下7种模式：

1. 本土化模式

这种模式就是通过“思维全球化和行动本土化”相结合的原则来进行跨文化管理。这种模式是以全球化战略为指导，通过雇佣当地的员工来适应当地文化、市场和法规，利于达成消费共识，并且拓展市场，站稳脚跟。这种模式往往是跨国公司在跨国经营初期阶段应对具有明显差异的文化环境的首选模式。

2. 文化相融模式

这种模式并不是以跨国公司的母国文化或者当地文化为主体文化的模式。它主张一种文化的进入不是为了取代另一种文化，而是弥补单一文化的不足。这种模式适用于两种文化虽然存在较明显的文化差异，但本质却不排斥，反而相互补充的文化环境。

3. 文化整合模式

这种模式是通过各种渠道促进两种文化相互了解、适应、融合，从而在母国文化和当地文化的基础之上构建一种新型的企业文化。它既保留了母公司企业文化的特点，又与当地的文化环境相适应，既不同于母公司的企业文化，又不同于当地的文化，而是两种文化的有机结合。这种模式适合文化差异较大，且价值标准不一致的文化环境。

4. 文化规避模式

当跨国企业的母国文化与当地文化存在巨大差异，并且风俗习惯可能引发严重的文化冲突时，管理者通常会采取刻意模糊、有意隐藏文化中最明显的差异，避免重大文化冲突的发生，以求文化可以和谐共存。这种模式适用于文化差异明显、民族情绪和宗教信仰强烈的文化环境。

5. 文化渗透模式

当两种文化存在巨大差异，并且母国文化明显的具有强势特征时，跨国公司不是通过文化侵略试图去改变当地文化，而是利用其强势文化特征在较长周期内去慢慢渗透、逐步影响当地文化，使员工在潜移默化中去认同并接受外来文化的模式。这种模式适用于两种文化具有明显强弱差异，但当地文化影响力较强的文化环境。

6. 文化引进模式

当两种模式虽然存在明显差异，但无法通过整合、渗透方式相互调和时，通常会尝试引进一种相对中性且温和的第三方文化进行中和，以求在较短的时间内避免文化冲突，进而达成文化的共识。这种模式适合两种文化势均力敌，但可以找到一定相似特征的文化环境。

7. 文化占领模式

这是一种比较偏激的跨文化管理模式，是跨国公司强行将母国文化移植注入当地文化中，并在经营过程中逐渐全面废除当地文化，只保留母国文化的一种方式。这种方式因带有明显的侵略性，所以在管理实践中较少出现。这种模式适用于强弱文化对比悬殊，且母国文化在全球范围内具有明显优势，或者当地文化存在重大缺陷的文化环境。

总之，全球化经营企业在进行跨文化管理时，应在充分了解本企业文化和国外文化的基础上，选择自己的跨文化管理模式，使不同的文化得以最佳结合，从而形成自己的核心竞争力。

10.4.3 跨文化管理的策略

跨国经营已经成为当今世界经济中的一个普遍现象，企业开展跨国经营，也就意味着从一种文化的经营跨越到另一种文化的经营。现代企业在实施跨国经营战略或从事跨国经营活动时，普遍面临的重大障碍之一，就是由于国际公众的文化差异所造成的相互沟通上的困难，即母国与东道国之间的文化距离。能否克服跨文化差异带来的文化冲突，实行有效的跨文化管理，是其能否取得跨国经营成功的关键。面对企业在跨国经营中的跨文化挑战，减少因文化摩擦而造成的交易成本，企业就必须构建全球性的经营视角，打造自身的跨文化策略，从而实现跨国经营的成功。

基于文化环境的差异，不同企业在跨文化管理策略选择中也有其特定选择，一般而言，有下列 5 种策略：

1. 理解识别跨文化差异

理解文化差异是跨文化管理能力的必要条件，也是识别跨文化差异的前提条件。跨文化差异主要表现在价值观差异、生活习惯差异和技术差异 3 个方面。企业在跨国经营过程中往往会受到诸如语言、价值观、思维形式等因素的影响，形成跨文化管理障碍，影响经营战略的实施。

只有正确认识跨文化的客观性和现实性，才能够寻求文化差异中的共同点，采取相应的对策并予以解决。识别跨文化差异不仅要克服狭义的区域思想，还要重视并尊重他国的语言、习惯、文化和法律，增强文化意识，缩小文化差距。只有正确理解并认识跨文化差异，才能在克服跨文化障碍中找到跨文化管理的机会。

2. 培养本土跨文化人才

越来越多的跨国经营实践证明，外来文化全面移植往往会引发大范围的文化冲突，而“人才本土化”则是减少文化冲突、解决文化整合的有效措施。“人才本土化”是通过当地员工对风俗习惯、市场动态和法律法规的熟悉与适应，达成与消费者的共识、增强与当地社会文化的融合，降低跨国公司的海外派遣成本。

在培养本土跨文化人才时，不能只局限于对劳动技能的培养，更应重视对管理技能和管理人才的本土化培养，使母国管理经验与当地文化相融合，不仅有利于跨国经营活动的展开，还具有很强的激励作用。在本土化管理人员培训中，首先要注意挑选有跨文化背景的管理者；其次，要定期进行跨文化环境的学习；最后，还要注意外派人员对“交叉文化”的适应能力。只有这样，才能在价值观、思维模式和经营活动中达成共识，降低文化冲突带来的风险。

3. 展开跨文化培训

跨文化培训是为了加强人们对不同文化传统的反应与适应能力，提高不同文化背景下员工的理解与沟通能力。培训的内容主要有：对当地文化和母公司文化的认识与理解；文化的敏感性和适应性训练；语言与文化习俗的培训；跨文化沟通与冲突处理的能力训练；区域环境模拟等方面。

跨国企业通过跨文化培训可以增强管理者的跨文化沟通技能，提升外派人员的“文化适应能力”，改进外派人员与当地员工以及政府之间的关系，打破他们心中的文化障碍和角色束缚，更有利于跨国经营活动的有效开展。

4. 提升跨文化的沟通能力

跨文化沟通是指具有不同文化背景的人相互之间进行的信息交

流。不同的文化背景造就了语言、行为、价值观和沟通习惯上的差异，进而形成信息传导错误、理解偏差，最终导致因信息沟通不畅所引发的文化冲突。

跨文化沟通能力不单纯是语言的学习与适应，还包括在沟通中的交流习惯的认知与理解。例如，以内敛含蓄为美德的东方文化，在沟通中习惯保持距离、语调平稳、委婉含蓄；而以奔放热情为特点的西方文化，在沟通中距离较近、语调起伏、直截了当。在语言沟通之外，价值观、行为习惯、文字表达、时间距离等差异也会造成在沟通中理念上的误区，导致沟通不畅。

因此在提升跨文化沟通能力中不仅要重视语言环境、生活环境、精神环境和风俗习惯等影响因素，还要保持并遵守因地制宜、平等互惠、相互尊重、相互信任、相互谅解的沟通原则。

5. 建立共同价值观的企业文化

通过文化差异的识别与跨文化培训，提高了员工对文化差异的鉴别与适应能力，在对文化共性认识的基础之上应当建立起与共同价值观和跨国经营理念一致的企业文化。这种文化把每个员工的行动与企业的经营业务和宗旨结合起来，加强母国公司和当地公司的联系，增强了企业在不同国家文化环境中的适应能力。在文化认同的背景下，在企业内部要建立共同的价值观，构建一种具有开放性、兼容性、持久性和共赢性等特点的企业文化，增强员工的凝聚力和向心力，从而使企业立于不败之地。

本章练习题

一、简答题

1. 东西方文化的差异主要有哪些？
2. 简述克拉克洪与斯乔贝克的六大价值取向理论。
3. 简述赫夫斯特的文化维度理论。
4. 跨文化管理的任务有哪些？
5. 跨国公司在跨文化管理中应该采取哪些策略？

二、论述题

1. 美国、日本、德国三个国家的文化特征有哪些？这些特征在企业文化塑造过程中产生了哪些作用？

2. 请举例说明，中国企业在跨文化管理中应该采取哪些文化整合模式？

3. 结合跨文化管理的相关理论，谈谈跨国公司应该怎样面对文化差异带来的影响？

三、案例分析题

联想集团跨国并购后的文化整合①

2004年12月8日，中国联想集团以交易总额17.5亿美元收购了全球知名品牌IBM的全球台式电脑和笔记本业务，成为世界第三大个人电脑厂商。此次跨国收购并非一帆风顺，期间，文化冲突、文化整合以及跨文化管理的问题成为联想收购过程中不得不面对的问题。

1. 建立文化整合团队

联想在并购IBM个人电脑业务后，在人力资源部建立了文化整合小组，负责收集、整理和分析来自各公司各部门员工的意见，对现有的公司文化、员工渴望的公司文化以及两者之间的差异进行评估分析，并在此基础上对新联想文化进行新的诠释。文化整合小组向员工提出沟通融合的6字方针："坦诚，尊重，妥协"，呼吁大家形成共同而强烈的愿景，顺利实现新公司的整合，把联想做成世界的领袖。

2. 开展跨文化培训

新联想对中外员工实行跨文化培训，并将英语定为全球统一的工作语言。特别聘请英语教师，开展中方员工学习英语活动，鼓励不同国家的员工进行文化交流。在收购过程中，作为董事长的杨元庆，专门聘请了英语老师进行了三个月的强化训练，为高层做出表率。

3. 建立沟通机制

并购后，杨庆元指示内部沟通部门，必须在内部开展形式多样的活动，履行文化沟通的职责，人力资源部门定期进行员工心态调查，以掌握员工的心态变化，让员工和高层直接面对面沟通，通过开展鸡尾酒会等活动，并建立了专门的员工意见反馈通道和网上信息沟通平台。通过多种形式的交流，中外员工对彼此的习惯，比如"领带的技法""办公室的安排"等有了更清楚的认识。

4. 引进学习

联想和IBM的文化都非常强势，一方取代另一方基本不可能，联想采用渐进模式，在进行核融合的基础上进行企业文化的创新。并购初期，联想更多地采取了适应IBM的举措，而不是简单地用一种作为主导，帮助IBM员工逐渐从一种惊恐、失落的心态中平复下来。随着戴尔高层的引进工作，新联想进一步加强文化融合工作，进而建立和形成了一种综合"联想、IBM和戴尔"三方优点的赢文化。

① 本案例由蔡亚南根据相关信息自主汇总、编制而成。

思考题:

1. 联想集团在跨国并购后所面临的跨文化管理任务有哪些?

2. 联想集团在跨国并购后采用了哪几种跨文化管理模式?其实践效果和意义有哪些?

3. 结合实际,谈谈当代中国跨国企业在海外经营中如何有效展开跨文化管理。

参考文献

1. 陈春花：《企业文化（第3版）》，机械工业出版社2018年版。

2. 陈春花：《企业文化塑造》，机械工业出版社2018年版。

3. 陈晓萍：《跨文化管理（第二版）》，清华大学出版社2009年版。

4. 定雄武：《企业文化》，经济管理出版社2013年版。

5. 黄少英：《企业伦理与社会责任（第二版）》，东北财经大学出版社2019年版。

6. （晋）陈寿撰，（南朝·宋）裴松之注：《三国志》，中华书局1982年版。

7. 刘光明：《企业文化教程》，经济管理出版社2008年版。

8. 刘光明：《企业文化史》，经济管理出版社2010年版。

9. 刘军、黄少英：《儒家伦理思想与现代企业管理伦理》，科学出版社2010年版。

10. 罗长海：《企业文化学》，中国人民大学出版社2013年版。

11. ［美］特伦斯·迪尔、［美］艾伦·肯尼迪著，李原、孙健敏译：《企业文化：企业生活中的礼仪与仪式》，中国人民大学出版社2008年版。

12. ［美］托马斯·彼得斯、［美］罗伯特·沃特曼著，北京天下风经济研究所译：《追求卓越》，中央编译出版社2003年版。

13. ［美］威廉·大内著，朱雁斌译：《Z理论——美国企业界怎样迎接日本的挑战》，机械工业出版社2013年版。

14. ［美］理查德·帕斯卡尔、［美］安东尼·阿索斯著，陈今森等译：《日本企业的管理艺术》，中国科学技术翻译出版社1984年版。

15. ［美］约翰·P. 科特、［美］詹姆斯·L. 赫斯克特著，李晓涛译：《企业文化与经营业绩》，中国人民大学出版社2004年版。

16. ［美］特伦斯·E. 迪尔、［美］艾伦·A. 肯尼迪著，孙健敏译：《新企业文化：重获工作场所的活力》，中国人民大学出版社2011年版。

17. ［美］埃德加·沙因著，章凯等译：《组织文化与领导力》，中国人民大学出版社 2014 年版。

18. ［美］约翰·P. 科特著，王雯潇译：《变革的力量》，中信出版社 2019 年版。

19. ［美］杰克林·谢瑞顿著，汪熙、李慈雄译：《组织文化：排除企业成功的潜在障碍》，上海人民出版社 1998 年版。

20. ［美］斯坦雷·M. 戴维斯著，傅小平译：《企业文化的评估与管理》，广东高等教育出版社 1991 年版。

21. 王成荣：《企业文化》，中国人民大学出版社 2014 年版。

22. 王吉鹏：《企业文化重构》，中国财富出版社 2016 年版。

23. 石伟：《组织文化（第二版）》，复旦大学出版社 2010 年版。

24. 殷格非：《企业社会责任管理——解码责任竞争力》，中国三峡出版社 2018 年版。

25. 佚名：企业如何实现人本管理 https：//wenku. baidu. com/view/1b2ec16ddb38376baf1ffc4ffe4733687e21fcbe. html。

26. 张德：《企业文化建设（第三版）》，清华大学出版社 2015 年版。

27. 张德、潘文君：《企业文化（第二版）》，清华大学出版社 2013 年版。

28. 张德、吴剑平：《企业文化与 CI 策划（第四版）》，清华大学出版社 2013 年版。

29. 朱成全：《企业文化概论》，东北财经大学出版社 2013 年版。

30. 赵楠、李奇：《浅析艺术设计中以人为本的设计文化理念》，载于《现代交际：学术版》2017 年第 20 期。